KB038344

코기토 총서
세계사상의 고전

Tractatus Politicus
by Benedictus de Spinoza

코기토 총서 043
세계사상의 고전

정치론

베네딕투스 데 스피노자 지음 | 공진성 옮김

도서출판 길

옮긴이 공진성(孔眞聖)은 1973년 광주에서 태어났다. 서강대 정치외교학과를 졸업하고 같은 대학교 대학원에서 정치학 석사학위를 받았으며, 2006년 독일 베를린 훔볼트 대학에서 스피노자의 정치사상에 대한 논문으로 정치학 박사학위를 받았다. 2010년 9월부터 조선대 정치외교학과 교수로 있다. 주요 논문으로 「17세기 유럽 관용론의 두 유형: 스피노자와 로크」, 「스피노자, 관용, 그리고 종교적 불복종의 문제」, 「스피노자의 정치이론에 대한 인간유형론적 해석 비판」, 「존 로크와 복종의 영역들: 로크의 자유주의에 대한 재해석」, 「스피노자와 애국심」, 「루소, 스피노자, 그리고 시민종교의 문제」 등이 있으며, 역서로는 『정치와 비전(제1권)』(공역, 셸던 월린, 후마니타스, 2007), 『관용에 관한 편지』(존 로크, 책세상, 2008), 『새로운 전쟁』(헤어프리트 뮌클러, 책세상, 2012), 『제국』(헤어프리트 뮌클러, 책세상, 2015), 『존엄성』(공역, 마이클 로젠, 아포리아, 2016), 『정치』(케네스 미노그, 교유서가, 2018) 등이 있다. 아울러 저서로는 『폭력』(책세상, 2009), 『테러』(책세상, 2010), 『루소, 정치를 논하다』(공저, 이학사, 2017) 등이 있다.

코기토 총서 043
세계사상의 고전

정치론

2020년 1월 20일 제1판 제1쇄 발행

2021년 12월 10일 제1판 제2쇄 인쇄
2021년 12월 20일 제1판 제2쇄 발행

지은이 | 베네딕투스 데 스피노자
옮긴이 | 공진성
펴낸이 | 박우정

기획 | 이승우
편집 | 권나명
전산 | 한향림

펴낸곳 | 도서출판 길
주소 | 06032 서울 강남구 도산대로 25길 16 우리빌딩 201호
전화 | 02) 595-3153   팩스 | 02) 595-3165
등록 | 1997년 6월 17일 제113호

ⓒ 공진성, 2020. Printed in Seoul, Korea
ISBN: 978-89-6445-218-9 93340

현대 민주주의 이론 및 정치철학의 형성에 큰 영향을 끼친 스피노자

다중(multitudo)과 정서(affectus) 등 기존 정치사상에서는 중요시되지 않던 개념들을 강조하면서 민주주의 이론을 새롭게 제시한 그는 당시에는 존재하지 않던 민주정을 대안적 정부 형태의 하나로 진지하게 간주하여 현대 정치사상 전개에 커다란 영향을 끼쳤다.

1656년 유대인 공동체에서 파문당한 스피노자

남아 있는 사료를 통해 스피노자가 파문당한 이유로 우리가 알 수 있는 것은 그저 그가 무엇인가 '나쁜 견해와 행실'을 보였고 유대인 공동체가 제시한 '해법과 약속'을 받아들이지 않았다는 것이다. 우리가 스피노자에 대해 가지고 있는 편견은 긍정적인 것이건 부정적인 것이건 간에 대체로 이 사건과 관련이 있다. 즉 이후의 스피노자의 삶과 사상에 근거해 역으로 이 사건의 의미를 해석하는 것이다(사무엘 히르첸베르크(Samuel Hirszenberg, 1865~1908)의 「파문당한 스피노자」(1907)).

스피노자와 지적 교류를 나누었던 헨리 올덴베르크와 크리스티안 하위헌스

영국왕립협회의 제1서기였던 올덴베르크는 스피노자를 방문해 대화를 나누었고 이후에는 편지를 통해
교류했으며, 하위헌스는 스피노자가 살던 곳 근처에 살면서 다양한 주제에 대해 대화를 나누었을 뿐만
아니라 스피노자가 만든 렌즈를 구입해 사용하기도 했다. 이들을 통해 스피노자와 그의 철학은 유럽의
다른 학자들에게 알려졌다.

네덜란드의 대표적 공화주의자 더빗 형제

1670년대 당시, 왕정복고 세력과 프랑스, 영국, 독일 등의 외세에 맞서 네덜란드 공화국을 지킨 더빗 형
제가 1672년 8월 20일에 성난 군중에 의해 끔찍한 방식으로 살해된 사건은 스피노자에게도 큰 영향을
끼쳐 그의 정치적 생각에 적지 않은 변화를 가져왔다(왼쪽: 코르넬리스 더빗, 오른쪽: 요한 더빗).

스피노자의 정치사상 형성에 지대한 영향을 준 아리스토텔레스

스피노자의 정치학은 아리스토텔레스의 정치학과 마찬가지로 일종의 비교정치학인데, 여러 국가의 사례를 분석해 유형을 나누고 각 유형의 국가에 대한 보편적 원리를 찾아내어 제시한다. 그러나 아리스토텔레스의 정치학이 인간의 정치적 삶을 목적론적으로 논증한 것과 달리 스피노자는 모든 인간에게 공통적인 '정서'에 근거해 인과론적으로 정치공동체의 성립을 논증하고 개인의 자유와 공동체의 자유가 양립할 수 있는 가능성을 탐구한다. 스피노자의 정치학에서는 '이성'조차 인간의 '정서'에 토대를 두고 있다.

자유를 위한 스피노자의 정치학적 구상

1. 텍스트에 대하여

베네딕투스 데 스피노자(Benedictus de Spinoza)는 1677년 2월 21일, 네덜란드 홀란트 주(州)에 있는 도시 헤이그에서 44년 조금 넘는 짧은 생을 마감했다. 그가 남긴 글들은 동료들에 의해 책으로 묶여 나왔다. 이미 완성했지만 끝내 출간하지 못한 『윤리학』(*Ethica Ordine Geometrico Demonstrata*)과 스피노자가 세상을 떠나기 직전까지 집필하던 『정치론』(*Tractatus Politicus*)이 이로써 세상에 공개되었다. 지금 독자들이 손에 들고 있는 이 책은 스피노자의 마지막 저작 『정치론』의 우리말 번역본이다.

스피노자의 『정치론』은 1677년, 스피노자가 세상을 떠난 해에 암스테르담에서 출간된 유고집(이하 OP)에 실려 처음 공개되었다.[1] 그리고 같은 해에 네덜란드어로 번역되어 마찬가지로 암스테르담에서 출간된 유고집(이하 NS)에 실렸다.[2] 스피노자의 수고(手稿)에 근거한 이 네덜란

---

[1] Benedictus de Spinoza, *Opera Posthuma*, Amsterdam 1677, pp. 265~354.

[2] Benedictus de Spinoza, *De Nagelate Schriften*, Amsterdam 1677, pp. 301~403에 "Staatkundige Verhandeling"이라는 제목으로 번역되어 실렸다.

드어 번역 텍스트는 처음 출간된 유고집(OP)의 텍스트와 부분적으로 상이하다. 그러나 비교해볼 '원본'이 남아 있지 않아서 『정치론』의 정확한 텍스트를 확정하는 것 자체가 어렵다.

현대에 『정치론』은 1914년 헤이그에서 요하네스 판플로텐(Johannes van Vloten)과 얀 피터르 니콜라스 란트(Jan Pieter Nicolaas Land)가 편집하여 출간한 전집에 실렸고,[3] 1925년 하이델베르크 학술원의 위탁을 받아 카를 겝하르트(Carl Gebhardt)가 편집한 전집(이하 G)에 실렸다.[4] 겝하르트가 OP와 NS의 차이를 비판적으로 평가하여 편집한 이 텍스트는 지금까지 스피노자 학계에서 표준적 비평 판본으로 간주되고 있다. 1958년 A. G. 워넘(A. G. Wernham)은 이 겝하르트 판본에 다시 수정을 가하여 자신의 영어 번역과 함께 상세한 주석을 달아 출간했다(이하 W).[5] 이 책 역시 훌륭한 편집본이지만, 정치학 관련 저술만을 편집한 것인 데다가 『신학정치론』(Tractatus Theologico-Politicus)의 일부 장이 생략되어 있어서 널리 이용되지 않고 있다.

내가 번역을 위해 사용한 저본은 독일의 펠릭스 마이너(Felix Meiner) 출판사에서 펴낸 스피노자 전집의 제5-2권이다.[6] 이것은 함부르크 대학의 철학 교수 볼프강 바르투샤트(Wolfgang Bartuschat)가 1994년에 라틴어 원문을 새로 편집하고 자신의 독일어 번역문을 함께 실어 출간한 것이다. 바르투샤트는 겝하르트의 텍스트를 OP의 텍스트와는 물론이고 NS의 텍스트와도 비교해 새롭게 라틴어 텍스트(이하 B)를 편집했다.

---

3 Benedictus de Spinoza, *Opera*, vol. 2, Johannes van Vloten & J. P. N. Land (eds.), Den Haag 1914, pp. 1~82.

4 Benedictus de Spinoza, *Opera*, vol. 3, Carl Gebhardt (ed.), Universitätsverlag Winter 1925, pp. 271~360.

5 Benedictus de Spinoza, *The Political Works*, A. G. Wernham(편역), Oxford University Press 1958, pp. 256~444.

6 Benedictus de Spinoza, *Politischer Traktat: lateinisch-deutsch*, Wolfgang Bartuschat (편역), Felix Meiner Verlag 1994.

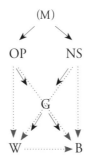

스피노자의 친필 수고(이하 M)가 사라지고 없는 상황에서 학자들은 OP에 의미가 불명확한 구절이 있을 때, M을 저본 삼아 번역했으리라 추정되는 NS를 통해 그 불명확한 의미를 확정하기도 한다. 그러나 OP에 없는 NS의 구절을 수용하느냐 거부하느냐, OP와 NS의 문장에 의미상의 차이가 있을 때 어느 것에 우위를 두고 해석하느냐에 따라 이른바 '원문' 자체가 조금씩 달라진다. 그래서 바르투샤트와 워넘의 라틴어 텍스트에도, 그러므로 또한 각자의 독일어 번역과 영어 번역에도 조금씩 차이가 있다. 차이가 있을 때 나는 텍스트의 전체 맥락과 내가 이해하는 스피노자의 정치사상에 더 부합한다고 판단되는 쪽을 따랐다. 그리고 두 사람의 번역에 달린 주석을 필요한 대로 활용했다.

최근에 프랑스에서 피에르-프랑수아 모로(Pierre-François Moreau)의 주도 아래 스피노자 전집이 출간되고 있다.[7] 이 전집은 가장 최근에 나온 비평 판본이라고 할 수 있다. 『정치론』은 이 전집의 제5권으로 2005년에 출간되었다.[8] 프랑스어 지식이 부족한 나는 안타깝게도 이 판본을

7 Benedictus de Spinoza, *Œuvres*, Pierre-François Moreau (ed.), Presses Universitaires de France 1999~. 현재까지 이 전집의 제1권(초기 저작), 제3권(『신학정치론』), 그리고 제5권(『정치론』)이 출간되었다.

8 Benedictus de Spinoza, *Traité Politique: Œuvres V*, Omero Proietti (ed.), Charles Ramond (tr.), Presses Universitaires de France 2005.

적극적으로 참조할 수 없었다. 앞으로 이 판본과의 차이까지 반영한 번역본과 각 판본 간의 차이에 대한 연구가 나오기를 기대해본다.

『정치론』의 기존 우리말 번역본들은, 오역이 많은 것은 논외로 하더라도, 다른 언어로 한 번 번역된 것을 다시 번역했거나 라틴어에서 옮긴 경우에도 판본 문제에 거의 아무런 주의를 기울이지 않았다. 이 점에서 비록 PUF판과는 비교하지 못했지만, 또 하나의 우리말 번역본 출간이 충분한 정당성을 가진다고 나는 생각한다.

스피노자의『정치론』은 처음 유고집에 실려 출간되었을 때부터 각각의 절에 번호가 붙어 있었다. 그래서 학계에서는 책의 쪽수 대신 이 번호를 적어 출처를 표기해왔다. 예를 들어『정치론』제7장 제27절을 'TP VII, 27' 또는 'TP 7/27'로 표기하는 식이다. 이와 달리 스피노자의『신학정치론』은 각 절에 번호가 붙어 있지 않아서 출처를 밝힐 때 상이한 편집본이나 번역본을 사용해 쪽수를 표시하면 서로 참조할 수 없었다. 다행히 1999년에 새로운 비평 판본이 출간되면서 텍스트에 절 번호가 붙게 되었고, 최근에 출간된 유럽어 번역서들에는 이 절 번호가 반영되어서 통일된 출처 표기가 가능해졌다.『신학정치론』의 우리말 번역본에는 아직 이 절 번호가 반영되어 있지 않지만, 내가 붙인 이 책의 주석에서 스피노자의『신학정치론』의 본문을 가리킬 때에는 쪽수 대신에 장 번호와 함께 이 새로운 비평 판본의 절 번호를 적어 표시했다.

이 책의 제목은 한국에서 '국가론', '정치론', '정치학 논고' 등으로 옮겨졌다. 원제인 *Tractatus Politicus*의 의미를 그대로 풀면, '정치에 대한 논문' 정도가 되겠다. 처음에 나는 다음과 같은 이유에서 '정치학'이라는 이름을 이 책에 붙이려고 했다. 첫째, 본문에서 스스로 언급하듯이, 스피노자는 '풍자소설'과 대비되는 의미의 '윤리학'(ethica), '공상적 정치학'과 대비되는 의미의 과학적이며 실천적인 '정치학'(politica)을 제시하려고 한다(제1장 제1절). 둘째, 스피노자는 내가 보기에 중세 후기와 르네상스 시대의 유럽 지성사에 매우 큰 영향을 끼친 아리스토텔레스의『형이상학』과『윤리학』, 그리고『정치학』을 염두에 두고서 그것을 나름의 방식으로 계승하며 과학적으로 재정립하고 있다. 스피노자의 집필 의도 및 다른 책들(스피노자의『윤리학』과 아리스토텔레스의『정치학』) 과의 관계를 생각할 때, '정치학'이라는 제목이 훨씬 더 적합하다고 생각했다. 그러나 여러 가지 사정을 고려하여 '정치론'이라는 이름을 붙였다.

2. 스피노자의 생애와 시대

스피노자의 생애와 시대에 대해서는 많은 연구가 이루어졌고 그런 연구 성과를 반영한 충실한 전기도 나와 있으며, 심지어 우리말로 번역도 되어 있다. 그러므로 스피노자의 생애와 시대에 대해 자세히 알고 싶은 독자는 스티븐 내들러(Steven Nadler)가 쓴 전기를 참고하기 바란다.[9] 여기에서는 이 책을 이해하는 데에 필요한 범위 안에서, 그리고 스피노자에 대한 기존의 오해를 바로잡는 데에 필요한 한에서, 스피노자의 생애와 시대를 간략하게 서술하고자 한다.

스피노자의 생애와 관련해 중요한 해를 꼽는다면, 그가 태어난 해인 1632년과 그가 유대인 공동체에서 파문당한 해인 1656년,『신학정치론』을 출간한 해인 1670년, 그리고 마지막으로 그가 세상을 떠난 해이자『정치론』이 유고집에 담겨 출간된 해인 1677년일 것이다. 이 네 개의 사건을 중심으로 스피노자의 생애와 그의 시대를 살펴보자.

1) 1632년, 출생

스피노자는 1632년 11월 24일, 암스테르담에서 태어났다. 그가 태어

---

9 스티븐 내들러,『스피노자』, 김호경 옮김, 텍스트, 2011.

난 정확한 장소는 확인되지 않고 있지만 지금의 워털루 광장과 가까운 곳으로 추정된다. 지금도 남아 있는 화가 렘브란트의 집과 가까운 곳이기도 하다. 이 유대인 동네에서 렘브란트가 1639년부터 1660년까지 살았고 스피노자 역시 1660년까지 암스테르담에 살았으므로 두 사람은 분명히 거리에서 한두 번쯤 마주쳤을 것이다.

스피노자는 유대인 상인 가정에서 태어났다. 그의 아버지 미카엘 (Michael)과 어머니 한나 데보라(Hannah Deborah)는 모두 종교의 자유를 찾아 포르투갈을 떠나 네덜란드로 이주해온 유대인이었다. 말하자면 미카엘은 이민 1세대였고, 한나는 이민 2세대였다. 마르틴 루터의 종교 개혁(1517) 이후, 가톨릭 국가인 스페인에서는 유대인들에 대한 개종 압박이 더욱 심해졌고 종교 심문도 빈번하게 이루어졌다. 따라서 많은 유대인들이 스페인을 떠나 포르투갈로 이주했다. 그리고 1580년 포르투갈이 스페인에 병합되면서 갈 곳이 없어진 유대인들은 급기야 이베리아 반도를 떠나 네덜란드로 이주했다.

'스피노자'라는 그의 가족 이름은 스페인 카스티야 지역 북부에 있는 '에스피노사'(Espinosa)라는 이름의 마을에서 유래한 것으로 보인다. 암스테르담의 포르투갈 출신 유대인 공동체의 명부에도 그의 가족 이름은 '에스피노사'(Espinosa)로 적혀 있다. 이 이름 앞에 출신지를 나타낼 때 붙이는 전치사 'de'가 붙어 '데스피노사'(d'Espinosa)가 되었다가 다시 'de'가 분리되면서 '스피노자'(Spinoza)가 된 것으로 보인다.

스피노자의 아버지 미카엘은 세 번 결혼했다. 첫 번째 아내와 자식 없이 사별한 미카엘은 두 번째 아내 한나 데보라에게서 첫째 이삭(Isaac), 둘째 미리암(Miriam), 셋째 바룩(Baruch), 넷째 아브라함(Abraham), 다섯째 레베카(Rebekah)를 얻었다. 스피노자의 어머니는 그가 다섯 살이던 1638년에 세상을 떠났다. 미카엘은 1641년 세 번째 아내를 맞이했고 자식은 보지 못했다.

스피노자에게는 위로 형과 누나, 아래로 남동생과 여동생이 있었다.

가족의 이름은 모두 히브리 성서에 나오는 이름들이다. 포르투갈 출신 유대인인 스피노자의 가족은 일상적으로 포르투갈어를 사용했다. 그래서 스피노자는 가족들 사이에서 '벤투'(Bento)라고 불렸다. 스피노자는 한 편지(『편지』19)에서 자신이 자라면서 익힌 언어(포르투갈어)로 글을 쓰지 못하고 성인이 되어 익힌 라틴어로 글을 써야 하는 상황에서 비롯하는 어려움을 토로한 적이 있다.

그런데 스피노자의 이름을 우리말로 어떻게 표기하는 것이 좋을까? 그는 어려서 '벤투'라는 포르투갈어로 불렸고, 아마도 유대인 공동체가 운영하는 학교에서는 '바룩'이라는 히브리어로 불렸을 것이다. 그리고 출교당한 후 또는 출교당하기 전에라도 라틴어 학교에 다닐 때 이미 '베네딕투스'(Benedictus)라는 라틴어 이름으로 불렸을 것이다. 이 라틴어 이름을 유럽에서는 각 나라 식으로 'Benedict', 'Benedikt', 'Benedetto' 등으로 표기한다. 한국의 천주교회에서 사용하는 스페인어식 표현 '베네딕도'나 그 한자어 표기인 '분도'(芬道) 역시 같은 뜻으로서 모두 '복받은 사람'을 의미한다.

스피노자의 이름을 어떻게 표기하느냐에 따라 그의 복잡한 정체성이 달리 강조된다. 그를 '벤투'라고 부르는 경우에는 그의 전(前) 종교적이고 전(前) 철학적인 (그의 모어와 결합된) 인간적 모습이 강조되고, 그를 '바룩'이라고 부르는 경우에는 그의 유대적 정체성이 강조된다. 또 그를 '베네딕투스'라고 부르는 경우에는 그의 철학자로서의 정체성이 강조된다. 이 책에서는 그가 스스로 선택한 정체성을 존중해 그의 이름을 '베네딕투스 데 스피노자'라고 표기했다.

2) 1656년, 파문

스피노자의 유년 시절에 대해 알려진 것은 거의 없다. 1656년 7월 27일 유대인 공동체에서 파문당한 사실은 분명한데, 그 전까지의 일이 기록상 알려져 있지 않기 때문이다. 이 파문의 이유 또한 불명확하다.

파문의 사유를 적은 기록을 통해 우리가 알 수 있는 것은 그저 그가 무엇인가 "나쁜 견해와 행실"을 보였고 유대 공동체가 제시한 "방법과 약속"을 받아들이지 않았다는 것이다. 대중이 스피노자에 대해 가지고 있는 편견은 긍정적인 것이건 부정적인 것이건 간에 대체로 이 사건과 관련되어 있다. 즉 이후의 스피노자의 삶과 사상에 근거해 역으로 이 사건의 의미를 해석하는 것이다.

사람들은 나중에 글을 통해 드러난 스피노자의 철학적·종교적 견해로 미루어 총명한 스피노자가 어린 시절 유대인 공동체가 운영하는 학교에서 랍비가 되기 위한 교육을 받았지만, 유대교 교리에 의심을 품게 되어서 점차 정신적으로 유대교로부터 멀어졌고 동료들 사이에서 그가 보인 이단적 견해 때문에 결국 파문당했으리라고 짐작한다. 그러나 실제로 스피노자는 유대인 학교의 고급 과정에 등록한 적이 없고 3~4년 정도의 초급 과정만을 마쳤다. 그리고 파문당하기 전까지 스피노자가 그 어떤 이단적 주장을 했다는 증거도 없으며, 유대인 공동체로부터 멀어졌다는 증거도 없다. 오히려 스피노자는 파문당하기 전까지 비교적 꼬박꼬박 회당에 나갔고 헌금도 했다.

당시 문서에 대한 최근의 연구는 경제적 문제가 스피노자의 파문과 관련되어 있을 것이라는 새로운 가설을 제시한다.[10] 기본적으로 이해해야 할 것은 당시 암스테르담에 살고 있던 포르투갈 출신 유대인들이 이중의 정치적·경제적 구조 안에 있었다는 것이다. 한편으로는 암스테르담 시 정부의 관할 아래 있었고 네덜란드 국가경제의 틀 안에 있었지만, 다른 한편으로는 포르투갈 출신 유대인 자치 공동체의 관할 아래 있었고 그들끼리 밀접하게 맺고 있는 거래 관계 안에 있었다. 스피노자의 파

10 Odette Vlessing, "The Excommunication of Baruch Spinoza: A Struggle between Jewish and Civil Law", Jonathan Israel & Reinier Salverda (eds.), *Dutch Jewry: Its History and Secular Culture 1500~2000*, Brill 2002, pp. 141~72.

문은 이 이중적 구조와 관련되어 있다.

스피노자는 유대인 공동체가 운영하는 학교에서 초급 과정만 마치고 바로 아버지의 사업을 도왔다. 견과류를 수입해 파는 일이 자신의 적성에 맞지 않았겠지만 가족 구성원이 모두 함께 사업을 하는 당시 유대인들의 관행을 따라 스피노자는 일찍부터 다른 형제들과 함께 아버지의 사업을 도와야 했다. 그런데 그의 형 이삭이 1649년에 죽었고 시집간 누나 미리암도 1651년에 죽었다. 졸지에 맏이가 된 스피노자는 아버지의 사업과 관련해 더 큰 짐을 지게 되었다. 그리고 1652년에 새어머니가 돌아가셨고 급기야 1654년에는 아버지마저 돌아가셨다. 이제 스피노자 자신이 사장이 되어 동생 아브라함과 함께 온전히 가게를 운영해야 하는 상황에 처한 것이다.

스피노자의 아버지 미카엘은 포르투갈 출신 유대인 공동체에서 나름 덕망이 있는 인물이었다. 그래서인지 다른 사람의 자산 관리인 역할도 맡았는데 이 과정에서 큰 손실이 발생했고, 그에 대한 책임으로 본인이 큰 빚을 떠안게 되었다. 이에 더해 자신의 사업도 어려워져서 마침내 부도 위기에 처하게 되었다. 경제적 곤궁에 처해 있던 미카엘은 사태를 수습하지 못한 채로 1654년 3월 28일 세상을 떠났다. 살아 있는 자식 가운데 맏이인 스피노자는 아버지의 재산을 물려받을 상속자였지만 어마어마한 빚 때문에 상속을 포기하지 않을 수 없었다. 그렇지만 형으로서 또한 동생을 건사해야 했다. 어떤 선택이 스피노자에게 남아 있었을까?

유대인 공동체에서는 전통적으로 만 13세가 되면 성인 취급을 하지만, 당시 네덜란드의 법에서는 만 25세 미만을 미성년자로 규정하고 있었다. 스피노자는 이 법률상의 차이를 이용했다. 즉 세속법에 호소하여 아버지가 진 빚에서 벗어나려고 했다. 그리고 죽은 어머니에게서 정당하게 물려받았어야 할 재산을 받지 못했으므로 자신이 채무자가 아닐 뿐만 아니라 오히려 '우선채권자'라고 주장했다. 이 과정에서 스피노자는 같은 유대인 공동체에 속한 채권자들과 갈등을 겪었고 스스로 모순적인 행동들도 저질렀다. 추측건대 유대인 공동체는 이들의 갈등을 중재하려고 노력했을 것이고, 경제공동체 전체의 신뢰 회복을 위해 스피노자가 떠안게 된 채무를 조정해서라도 장기적으로 갚아 나갈 수 있도록 하려고 했을 것이다. 그러나 스피노자는 그런 제안을 거절했고 유대인 공동체의 권위를 무시한 채 세속 법정으로 달려갔다. 이런 스피노자의 "나쁜 견해와 행실", 그리고 유대인 공동체가 제시한 사태 해결의 "방법과 약속"을 거절한 것이 파문의 이유였을 수 있다. 스피노자의 파문을 이렇게 이해하면, 그렇다고 해서 스피노자의 철학이 달라지는 것은 아니지만, 스피노자에 대해 우리가 가진 이미지는 사뭇 달라진다.

오늘날 우리가 알고 있는 철학자 스피노자는 도대체 어떻게 만들어졌을까? 유대인 학교도 초급 과정만 고작 몇 년 다녔을 뿐이라면, 그리고 파문당하기 전까지 아버지를 도와 사업을 했다면, 스피노자는 도대체 어디에서 학문적 훈련을 받은 것일까? 훗날 그 정교한 철학 체계를 발전시킨 스피노자는 과연 독학자였을까? 파문 이후 스피노자의 행적에 대해서는 알려진 것이 거의 없지만, 한 가지 분명한 것은 그가 한때 예수회 신부였던 학자 프란시스퀴스 판덴엔덴(Franciscus van den Enden, 1602~74)이 운영하는 라틴어 학교에 다녔다는 것이다. 이르면 아버지가 돌아가신 뒤부터, 늦어도 파문당한 뒤부터 스피노자는 이 학교에 다녔을 것으로 추정된다. 이 학교에서 스피노자는 판덴엔덴에게서 라틴어뿐만 아니라 철학과 신학, 정치학도 배웠을 것이다. 학자들은 두 사람 사이가 단순한 사제 관계를 넘어 일종의 동료 관계로 발전했을 것이라고 추정한다. 1650년대 후반에 암스테르담에서 이 두 사람이 함께 구성한 자유사상가 서클에서 스피노자는 다른 사람들과의 지적 교류를 통해 자신의 철학 체계를 발전시켜 나갔을 것이다.

암스테르담에 머물던 스피노자는 1661년경 레인스뷔르흐로 이사했다. 이 도시는 당시 급진적 신교도들이 자주 모임을 갖던 곳으로, 레이던 대학까지 걸어서 30~40분이면 갈 수 있는 거리에 있었다. 그래서 사람들은 스피노자가 급진적 신교도들과 교류하기 위해, 또는 레이던 대학에서 공부하기 위해 이곳으로 이사했을 것이라고 추측한다. 스피노자의 급진적 종교관의 기원을 찾는 과정에서 제기되는 추측이다. 이곳에서 스피노자는 자신의 이름으로 출간한 유일한 책인 『데카르트의 철학의 원리』(*Renati des Cartes Principiorum Philosophiae*, 1663)를 썼다. 이 책은 하숙집 동료에게 르네 데카르트(René Descartes)의 철학을 가르쳐주기 위해 쓴 것인데, 스피노자가 레이던 대학에서 배우기도 했고 어쩌면 가르치기도 했을 것이라고 추측하게 하는 근거가 된다. 레인스뷔르흐에서 스피노자가 머물렀던 집은 현재 스피노자 박물관으로 이용되고 있다.

1663년에 스피노자는 헤이그 인근의 보어뷔르흐라는 곳으로 이사

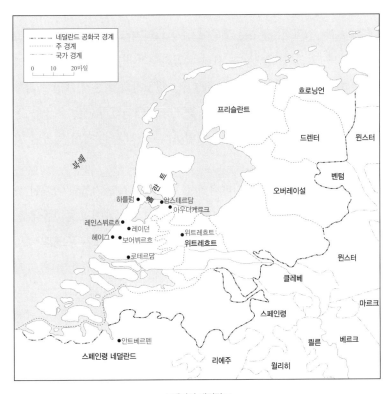

17세기의 네덜란드

해 1669년경까지 살았다. 보어뷔르흐에 머무르는 동안 스피노자는 여러 학자들을 만났고 그들과 편지를 통해 교류했다. 당시 근처에 살았던 과학자 크리스티안 하위헌스(Christiaan Huygens, 1629~95)는 여러 차례 스피노자를 만나 다양한 주제에 대해 대화를 나누었을 뿐만 아니라 스피노자에게서 렌즈를 구입해 사용하기도 했다. 신생 영국왕립협회의 제1서기 헨리 올덴부르크(Henry Oldenburg, 1619~77)도 스피노자를 방문해 대화를 나누었고 이후에는 편지를 통해 교류했다. 이들을 통해 스피노자와 그의 철학은 유럽의 다른 학자들에게 알려졌다.

3) 1670년, 종교와 정치

스피노자는 암스테르담을 떠난 후부터 계속 『윤리학』을 집필해왔다. 그런데 1665년경 이 집필 작업을 중단하고 새로운 책을 쓰기 시작했다. 네덜란드의 정치적·종교적 상황이 점점 나빠져서 도저히 가만히 보고만 있을 수 없었기 때문이다. 그러나 공화주의자인 더빗(de Witt) 형제가 살해되고 공화정은 결국 무너졌다. 스피노자의 이론적 개입이 너무 늦었던 것일까, 아니면 스피노자가 늦게라도 개입하지 않을 수 없을 정도로 사태가 급박하게 돌아갔던 것일까? 도대체 무슨 일이 있었던 것일까?

네덜란드는 칼뱅주의가 지배적인 신교 국가였지만 가톨릭 국가인 스페인의 지배에 맞서 싸우는 오랜 기간 동안 다양한 개신교 종파들에 관용을 베풀어왔다. 그런 관용의 결과로 네덜란드는 16세기 후반과 17세기 전반에 걸쳐 독립전쟁을 치르면서도 황금기를 누릴 수 있었다. 그러나 1648년에 독립이 이루어지면서 그동안 '가톨릭 스페인'과 '신교 네덜란드' 간의 대립 속에서 유지되던 국내적 통일이 깨지고 대립이 새롭게 형성되기 시작했다. 정치적으로는 독립 투쟁의 과정에서 주도적 역할을 한 오라네 가문을 중심으로 왕국을 건설하려는 움직임이 한편에 있었고, 과거 스페인 제국의 영향 아래 왕 없이 상대적 자유를 누리던 정치적·경제적 엘리트 계급의 '보수적인' 움직임이 다른 한편에 있었다. 스페인 제국이 물러난 공간에 들어설 새로운 정치 질서와 관련해 왕정을 주장하는 세력과 공화정(귀족정)을 주장하는 세력이 서로 맞서게 된 것이다.

여기에 종교적 대립이 더해졌다. 가톨릭 국가인 스페인의 지배에 맞서는 동안 다양한 개신교 종파들에 관용적이었던 칼뱅주의자들은 이제 가톨릭의 영향이 사라지자 종교적으로 강경해졌다. 칼뱅주의 신학자들과 성직자들은 왕정을 주장하는 사람들과 힘을 합쳐 경건한 칼뱅주의 국가를 세우려고 했다. 이들은 당시의 네덜란드 사회와 지배 엘리트들이 상업적 부에 취해서 타락했고 나약해졌으며, 독립 투쟁의 과정에서 선조들이 보여준 아름다운 덕을 상실했다고 생각했다. "지배 집단은 공익을 추구할 줄 모르는, 사익만을 추구하는 이기적인 인간들이다." 이렇게 선동하며 칼뱅주의 성직자들은 하층민에 대한 자신들의 영향력을 이용해 왕정을 세우려고 했다. 이들이 자유를 빼앗아갈 것을 두려워한 경제적·정치적 지배계급과 종교적·철학적 자유사상가들은 그런 시도에 맞섰다.

네덜란드의 독립 투쟁을 이끈 오라녜 가문의 빌럼 2세가 1650년 갑자기 죽었을 때, 그의 유일한 아들은 아직 태어나기 전이었다. 공화주의자들은 훗날 왕국이 세워지는 것을 막기 위해, 그리고 이 아이를 통해 어머니의 나라인 영국의 영향력이 지속되는 것을 막기 위해 빌럼 3세의 교육에 각별히 신경을 썼다. 그리고 1667년 홀란트 주의회는 총독직을 영원히 폐지하기로 결정하고 '영구 칙령'을 공포했으며, 네덜란드 국가의회에 참여하는 주들 가운데 다수는 어느 주의 총독도 군사령관을 겸임할 수 없도록 하는 결정에 동의했다. 이 모든 것은 빌럼 3세가 왕이 되는 것을 막기 위한 것이었지만 결국 빌럼 3세는 1672년 네덜란드의 총독이 된다.

이런 종교적·정치적 대립의 상황에서 스피노자는 『신학정치론』을 통해 종교적 믿음과 철학의 자유를 엄밀하게 구분하고 철학의 자유와 국가의 안전이 양립할 수 있을 뿐만 아니라 오히려 자유가 억압되면 국가의 안전 역시 지속될 수 없다고 주장했다. 스피노자는 이 책을 익명으로 마치 함부르크에서 인쇄된 것처럼 꾸며 출간했다. 그러나 책의 저자가 누구인지는 금방 드러났으며 그의 '명성'은 더욱 높아졌다.

스피노자의 정치적 활동과 당시의 주요 정치인들과의 관계에 대해 알려주는 확실한 증거는 없다. 당시 홀란트 주와 네덜란드의 국가 법률비서였던 요한 더빗(Johan de Witt)에게서 일정 금액의 연금을 받았다는 이야기를 비롯해 고위 정치인과의 친밀한 관계 때문에 프랑스가 네덜란드를 침공했을 때 모종의 임무를 띠고 위트레흐트로 프랑스의 점령군 사령관을 만나러 갔었다는 이야기도 있다. 그래서 프랑스인을 만나고 돌아온 스피노자를 적과 내통한 사람으로 대중들이 의심하자 자신의 떳떳함은 높은 분들이 다 아는 사실이라고 대답했다는 이야기도 있다. 모두 확실하지 않은 이야기들이다. 다만 분명한 것은 그가 쓴 글을 통해 드러나듯이, 스피노자가 정치적 문제에 대해 매우 잘 알고 있었다는 것이다.

1670년경에 스피노자는 헤이그로 이사했으며, 1671년 5월에는 지금도 남아 있는 그의 마지막 거처로 이사했다. 실제 스피노자가 살았던 그 집의 2층 방은 현재 개인 소유여서 일반인이 접근할 수 없다. 주인집이었던 1층은 스피노자 협회가 소유하고 있는데, 앞으로 스피노자 도서관으로 꾸며 전문 연구자들에게 개방할 예정이라고 한다.

스피노자는 계속 조심스럽게 생활했지만 결코 고립된 삶을 살지 않았다. 이곳에서 스피노자는 1671년 10월 자신을 찾아온 고트프리트 빌헬름 라이프니츠(Gottfried Wilhelm Leibniz, 1646~1716)를 만났고 다른 학자들과도 꾸준히 편지로 교류했다. 1673년 2월에는 하이델베르크 대학으로부터 교수 초빙을 받기도 했다. 스피노자는 학문의 제한 없는 자유를 위해 이 제안을 거절했다. 스피노자의 이런 행동은 『정치론』 제8장

제49절에서 그 자신이 주장하는 바와 일치한다. 즉 스피노자는 공적 비용으로 세워진 대학이 인간의 타고난 재능을 가꾸기보다 오히려 제약한다고 지적하면서 가르치는 자가 자기의 비용으로 자기 명성을 걸고 가르칠 때 오히려 학문이 발전할 수 있다고 주장한다. 고등교육이 국가에 종속되는 것도, 오늘날처럼 기업과 '소비자'에게 종속되는 것도 궁극적으로 학문 발전에는 도움이 되지 않는다는 것이 스피노자의 생각이다.

네덜란드의 공화주의 세력은 1670년대에 들어서 점점 수세에 몰리게 되었다. 잉글랜드와 프랑스가 비밀조약을 체결하고 네덜란드에 맞섰으며, 1672년 여름에는 프랑스가 네덜란드를 침공했고 영국이 바다에서 공격해왔으며, 동쪽에서 또한 독일이 공격해왔다. 안에서는 왕정주의자들이 공격했고 밖에서는 프랑스와 영국, 독일이 공격해왔다. 사면초가에 빠진 것이다. 마침내 1672년 8월 20일, 당시 홀란트 주(州)의 사실상 최고 통치자였던 더빗은 성난 군중에 의해 끔찍한 방식으로 살해되었다. 이후 스피노자를 방문한 라이프니츠의 전언에 따르면, 스피노자는 이 끔찍한 소식을 듣고 분노한 나머지 '최악의 야만인들'(Ultimi barbarorum)이라고 쓴 글을 범죄 현장에 붙이러 나가려다가 집주인이 만류하여 '다행히' 나가지 못했다고 한다. 이 사건은 스피노자의 정치적 생각에 적지 않은 변화를 가져왔다.

4) 1677년, 죽음

스피노자는 평소에도 폐 건강이 그리 좋지 않았던 것 같다. 어쩌면 유전적 영향 탓일지도 모른다. 그의 어머니 역시 이른 나이에 폐병으로 세상을 떠났기 때문이다. 그리고 렌즈를 세공하는 작업은 유전적으로 취약한 그의 폐를 더욱 나쁘게 만들었을 것이다. 스피노자는 1677년 2월 21일 일요일 오후, 지병인 폐병으로 44년의 짧은 생을 마쳤다. 나흘 후, 스피노자는 헤이그 신교회의 임대 묘지에 묻혔다. 이 교회는 오늘날의 헤이그 시청 근처에 있으며 교회 뒤편에는 스피노자의 무덤이 남아 있다.

스피노자는 유언을 남기지 않았다. "자유인은 죽음을 생각하지 않는 다"라는 자신의 말처럼 마지막 순간까지 죽음을 생각하지 않고 성실하게 살았을 것이다. 『정치론』의 제11장은 그 마지막 순간들의 흔적이다. 그가 남긴 재산은 공증인에 의해 기록되었고 부채를 정리하기 위해 경매에 붙여졌다. 160여 권의 책 외에는 거의 아무런 재산도 가지고 있지 않았다. 스피노자가 남긴 원고들은 친구들에 의해 정리되어 유고집으로 출간되었다. 이로써 『윤리학』과 『정치론』은 비로소 세상에 나왔지만 이내 금서로 판정되어 더는 읽힐 수 없게 되었다.

3. 『정치론』의 구성과 내용

이 책의 구성은 1676년경 스피노자가 어느 지인에게 쓴 것으로 추정되는 편지에서 스스로 밝힌 바와 같다. 제1장은 책 내용 전체에 대한 도입이다. 제2장에서 스피노자는 먼저 자연적 권리에 대해 논한다. 스피노자는 자연이 인과적 법칙에 따라, 다른 말로 하면 신의 영원한 결정에 따라 움직이는 것처럼 자연의 일부인 인간도 자기의 자연, 즉 본성의 법칙에 따라 움직인다고 주장한다. 제2장의 내용은 스피노자가 『윤리학』에서 제시한 형이상학적 내용과 연결된다. 이 자연적 형이상학에 근거해 스피노자는 힘과 권리의 관계, 인간의 자연적 권리와 그것을 보존하기 위한 노력의 일환으로서 추구하는 정치공동체, 그리고 이 정치공동체에 의해 보장되는 인간의 정치적 권리 등을 논한다.

제3장부터 제5장까지에서 스피노자는 최고권력, 즉 주권자의 권리와 의무, 목적을 차례로 살펴본다. 최고권력의 보유자, 즉 주권자는 상황에 따라 왕 한 사람일 수도 있고, 소수의 귀족일 수도 있으며, 다수의 인민

일 수도 있다. 국가의 유형을 이렇게 세 가지로 구분하는 것은 아리스토텔레스 이래의 고전적 정치학의 내용을 반복하는 것이기도 하고 현실 정치의 모습을 반영하는 것이기도 하다. 당시 유럽의 정부 형태는 왕정이 지배적이었고 네덜란드나 이탈리아의 일부 도시에서 드물게 소수의 뛰어난 사람들이 국가를 운영하는 일종의 귀족정이 나타났다. 그러나 민주정은 현실에 등장하지도 않았고 정치인들과 지식인들에 의해 옹호되지도 않았다. 그런 점에서 스피노자가 당시에 민주정을 대안적 정부 형태의 하나로 진지하게 간주한 것 자체가 여전히 정치사상사에서 중요하게 평가된다. 그의 때 이른 죽음 탓에 그 구체적 내용이 기록되어 전해지지 않은 것이 안타까울 따름이다.

스피노자는 아리스토텔레스와 비슷한 문제의식을 가지고 있다. 정체(政體) 유형을 다루지만 단순히 주권자의 수(數)를 기준으로 분류하는 데에 그치지 않고 다시 그것을 자의적 지배와 그렇지 않은 합리적 지배로 나누어 파악하고 있으며, 자의적 지배로 전락하지 않도록 하기 위한 제도적 장치를 구체적으로 제시한다. 그리고 그 제도적 장치가 인간 본성(자연)의 법칙에 부합한다는 것을 논증한다. 스피노자의 관심은 군주정, 귀족정, 민주정 가운데 어느 하나가 더 우월함을 주장하는 데에 있지 않고, 어느 것이건 간에 그것을 안정적이고 평화롭고 자유롭게 만드는 데에 있다. 그렇게 세워진 국가는 모두 공공의 이익과 개개인의 이익이 조화를 이루며 시민이 어느 누구의 자의적 지배도 받지 않는 자유로운 국가이다. 이 점에서 『정치론』의 정신은 『신학정치론』 제20장에서 스피노자가 "국가의 목적은 자유"라고 말할 때와 같다.

스피노자는 제6장과 제7장에서 군주국가의 기초를 제시하고 그 정당성을 논증한 후에 제8장과 제9장, 제10장에서 귀족정의 두 종류, 즉 하나의 도시가 지배하는 국가와 여러 개의 도시가 연합하여 지배하는 국가를 나누어 각각의 경우에 필요한 법적 토대를 제시하고 그 타당성을 논증한다. 스피노자는 1672년의 공화정 붕괴 사태 후에 사실상 군주정이 들어선 상황에서 그것이 자유를 보존하는 것이 되려면 어떤 헌법적 장치가 필요한지를 논하지만, 여전히 과거와 같은 귀족정이 다시 들어설 가능성을 포기하지 않고 그 실패 이유를 면밀히 따져가며 좀 더 완전한 귀족정체를 구성하려고 한다.

미완성으로 마지막 장이 되어버린 제11장에서 스피노자는 민주정을 다룬다. 그런데 민주정에 대한 구상은 왜 한 것일까? 단순히 고대부터 플라톤이나 아리스토텔레스가, 그리고 심지어 토머스 홉스(Thomas Hobbes)조차 민주정을 언급했기 때문일까? 아니면 그 어떤 실천의 필요성과 가능성을 보았기 때문일까? 군주정과 귀족정을 다루는 스피노자의 방식을 미루어 짐작해볼 때, 어쩌면 스피노자는 '상업적' 관점에서 민주정의 필요성과 가능성을 인정했을지도 모른다. 즉 강력한 국가에는 그것을 떠받칠 힘이 더 많이 필요하고 인민의 더 많은 상업적 참여가 경제를 활성화할 뿐만 아니라 국가를 더 강하게 만든다고 생각하는 것이다. 오늘날의 참여민주주의자들이나 시민민주주의자들처럼 그 어떤 지성적 가능성을 인간 일반에서 보았기 때문에 민주정을 옹호한 것은 분명 아닐 것이다. 책 전체에서 드러나듯이, 스피노자는 인간에게 그리 많은 것을 기대하지 않는다. 평민과 천민에게만 그런 것이 아니라 귀족과 심지어 왕에게도 마찬가지로 그 어떤 능력을 기대하지 않는다. 인민의 지배를 옹호할 수 있었던 것도 인간에게 특별한 기대를 품지 않았기 때문인지도 모른다. 왕의 지배가 법과 조력자들에 의해 뒷받침되어야 하듯이, 인민의 지배도 법과 조력자들에 의해 뒷받침되어야 한다고 스피노자는 생각했을 것이다. 아쉽게도 민주정에 대한 스피노자의 서술은 고작 네 개의 절만을 남기고 중단되었다. 그래서 이 책을 읽는 사람들의 상상을 더욱 자극하기도 하지만, 스피노자가 서술했을 민주정의 토대에 대한 구체적인 아이디어와 그 정당성에 대한 논증은 어쩌면 우리의 기대 섞인 상상과는 많이 달랐을 것이다.

이 책 본문의 첫 단어는 '정서'(affectus)이다. 이 단어는 '정서', '정념', '정동' 등으로 번역되곤 하는데, 현대 철학과 심리학 등에서 때로는 스피노자와 유관하게 때로는 스피노자와 무관하게 새롭게 사용되면서 다양하게 주목받고 있다. 이 '정서'는 스피노자 정치학의 핵심 개념이다. 스피노자의 정치학은 인간 정서의 동역학과 관련된다. 어떻게 인간의 정서를 그저 금지하거나 금기시하지 않고 긍정하면서 그 작용을 정확히 이해하여 궁극적으로 인간의 자기 보존을 해치지 않도록 통제할 것인지가 정치학의 연구 과제이자 목표인 것이다. 이 점에서 스피노자의 정치학은 매우 현대적이다. 한편으로 법학적이고 제도론적이라는 점에서 지극히 고전적이지만, 다른 한편으로는 인간의 다양한 정서의 동역학을 전제한다는 점에서 매우 현대적이다. 그리고 현실을 객관적으로 관찰하는 차가운 정신을 유지하려고 하면서도 그런 관찰의 결과가 궁극적으로 무엇을 지향해야 하는지를, 즉 정치학의 규범적 차원을 잊지 않는다. 현실의 논리를 무시하고 공허하게 당위를 주장하는 이상주의도 배격하지만 목적을 상실한 채 현실을 긍정함으로써 현실 자체를 규범화하는 맹목적 현실주의도 배격한다.

스피노자는 철학자와 신학자를 한편에 놓고 정치가를 다른 한편에 놓는다. 철학자와 신학자가 실제에 적용될 수 없는 공허한 이야기를 늘어놓고 자신들이 바라는 모습을 주장한다면, 스피노자의 생각에 정치가들은 실제에 부합하는 이야기들을 해왔다. 이는 니콜로 마키아벨리(Niccolò Machiavelli)가 『리비우스의 로마사에 대한 강론』(일명 '로마사 논고')의 서론에서 이야기한 바와 상통한다. 마키아벨리는 의사가 환자의 치료를 위해 임상 사례를 연구해야 하고 법률가가 올바른 판결을 위해 수많은 판례들을 연구해야 하듯이 정치가도 마땅히 정치적 사례들, 곧 역사를 연구해야 하는데 어리석게도 현실에 적용될 수 없는 종교적·도덕적 교리들만을 읊조리고 있다고 한탄한다. 스피노자 역시 이 책에서 표면적으로 드러나지는 않지만 수많은 동서고금의 역사적 사례들에서 정치적 교훈과 지침을 도출한다.

스피노자의 이런 시각은 이론보다 현실, 곧 경험을 중요시하는 태도로 나타난다. 스피노자를 단순히 '합리론자' 가운데 한 명으로 간주하는 것은 그런 의미에서 위험하다. 스피노자는 적어도 정치와 관련해서는 경험의 중요성을 인정하며 경험에서 비롯하지 않은 관념적 이론을 오히려 거부한다. 그러나 여기에 스피노자의 정치학이 가진 한계가 있다. 인간의 본성이 달라지지 않을 것이라고 생각하는 스피노자의 시각은 관행을 경험으로 간주하고 다시 그것이 변하지 않을 것이라고 여기는 문제를 낳는다. 그 대표적인 예가 제11장에서 스피노자가 민주정을 논하면서 여성을 배제한 것이다. 스피노자의 회의적 인간관은 그의 경험주의적 태도에서 비롯하는데, 다시 그런 인간관이 여성에 대한 차별적 생각으로 이어진다. 모든 사람의 본성을 똑같이 여기고 계층 간의 우열을 부정한 스피노자가 남녀의 우열을 긍정하는 것은 매우 이상하다. 스피노자는 인간을 계급에 따라 우월하거나 열등하다고 믿는 것이 "힘과 관습에 속하는 것"이라고 말한다(제7장 제27절). 즉 권력의 효과와 관습의 영향 탓에 우리가 이른바 '높은 사람'이 우월하다는 환상을 품는다는 것이다. 스피노자에게는 이른바 '높은 사람'에 대한 환상도 없지만 사실상 '낮은 사람'에 대한 환상도 없다. 그런 의미에서 스피노자는 귀족주의자도 아니지만 민중주의자도 아니다. 그런데 이런 그가 여성의 '열등함'을 힘과 관습의 효과로 여기지 않는 것은 이상하다.

이 문제를 이해하기 위해서는 좀 더 자세한 설명이 필요하지만 여기에서는 간단히 스피노자가 정치에서 '질투'(invidia)라는 정서의 역할을 매우 크게 보았다는 점만을 지적하고 넘어가겠다. 미움, 시기, 질투 등으로 옮길 수 있는 '인비디아'는 스피노자 정치학의 핵심 개념 가운데 하나이다. 각 국가형태에서 법을 제정할 때 스피노자가 매우 세심하게 고려하는 것이 바로 주권자들 사이의 이 질투 감정이다. 주권자와 비주권자 사이에서 '두려움'과 '공포'가 중요한 제도적 통제의 대상이 된다면, 주권자들 사이에서는 '질투'가 매우 중요한 통제의 대상이 된다. 군주국가에서는 왕의 자식들 사이에서 그리고 자문관들 사이에서 질투가 문제가 될 수 있다면, 귀족국가에서는 귀족들 사이에서 질투가 문제가 될 수 있으며 이 문제를 통제하기 위한 제도적 장치가 모색되어야 한다. 그러므로 민주국가에서도 주권자인 시민들 사이에서 질투심이 문제를 일으키지 않도록 통제할 장치가 필요한데, 어쩌면 스피노자는 남성과 여성 사이에서 발생하는 질투의 감정이 남성들 사이에서나 여성들 사이에서 발생하는 질투의 감정보다 훨씬 더 큰 해체적 힘을 가진다고 보았던 것 같다. 그리고 이 문제를 해결하기 위해 당시까지의 관행을 본성(자연)화하여 손쉽게 여성을 주권자 집단에서 배제한 것 같다. 사실에서 당위를 도출하는 자연주의의 오류를 범한 것이다.

이 책의 전반부에서 스피노자는 기본적으로 아리스토텔레스의 정치관과 대결한다. 그것은 홉스처럼 '인간은 정치적 동물'이라는 아리스토텔레스의 명제를 부정하는 것이 아니라 목적론적 논증을 인과론적 논증으로 바꾸는 것이다. 얼핏 보기에는 스피노자가 아리스토텔레스의 정치관, 즉 정치공동체의 자연성을 수용하는 것 같지만 결과에 이르는 과정은 다르다. 스피노자의 생각에 인간은 공통의 두려움과 비참한 일을 막기 위해 정치공동체를 형성한다(제3장 제6절). 그러므로 이 목적이 달성될 수 없을 때, 즉 행동의 원인이 사라질 때 정치공동체는 얼마든지 해체될 수 있다. 아리스토텔레스의 시각에서는 정치공동체의 해체가 자연스럽지 않은 일이지만 스피노자의 시각에서는 그것도 얼마든지 자연스러운 일이다. 그러나 또한 스피노자는 "인간이 정치적 상태를 본성적으로 욕구하고 인간이 그 상태를 언제고 완전히 해소하는 일은 일어날 수 없다"라고 말한다(제6장 제1절). 인간이 정치적 상태를 욕구하는 것은 고립에 대한 두려움 때문이다. 고립되면 자기를 온전히 방어할 수 없고 생활에 필수적인 것들을 제대로 마련할 수 없기 때문이다. 이런 인과적 필연성에 의해 인간이 정치공동체를 추구하지만 그것이 어떤 '자연적 목적'은 아니라는 것이 스피노자의 생각이다.

인간이 정치공동체 자체를 없애는 일은 거의 일어날 수 없지만 정치공동체의 외형을 유지한 채로 분쟁이 해결될 수 없을 경우, 그것을 바꾸는 일은 종종 일어날 수 있다고 스피노자는 생각한다. 실제 정치공동체들이 겪는 정치적 변동이 이를 증명해준다. 정치공동체가 완전히 해체되는 일이 거의 발생하지 않는다면 정치공동체의 보존을 위한 노력이란 사실상 그 외형을 유지하기 위한 노력일 것이다. 스피노자는 정치공동체의 외형이 반드시 보존되어야 한다고 생각하지는 않지만 외형의 변화가 그 자체로 인간에게 더 이롭다고 생각하지도 않는다. 외형이 바뀌지 않는 한 분쟁이 해소될 수 없다면 인간이 가진 자연적 권리에 의해 필연적으로 바뀌겠지만, 정치공동체의 외형이 빈번하게 바뀌는 일은 수많은 사람의 희생을 동반할 것이기 때문이다. 그러므로 스피노자는 가능한 한 큰 정치적 변동을 겪지 않고 그 안에서 정치공동체의 목적, 즉 안전과 자유를 얻는 것이 구성원 개개인에게 더 낫다고 생각한다. 정치공동체 바깥보다 안이, 정치공동체의 외형을 다른 것으로 바꾸는 것보다 기존의 것을 유지하면서 개선하는 것이 개인의 안녕과 공동체 전체의 안녕을 위해 더 낫다는 것이다. 그런 의미에서 스피노자는 개혁적이지만 결코 혁명적이지는 않다.

스피노자의 기본 전제는 인간이 이성보다 정서에 의해 더 많이 인도된다는 것이다. 그러므로 인간은 저절로 조화를 이루지 않는다. 인간이 조화롭게 살기 위해서는 '정치적 기술'이 필요하다. 그러나 그 기술의 사용조차 한 사람의 능력과 선의에 의존할 경우, 필연적으로 불안정해지므로 그 기술의 사용을 법제화하여 지속성을 가지도록 해야 한다. 이 기술의 법제화만 제대로 이루어진다면 사실상 주권의 형식적 보유자가 한 명인지, 여러 명의 선발된 사람인지, 시민 전체인지는 문제가 되지 않는다. 이런 제도적 해법을 마련하는 것이 무작정 왕정 대신 귀족정이나 민주정을 추구하는 것보다 현실적으로 개인과 공동체의 안녕에 이롭다는 것이 스피노자의 생각이다. 이런 의미에서 스피노자는 이데올로기적 민주주의자가 아니다.

스피노자는 군주국가에 대한 장에서 한 사람의 군주가 다스린다는 사실 자체가 국가의 안정성을 보장하는 원인이 아님을 지적한다. 또한 귀족국가에 대한 장에서 소수의 뛰어난 사람들이 다스린다는 사실 자체가 안정성의 원인이 아님을 지적한다. 그렇다면 스피노자는 민주국가에 대한 장에서 ─ 비록 아쉽게도 그 내용을 정확히 알 수는 없지만 ─ 마찬가지로 민주정, 즉 모든 시민이 참여한다는 사실 자체가 안정성의 원인이 아님을 지적할 것이다. 스피노자는 모든 국가형태의 의미를 사실상 상대화한다. 그런 의미에서 스피노자는 민주주의자도 아니지만 군주주의자도, 귀족주의자도 아니다. 굳이 말하자면 법치주의자이다. 그러나 실정법주의자는 아니다. 어디까지나 이성에 부합하는 법이 국가의 안정을 보장해준다고 스피노자는 생각한다.

스피노자의 정치학은 아리스토텔레스의 정치학과 마찬가지로 일종의 비교정치학이다. 여러 국가의 사례를 분석해 유형을 나누고 각 유형의 국가에 대한 보편적 원리를 찾아내어 제시한다. 이를 위해 스피노자는 여러 선구적 작업들을 참고한다. 아리스토텔레스는 물론이고 고대 로마의 역사, 특히 티투스 리비우스(Titus Livius), 타키투스(Tacitus), 쿠르티우스(Curtius), 마키아벨리 등의 로마사 해석을 이용한다. 그리고 귀족정과 관련해서는 베네치아 공화국의 사례와 본인이 직접 경험한 네덜란드 공화국의 사례, 특히 이에 대한 요한 들라쿠르(Johan De la Court)의 선행 연구를 참고한다. 물론 홉스의 견해도 중요한 참고와 극복의 대상이 된다. 스피노자의 일관된 생각은 경험적 검증을 중요시하는 것이다. 역사 속에서 검증되지 않은 어떤 것을 철학자 한 사람이 생각만으로 창안할 수 있다고 믿지 않는다. 정치학은 기본적으로 경험과학이기 때문이다. 이 점에서 스피노자는 반(反)유토피아주의자이다.

들라쿠르 형제의 업적과 스피노자에 대한, 특히 스피노자의 정치학에 대한 영향은 한동안 잘 알려지지 않았다. 그들의 글이 네덜란드어로 작성되었고 네덜란드적 맥락을 스피노자 연구자들이 잘 몰랐을 뿐만 아니라 관심도 없었기 때문이다. 그러나 최근에는 스피노자의 종교적 견해와 관련해서는 그의 라틴어 교사였던 판덴엔덴의 영향이, 정치적 견해와 관련해서는 들라쿠르의 영향이 있었음이 학계에서 널리 받아들여지고 있다.

이 책에서 스피노자가 각각의 국가형태가 가진 의미를 어느 정도 상대화하고 있기는 하지만,『신학정치론』에서도 그렇고 이 책에서도 그렇고, 분명히 스피노자는 민주정을 일종의 근원적 국가형태로 간주하고 있다. 한편으로 그것은 국가의 주권이 다중의 힘에 의해 정의되기 때문이다. 주권의 외형이 어떤 것이건 간에 그것이 근본적으로 다중의 힘에 의존한다는 것이, 그러므로 결국 민주정일 수밖에 없다는 것이 스피노자의 생각이다. 그러나 그것이 구체적으로 정부의 운영에 시민 전체가 직간접적으로 참여한다는 의미는 아니다. 다른 한편으로 스피노자는 역사적으로 국가의 형태가 민주정에서 귀족정으로, 그리고 귀족정에서 군주정으로 변해왔다고 생각한다. 현대인이 민주화를 왕정에서 시작하는 진보의 과정으로 이해하는 것과 다르게 스피노자는 이를테면 민주화를 체제의 타락을 막고 다시 '처음'으로 되돌리는 과정으로 이해한다. 이는 마키아벨리에게서도 찾아볼 수 있는 고대의 순환론적 역사관의 반영이다. 황금의 시대가 은(銀)의 시대, 동(銅)의 시대, 철(鐵)의 시대로 퇴락하는 경향이 있으므로 그런 경향을 막고 다시 원래의 좋은 상태, 곧 평등한 민주정의 상태로 되돌려야 한다고 생각하는 것이다. 이런 역사적 후퇴를 막는 장치가 바로 법이고 그런 법을 제정하는 것이 정치의 역할이다.

그러나 스피노자는 그런 법의 제정이 어떻게 가능할 것인지, 누구에 의해 이루어질 수 있는지를 언급하지 않는다. 스피노자에게는 이른바 혁명론이 없다. 그런 좋은 국가를 만들기 위한 '운동'의 주체와 방법에 대한 구체적 논의가 없는 것이다. 사실 그것은 현대의 사회학적 정치학이 등장하기 전의 학문에 공통적인 태도였다. 그러므로 특별히 이상할 것은 없지만, 그래서 스피노자의 정치 이론에 현대인의 사회학적 상상력이 개입할 여지가 많다. 즉 정치인과 지식인의 역할, 대중의 역할, 이 집단들의 관계 등에 대한 상상의 여지가 있다. 스피노자의 정치학에 대한 현대 철학자들의 관심은 이런 여백과 관련이 있어 보인다. 그러나 '의지의 자유'를 부정하는 스피노자의 사유 체계 안에 혁명론이 들어설 자리가 있는지는 의문이다. 이는 이론과 실천의 관계에 대한 현대 사회 이론의 복잡한 논쟁과도 관련이 있는 주제이다. 분명한 것은 스피노자가 혁명적 변화에 우호적이지 않았다는 것이다. 개혁을 선호했지만 그 개혁을 실천하기 위한 구체적 방법을 논하지는 않았다. 어쩌면 스피노자는 그것을 뛰어난 정치가의 '현명한' 실천의 문제로 간주했고 철학자의 학문적 논의의 대상으로 보지 않았는지도 모른다.

4. 번역에 대하여

마지막으로 번역과 관련해 몇 가지를 언급하고자 한다. 이 책에서 스피노자가 가장 많이 사용한 단어가 있다면 그것은 아마도 '임페리움'(imperium)일 것이다. 이 단어를 스피노자는 매우 다양한 의미로 사용한다. 이 단어의 역사적 의미 변화가 고스란히 스피노자의 용법에 반영되어 있다고 해도 무리는 아닐 것이다. 명사 '임페리움'은 동사 '임페라레'(imperare)에서 파생한 것으로서 '명령'과 '지시' 등을 뜻한다. 이 단어는 로마 공화정 초기부터 사용했던 전문용어였다. 최고위 공무원의 공권력을 의미했고 원래는 군통수권에 제한되었지만, 나중에는 포괄적인, 적어도 이론상으로는 무제한적인 공권력을 일컫는 총괄 개념이 되었다. 군사적 지배권이라는 의미는 '임페라토르'(imperator)라는 호칭에서 드러난다. 이 용어는 원래 통수권을 가진 최고위 직책에 대한 칭호였지만 나중에는 야전사령관에 대한 칭호가 되었다.

'임페리움'은 로마 공화정 말기 이후에 '로마 인민의 지배'(imperium populi Romani)라는 뜻으로 타민족에 대한 로마 민족의 지배를 의미하는 데에도 사용되었다. 이것이 우리가 '로마 제국'(imperium Romanum)이라고 부를 때의 용법이다. '임페리움'이 처음에는 사람에 대한 명령권의 의미로 사용되다가 나중에는 해당 지역에 대한 명령권을, 그리고 마침내 지배하는 지역 자체를 표현하는 말이 된 것이다.

'임페리움'은 '레그눔'(regnum), 즉 왕국보다 우월한 지위를 가진다. 왕국이 '임페리움'의 상위개념이 될 수는 없다. 스피노자는 '레그눔'이라는 단어도 사용하지만 군주국가에 대해 이야기할 때에도 '임페리움'을 훨씬 더 많이 사용한다. 나는 이 단어를 '지배'로 일관되게 번역해볼까도 시도했었다. 노예에 대한 주인의 지배(dominatio)나 신민에 대한 참주의 압제(oppressio)와 다른 정치적 지배를 스피노자가 '임페리움'이라는 단어로 설명하고 있기 때문이다. 그러나 우리말 '지배'가 가지는 부정적 뉘앙스도 문제였고 모든 경우에 일관되게 적용하기에는 단어의 유연성이 부족해서 결국 맥락에 따라 '임페리움'을 국가, 주권, 명령, 명령권, 지배, 지배권, 지배 영역 등으로 다양하게 옮겼다. 특히 후반부에서 국가형태를 다룰 때에는 거의 일관되게 '국가'로 옮겼다. 그러나 하나의 도시가 중심이 되는 또는 여러 도시가 연합하여 이끄는 귀족국가에 대한 설명에서도 드러나듯이, 스피노자의 '국가'(imperium) 개념은 오늘날의 영토국가 개념보다는 고전적 '제국' 개념에 더 가깝다. 물론 스피노자가 팽창주의적 제국주의를 지향하지는 않지만 당대의 네덜란드를 비롯한 스페인과 영국 '제국'이 전 세계에 식민지를 개척하고 상권을 확장하며 영향력을 행사하는 현실에 근거해 스피노자는 '임페리움'을 복합적이고 관계적인 의미로 사용하고 있다. 불가피하게 많은 경우 '임페리움'을 '국가'로 옮겼지만 독자들이 이런 시대적 배경과 단어의 중의성을, 그리고 특히 이것이 동사의 명사형임을 고려하면서 읽어주기를 바란다.

'임페리움'은 또한 '키비타스'(civitas)와 구별된다. 후자는 거의 일관되게 정치공동체로 옮겼다. 홉스나 존 로크(John Locke)는 이를 영어로 '커먼웰스'(commonwealth)라고 불렀다. 정치공동체가 취하는 지배 형식이 바로 '임페리움'인데, 이 '임페리움'의 공적 성격을 강조할 때 스피노자는 '레스푸블리카'(respublica)라는 단어도 사용한다. 그러므로 '레스푸블리카'는 맥락에 따라 '공화국', '공적인 일', '공공의 재산', 때로는 '국가'로도 옮겼다. 스피노자가 『신학정치론』 제20장에서 '국가의 목적은 자유'라고 선언할 때, '국가'는 '레스푸블리카'이다. 그러나 '공화국'의 목적만 자유이고 왕국이나 귀족국가의 목적은 다른 것이라고 생각할 수 없다. 특히 『정치론』에서 스피노자가 주장하는 것은 국가의 형태가 무엇이건 간에 모든 국가가 사실상 '자유로운 공화국'이어야 한다는 것이다. 또한 스피노자는 구체적인 통치 기능을 가리킬 때 '레기멘'(regimen), 즉 '정부'라는 단어도 사용한다. 스피노자의 이런 용어 구별이 우리말 속에서도 가능한 한 원어의 병기 없이 드러날 수 있도록 노력했다.

내가 처음 스피노자의 글을 읽은 것은 아마도 1996년 대학원에 다닐 때였을 것이다. 당시 서강대에는 네덜란드에서 공부하고 스피노자에 대한 글도 여럿 쓴 철학과 강영안 교수가 있었다. 나는 강영안 교수가 개설한 수업에서 헤르만 더데인(Herman De Dijn) 교수가 편집한 책[11]을 통해 라틴어와 영어로 『지성교정론』을 읽으면서 스피노자 철학에 처음 발을 들여놓게 되었다. 이후 우리말로 번역되어 있는 스피노자의 다른 책을 찾아 읽으며 관심을 넓혀갔다. 독일로 유학을 간 나는 2000년경부터 본격적으로 스피노자 공부를 시작했다. 스피노자를 읽기 위해 라틴

---

11 Herman De Dijn, *Spinoza: The Way to Wisdom*, Purdue University Press, 1996.

어도 배웠다. 논문을 쓰는 과정은 무척 힘들고 괴로웠지만 라틴어와 독일어 번역을 비교해가며 스피노자의 글을 읽는 재미는 그 과정을 그나마 덜 힘들게 해주었다. 2006년 2월, 스피노자의 정치사상을 '불복종의 문제'를 중심으로 해석하는 논문으로 박사 학위를 받았다.[12] 귀국 후 얼마간 스피노자에 대한 논문을 쓰면서 독일어로 학위논문을 쓸 때보다 더 큰 어려움을 느꼈다. 우리말로 된 신뢰할 만한 스피노자 번역본이 온전히 갖추어져 있지 않았기 때문이다. 그래서 필요에 따라 원문에서 우리말로 직접 번역하여 인용하곤 했지만, 서구인들이 그렇게 하듯이 자국어 번역본을 편하게 이용할 수 있게 되기를 소망했다.

내가 처음 읽은 『정치론』의 번역본은 서문당에서 나온 세로쓰기 편집본 『국가론』(1978)이었다. 이 책은 나중에 스피노자가 유행하면서 2001년에 가로쓰기 편집본으로 다시 나왔다. 직접 읽어보지는 않았지만 동서문화사에서도 1994년에 이 책이 '정치론'이라는 제목으로 『윤리학』과 함께 묶여 출간된 바가 있다. 이 두 권의 번역본은 일본어 번역본을 우리말로 옮긴 것이다. 아마도 독일어에서 일본어로 한 번 옮긴 것을 다시 우리말로 옮긴 것으로 보인다. 2009년에는 신학자 김호경 교수가 '정치론'이라는 제목으로, 2011년에는 정치학자 최형익 교수가 『신학정치론』과 함께 묶어 '정치학 논고'라는 제목으로 이 책을 번역해 펴냈다. 이후 2013년에는 (동국대 황태연 교수와는 다른) 독학자 황태연 선생이 '정치론'이라는 제목으로, 2017년에는 철학자 강영계 교수가 '정치학 논고'라는 제목으로 또한 이 책을 번역해 펴냈다. 강영계 교수의 번역을 제외하면 모두 영어나 독일어 번역본을 이용한 중역(重譯)이다. 기존의 번역본에 대한 평가는 생략하겠다. 모두 그 시대에 필요한 역할과 기여를 했다고 생각한다. 다만 여기 새롭게 내놓는 번역본이 독자들에게 스피노자 정치학에 대한 조금 더 나은 이해를 가져다주기를, 그리고 학자

---

12 Jin Sung Gong, *Spinoza und das Problem des Ungehorsams*, WVB, 2006.

들에게 조금 더 신뢰할 수 있는 참고 문헌이 되기를 바랄 뿐이다. 앞으로 또 몇 해 뒤가 될지 모르지만 이어서 나오게 될 스피노자의『신학정치론』도 기대해주기를 바란다.

2019년 10월
무등산 자락의 연구실에서
옮긴이 공진성

1. 이 책은 1677년 암스테르담에서 출간된 베네딕투스 데 스피노자의 라틴어 유고(遺稿) 가운데『정치론』을 우리말로 옮긴 것이다.
2. 독일 펠릭스 마이너(Felix-Meiner) 출판사가 라틴어-독일어 대역본으로 펴낸 볼프강 바르투샤트(Wolfgang Bartuschat)의 편집본을 저본으로 삼았으며, 영국 옥스퍼드대학출판부가 라틴어-영어 대역본으로 펴낸 A. G. 위넘(A. G. Wernham)의 편집본을 또한 참조했다.
3. 본문의 모든 주석은 위 두 책의 주석을 최대한 반영하여 옮긴이가 붙인 것이다.
4. 본문 속의 ( ) 안의 글은 저자의 것이고, [ ] 안의 글은 독자의 이해를 돕기 위해 옮긴이가 덧붙인 것이다.
5. 본문과 주석에서 언급되는 참고 문헌의 전체 서지 사항은 맨 뒤의 참고 문헌 목록에 제시되어 있다.
6. 본문과 주석에서 스피노자의 저작은 다음과 같은 우리말 제목으로 표시한다.

『신, 인간, 그리고 인간의 안녕에 대한 소론』(*Korte Verhandeling van God, de mensch en deszelvs welstand*, 1660, KV)

『데카르트의 철학의 원리』(*Principia philosophiae cartesianae*, 1663, PPC)

『신학정치론』(*Tractatus Theologico-Politicus*, 1670, TTP)

『지성교정론』(*Tractatus de Intellectus Emendatione*, 1677, TIE)

『윤리학』(*Ethica Ordine Geometrico Demonstrata*, 1677, E)

『정치론』(*Tractatus Politicus*, 1677, TP)

『편지』(*Epistolae*, 1677, Ep)

Auctoris epistola ad amicum,

quae praefationis loco huic Tractatui Politico apte praefigi et
inservire poterit

Amice dilecte,

Grata tua mihi heri tradita est. Gratias pro cura tam diligenti, quam
pro me geris ex animo ago. Hanc occasionem ... non praetermitterem,
nisi in quadam re essem occupatus quam utiliorem judico,
quaeque tibi, ut credo, magis arridebit; nempe in Tractatu Politico
concinnando, quem ante aliquod tempus, te auctore, inchoavi.
Hujus Tractatus capita sex jam sunt absoluta. Primum ad ipsum opus
introductionem quasi continet; secundum tractat de jure naturali;
tertium de jure summarum potestatum; quartum quaenam negotia
politica a summarum potestatum gubernatione pendeant; quintum
quidnam sit illud extremum et summum, quod societas potest
considerare; et sextum qua ratione imperium monarchicum debeat
institui ne in tyrannidem labatur. Impraesentiarum caput septimum

저자가 어느 친구에게 보낸 편지
이 편지가 이 책의 서문으로서 적절히 기능할 수 있을 것이다.[1]

친애하는 벗이여,

고맙게도 당신의 편지가 나에게 어제 전달되었습니다. 나를 위해 당신이 베푼 그토록 세심한 배려에 마음에서 우러나오는 감사를 표합니다. 만약 내가 [모두에게] 더 유익하다고 판단하고 당신에게 더 적합하다고 믿는 일, 즉 『정치론』의 집필에 붙잡혀 있지 않다면, 이 기회를 …… 어쩌면 지나가게 놔두지 않았을 것입니다. 얼마 전에 당신이 계기가 되어 나는 이 책을 집필하기 시작했습니다. 이 책의 여섯 장은 이미 완성됐습니다. 제1장은 작품 전체에 대한 도입 성격의 내용을 담고 있습니다. 제2장은 자연적 권리에 대해 논합니다. 제3장은 최고권력의 권리에 대해, 제4장은 어떤 정치적 과제가 최고권력의 통치에 달려 있는지를, 제5장은 한 사회가 생각해볼 수 있는 궁극의 것과 최고의 것이 무엇인지를, 그리고 제6장은 자의적 지배로 전락하지 않으려면 군주의 지배가 어떤 원리에 따라 구성되어야 하는지를 논합니다. 현재 제7장을

---

1 이 편지의 수신자가 누구인지는 알려져 있지 않다. 다만 1676년경에 작성된 것으로 추정된다.

tracto, in quo omnia praecedentis sexti capitis membra ordinem bene ordinatae monarchiae concernentia methodice demonstro. Postea ad aristocraticum et populare imperium, denique ad leges aliasque particulares quaestiones politicam spectantes transibo. Hisce vale. ...

Patet hinc Auctoris scopus; sed morbo impeditus et morte abreptus hoc opus non ulterius quam ad finem aristocratiae perducere valuit, quemadmodum Lector ipse experietur.

쓰고 있는데, 여기에서는 잘 조직된 군주정의 질서와 관련된, 앞의 제6장에서 언급한 모든 요소들을 차례대로 증명합니다. 그다음에 귀족의 지배와 인민의 지배로, 마지막으로 법률과 그 밖의 특수한 정치적 문제들을 살펴보는 것으로 넘어갈 것입니다. 이제 그만, 안녕히. ……

　여기에서 저자의 목적이 분명히 드러난다. 그러나 이 작업은 질병에 의해 지체되고 죽음에 의해 중단되어 독자가 직접 경험하게 될 것처럼 귀족정체에 대한 부분이 끝나고 얼마 더 진행되지 못했다.

Tractatus Politicus

In quo demonstratur, quomodo Societas ubi Imperium Monarchicum locum habet, sicut et ea ubi Optimi imperant, debet institui, ne in Tyrannidem labatur, et ut Pax Libertasque civium inviolata maneat.

정치론

군주의 지배가 자리잡은 사회와 뛰어난 사람들이 지배하는 사회가 [그리고 모든 시민이 지배의 권리를 가지고 행사하는 사회가] 자의적 지배에 빠지지 않으려면, 그리고 평화와 시민의 자유가 침해되지 않고 유지되려면 어떻게 구성되어야 하는지가 이 책에서 증명된다.[1]

---

1 이 부제(副題)를 스피노자가 직접 쓴 것으로 보이지는 않는다. 유고집(*Opera Posthuma*)의 편집자가 남아 있는 내용, 즉 주로 군주국가와 귀족국가에 대해 스피노자가 쓴 내용에 근거해 붙인 것으로 보인다. 그러므로 '모든 시민이 지배의 권리를 가지고 행사하는 사회', 즉 민주국가가 어떻게 구성되어야 하는지도 (계획상으로는) 이 책에서 제시된다고 덧붙여도 무방할 것이다.

CAPUT I

§ 1. Affectus, quibus conflictamur, concipiunt philosophi veluti vitia, in quae homines sua culpa labuntur; quos propterea ridere, flere, carpere, vel (qui sanctiores videri volunt) detestari solent. Sic ergo se rem divinam facere, et sapientiae culmen attingere credunt, quando humanam naturam, quae nullibi est, multis modis laudare, et eam, quae revera est, dictis lacessere norunt. Homines namque, non ut sunt, sed ut eosdem esse vellent, concipiunt: unde factum est, ut plerumque pro ethica satyram scripserint, et ut nunquam politicam conceperint, quae possit ad usum revocari, sed quae pro chimaera

제1장

서론

§1. 정서에 우리는 시달린다.[1] 그런데 철학자들은 이 정서를 마치 인간이 자기 잘못 때문에 빠지게 되는 악덕처럼 간주한다.[2] 그래서 인간을 비웃고 한탄하며 조롱하고, 또는 (스스로 거룩해 보이기를 원해서) 욕하곤 한다. 그들은 어느 곳에도 있지 않은 인간의 본성은 갖가지 방법으로 찬양하고 실제로 있는 인간 본성을 말한 것에는 공격을 가하면서, 이로써 자기가 신성한 일을 행하고 지혜의 정상에 도달한 줄로 믿는다. 인간을 있는 대로 파악하지 않고 있기를 바라는 대로 파악하기 때문이다. 결과적으로 철학자들은 대개 윤리학 대신 풍자소설을 썼고, 실제에 적용될 수 있는 정치학을 만들어내지 못했다. 기껏해야 그들은 키메라[3]라고 여

---

1 이 책 본문 전체의 첫 번째 단어인 '정서'(affectus)는 스피노자가 어떤 정치학을 제시하려고 하는지를 분명히 보여준다. 정서에 대한 스피노자의 이해 방식에 대해서는 『윤리학』 제3부, 특히 서문을, 그리고 구체적인 정서들과 그 정의에 대해서는 제3부 부록을 참조하라.

2 여기에서 철학자는 부분적으로 신학자를 포함한다. 『신학정치론』의 서문에서 스피노자가 '철학적 독자'라고 부르는 대상 역시 그렇다. 그런 의미에서 이 구절은 반(反)기독교적 함의도 가지고 있다. 즉 인간이 죄를 범하여 타락했고, 타락의 결과로 현재와 같은 인간의 정서 상태에 있게 되었다고 하는 기독교의 주장(원죄론)을 비판하는 것이다.

haberetur, vel quae in Utopia, vel in illo poëtarum aureo saeculo, ubi scilicet minime necesse erat, institui potuisset. Cum igitur omnium scientiarum, quae usum habent, tum maxime politices theoria ab ipsius praxi discrepare creditur, et regendae reipublicae nulli minus idonei aestimantur quam theoretici seu philosophi.

§ 2. At politici contra hominibus magis insidiari quam consulere creduntur, et potius callidi quam sapientes aestimantur. Docuit nimirum eosdem experientia, vitia fore donec homines. Humanam igitur malitiam praevenire dum student, idque iis artibus, quas experientia longo usu docuit, et quas homines, magis metu quam ratione ducti, exercere solent, religioni adversari videntur, theologis praecipue, qui credunt summas potestates debere negotia publica tractare secundum easdem pietatis regulas, quibus vir privatus tenetur.

겨질 법한 정치학을, 또는 유토피아나 시인들의 저 황금시대에 실천될 수 있을 법한, 그러나 정작 그곳에서는 당연히 가장 덜 필요할 정치학을 만들었다.[4] 그래서 실천성을 가진 모든 학문 가운데 정치 이론이 현실 그 자체와 가장 맞지 않다고 여겨지고, 공화국을 다스리는 일에 이론가나 철학자가 가장 적합하지 않다고 평가받는다.[5]

§2. 정치가들은 그 반대로 인간을 염려하기보다는 인간을 속인다고 여겨지며, 현명하기보다는 오히려 교활하다고 평가받는다. 경험이 그들에게 확실히 가르쳐준 것은 인간이 존재하는 한 악덕도 있으리라는 것이다.[6] 그래서 정치가들이 오랜 경험을 통해 배운 기술, 즉 이성보다는 두려움에 의해 더 많이 이끌리는 인간을 훈련할 때 사용하곤 하는 기술을 가지고 인간의 악행을 예방하려고 노력할 때 그들은 종교, 특히 신학자들에 반대되는 것처럼 보인다. 왜냐하면 신학자들은 최고권력이 공적인 업무를 사인(私人)을 구속하는 도덕의 규칙과 동일한 규칙에 따라

---

3 키메라는 사자의 머리, 염소의 몸, 뱀의 꼬리를 가진 불을 뿜는 괴물, 즉 허구적 존재이다.

4 『신학정치론』 제5장 제8절; 『정치론』 제6장 제3절 참조. 앞의 책을 인용할 때 학계에서는 전통적으로 카를 겝하르트(Carl Gebhardt)가 편집한 전집의 권수(III)와 쪽수(3~247)를 밝혔다. 그러나 1999년에 프랑스대학출판부(PUF)가 발행한 새로운 판본에 새로운 절 구분과 번호가 적용되었다. 이것이 오늘날 프랑스어판은 물론이고 영어판과 독일어판 번역에도 공히 적용되고 있으므로, 독자의 편의를 위해 이 책에서도 『신학정치론』의 내용을 가리킬 때에는 위 판본의 장과 절 숫자를 표시한다.

5 니콜로 마키아벨리(Niccolò Machiavelli)의 다음과 같은 말과 비교해보라. "나의 의도는 그것을 이해하는 사람에게 유익한 것에 대해 쓰겠다는 것이므로, 나에게는 사물에 대한 상상보다는 그것에 대한 실제적 진실을 좇는 것이 더 적절해 보였다. 많은 사람들이 진실로 그것이 있다는 것을 본 적도 없고 알았던 적도 없는 공화국과 군주국에 대해 상상해왔다. 어떻게 사는가와 어떻게 살아가야 하는가는 서로 거리가 먼 것이므로, 행해져야 하는 것을 위해 행해지는 것을 포기하는 사람은 자신의 보존보다는 오히려 파멸을 배우게 될 것이다"(『군주론』 제15장 제3~5절).

6 타키투스, 『역사』 제4권 제74장 참조.

Ipsos tamen politicos multo felicius de rebus politicis scripsisse quam philosophos dubitari non potest. Nam quoniam experientiam magistram habuerunt, nihil docuerunt, quod ab usu remotum esset.

§ 3. Et sane mihi plane persuadeo, experientiam omnia civitatum genera, quae concipi possunt ut homines concorditer vivant, et simul media quibus multitudo dirigi, seu quibus intra certos limites contineri debeat, ostendisse: ita ut non credam, nos posse aliquid, quod ab experientia sive praxi non abhorreat, cogitatione de hac re assequi, quod nondum expertum compertumque sit. Nam homines ita comparati sunt, ut extra commune aliquod jus vivere nequeant; jura autem communia et negotia publica a viris acutissimis, sive astutis sive callidis, instituta et tractata sunt; adeoque vix credibile est, nos aliquid, quod communi societati ex usu esse queat, posse concipere, quod occasio seu casus non obtulerit, quodque homines,

처리해야 한다고 믿기 때문이다. 그러나 바로 그 정치가들이 철학자들보다 정치적 사안에 대해 훨씬 더 적절하게 썼다는 것은 의심할 수 없다. 그들은 경험을 스승으로 삼았기 때문에 실제로부터 동떨어진 어떤 것도 가르치지 않았다.[7]

§3. 참으로 내가 전적으로 확신하는 것은 인간이 화합하여 살기 위해 생각해낼 수 있는 모든 종류의 국가를, 그리고 다중을 지휘하는 데에, 즉 일정한 한계 안에 가두는 데에 이용할 수단들을 경험이 이미 보여주었다는 것이다.[8] 그러므로 나는 우리가 이 사안과 관련해 경험이나 실제와 모순되지 않으면서도 지금껏 시도된 적도 없고 경험된 적도 없는 어떤 것에 생각만으로 도달할 수 있다고는 믿지 않는다. 확실히 인간은 그어떤 공동의 법 밖에서는 살 수 없게 만들어져 있다. 그런데 공동의 법과 공적인 업무는 매우 예리한 사람들에 의해, 그들을 교활하다고 평가하거나 영리하다고 평가하거나 간에, 제정되었고 처리되었다. 그러므로 사회에 공통적으로 유익할 수 있지만 기회나 우연이 아직 가져다주지 않았고, 자기들의 공동의 업무에 주의하고 안전을 염려하는 인간이

---

7 이 절의 내용은 마키아벨리 또는 마키아벨리의 가르침에 대한 것이다. 그것을 신학자들은 부정적으로 여기지만, 스피노자는 마키아벨리 같은 정치가가 적어도 경험에 근거했기 때문에 정치에 대해서는 훨씬 더 풍부한 이야기를 해준다고 생각한다. 그리고 기존의 공상적 이론가들이나 선험적 철학자, 신학자들과 다르게 정치 이론가로서의 스피노자는 그런 경험적 지혜에 근거하여 좀 더 추상적인 일반 정치 이론을 구성하려고 한다.
8 아리스토텔레스의 다음과 같은 말과 비교해보라. "우리는 이것 자체를 간과하지 말아야 한다. 즉 우리는 엄청난 시간과 오랜 햇수에 주목해야 하는데, 그 기간 동안에 만일 그러한 것들이 좋은 것이었다면 그것을 알아차리지 못한 채로 그대로 남아 있지 않았으리라는 것이다. 사실상 모든 것이 거의 다 발견되었으나, 비록 그것들 중 어떤 것은 한데 모아지지 않았고, 다른 것들은 그것에 대해 알고는 있으나 사용되지 않았기는 해도 말이다. 만일 우리가 실제로 형성되는 과정에서 그러한 정치체제를 볼 수 있다면, 그 점은 특히 분명해질 수 있을 것이다"(『정치학』 1264a 1~5).

communibus negotiis intenti suaeque securitati consulentes, non viderint.

§ 4. Cum igitur animum ad politicam applicuerim, nihil quod novum vel inauditum est, sed tantum ea, quae cum praxi optime conveniunt, certa et indubitata ratione demonstrare, aut ex ipsa humanae naturae conditione deducere, intendi; et ut ea, quae ad hanc scientiam spectant, eadem animi libertate, qua res mathematicas solemus, inquirerem, sedulo curavi, humanas actiones non ridere, non lugere, neque detestari, sed intelligere: atque adeo humanos affectus, ut sunt amor, odium, ira, invidia, gloria, misericordia et reliquae animi commotiones, non ut humanae naturae vitia, sed ut proprietates contemplatus sum, quae ad ipsam ita pertinent ut ad naturam aëris aestus, frigus, tempestas, tonitru et alia hujusmodi, quae tametsi incommoda sunt, necessaria tamen sunt certasque habent causas, per quas eorum naturam intelligere conamur; et mens eorum vera contemplatione aeque gaudet ac earum rerum cognitione, quae sensibus gratae sunt.

§ 5. Est enim hoc certum, et in nostra Ethica verum esse demonstravimus, homines necessario affectibus esse obnoxios, et ita constitutos esse, ut eorum, quibus male est, misereantur, et quibus

아직 보지 못한 어떤 것을 우리가 고안해낼 수 있다고 믿기는 매우 어렵다.

§4. 그러므로 내가 정치학에 마음을 쏟았을 때 의도한 것은 그 어떤 새로운 것이나 들어보지 못한 것을 만드는 것이 아니라 그저 실제에 가장 부합하는 것들을 확실하고 의심할 바 없는 방법으로 증명하는 것, 다시 말해 인간 본성의 조건 자체에서 도출하는 것이었다. 이 학문과 관련된 것을 수학적인 것을 탐구할 때와 똑같이 영혼의 자유를 가지고 탐구하기 위해 나는 인간의 행위를 비웃지 않고, 한탄하지 않고, 저주하지 않고, 다만 이해하는 것에 세심히 신경을 썼다. 그러므로 나는 인간의 정서들, 곧 사랑, 미움, 분노, 질투, 명예심, 동정심, 그리고 그 밖의 다른 마음의 움직임들을 인간 본성의 악덕으로서가 아니라 고유한 속성으로서 고찰했다. 이 정서들은 더움, 차가움, 폭풍, 천둥 같은 것들이 공기의 본성에 속하는 것처럼 인간의 본성에 속한다. 그것들은 설령 불편한 것일지 몰라도 필연적인 것이며, 일정한 원인들을 가지는 것이다.[9] 이 원인들을 통해 우리는 정서들의 본성을 이해하려고 시도한다. 정서들을 제대로 관조할 때, 정신은 감각에 편안한 것들을 생각할 때와 똑같이 즐거워한다.[10]

§5. 이것이 확실하며 참이라는 것을 우리는 『윤리학』에서 증명했다. 즉 인간이 필연적으로 정서에 예속되어 있다는 것,[11] 인간이 불행한 사람을 불쌍히 여기고 행복한 사람을 질투하며,[12] 동정심보다는 복수심에

9 　정서들의 원인들에 대해서는 『윤리학』 제3부 참조.

10 　『윤리학』 제3부 서문 참조. 이것은 인식과 감정의 관계에 대한 암시이다. 이것이 『윤리학』에서는 중요하지만, 이 책에서는 강조되지 않는다. 개인적 차원에서의 정확한 인식이 가지는 실천적 의미가 정치에서는 별다른 역할을 하지 않기 때문이다.

11 　『윤리학』 제4부 정리 4의 보충 참조.

bene est, invideant, et ut ad vindictam magis quam ad misericordiam sint proni, et praeterea unumquemque appetere, ut reliqui ex ipsius ingenio vivant, et ut probent, quod ipse probat, et quod ipse repudiat, repudient; unde fit ut, cum omnes pariter appetant primi esse, in contentiones veniant, et quantum possunt nitantur se invicem opprimere; et qui victor evadit, magis glorietur, quod alteri obfuit quam quod sibi profuit. Et quamvis omnes persuasi sint, religionem contra docere, ut unusquisque proximum tanquam se ipsum amet, hoc est, ut jus alterius perinde ac suum defendat, hanc tamen persuasionem in affectus parum posse ostendimus. Valet quidem in articulo mortis, quando scilicet morbus ipsos affectus vicit, et homo segnis jacet; vel in templis, ubi homines nullum exercent commercium, at minime in foro vel in aula, ubi maxime necesse esset. Ostendimus praeterea, rationem multum quidem posse affectus coërcere et moderari; sed simul vidimus viam, quam ipsa ratio docet, perarduam esse; ita ut qui sibi persuadent posse multitudinem, vel qui publicis negotiis distrahuntur, induci, ut ex solo rationis praescripto vivant, saeculum poëtarum aureum seu fabulam

더 기울어지게끔 구성되어 있다는 것이다.[13] 또한 각 사람이 자기의 성향대로 다른 사람이 살기를 원하고, 자기가 인정하는 것을 다른 사람도 인정하고, 자기가 거부하는 것을 다른 사람도 거부하기를 몹시 원한다는 것이다.[14] 그러므로 모두가 똑같이 으뜸이 되기를 원하기 때문에 인간은 대결로 치닫고, 할 수 있는 한 자기가 상대를 억누르려고 노력하며,[15] 승자가 된 사람은 자기 자신에게 이익이 된 것보다 다른 사람에게 손해가 된 것을 더 많이 자랑한다.[16] 종교가 그 반대로 각 사람에게 자기 자신을 사랑하듯이 이웃을 사랑하라고, 즉 다른 사람의 권리를 자기의 권리와 마찬가지로 옹호하라고 가르친다는 것을 모두가 아무리 확신할지라도 이 확신이 정서들에 거의 아무런 영향을 끼칠 수 없다는 것을 우리는 설명했다.[17] 물론 그 확신은 정서들이 질병에 의해 정복되어 있고 사람이 무기력하게 누워 있는 죽음의 순간에는, 또는 아무런 거래도 하지 않는 예배당에서는 당연히 힘이 있다. 그러나 그 확신이 가장 많이 필요한 광장과 궁정에서는 거의 힘이 없다. 그 밖에 우리는 이성이 정서를 많이 통제하고 조절할 수 있음을 물론 증명했지만,[18] 동시에 바로 그 이성이 가르치는 길이 매우 어려운 길임을 보였다.[19] 그러므로 다중 또는 공적인 업무와 관련해 분열되어 있는 사람들이 이성의 단일한 지침을 따라 살도록 인도될 수 있다고 스스로 확신하는 사람은 시인들의 황금시대

---

12 『윤리학』 제4부 정리 32의 주석 참조.

13 『윤리학』 제3부 정리 41의 주석과 제4부 부록의 제13항 참조.

14 『윤리학』 제4부 정리 31의 보충 참조.

15 이 구절에서 인간의 평등한 조건이 인간을 적대적 대결로 이끈다는 토머스 홉스의 생각이 드러나며, 인간이 타인을 억누르려는 성향을 가지고 있다는 마키아벨리의 생각이 또한 엿보인다.

16 『윤리학』 제4부 정리 58의 주석 참조.

17 『윤리학』 제4부 정리 15, 제4부 정리 62의 주석 참조.

18 『윤리학』 제5부 정리 4의 주석 참조.

19 『윤리학』 제5부 정리 42의 주석 참조.

somnient.

§ 6. Imperium igitur, cujus salus ab alicujus fide pendet, et cujus negotia non possunt recte curari nisi ii, qui eadem tractant, fide velint agere, minime stabile erit; sed, ut permanere possit, res ejus publicae ita ordinandae sunt, ut qui easdem administrant, sive ratione ducantur sive affectu, induci nequeant, ut male fidi sint seu prave agant. Nec ad imperii securitatem refert, quo animo homines inducantur ad res recte administrandum, modo res recte administrentur: animi enim libertas seu fortitudo privata virtus est; at imperii virtus securitas.

§ 7. Denique, quia omnes homines, sive barbari sive culti sint, consuetudines ubique jungunt et statum aliquem civilem formant, ideo imperii causae et fundamenta naturalia non ex rationis documentis petenda, sed ex hominum communi natura seu conditione deducenda sunt, quod in sequenti capite facere constitui.

나 동화를 꿈꾸는 것이다.

§6. 국가는 그 안녕이 어떤 사람의 충성심에 달려 있고 그 임무가 그것을 담당하는 사람이 충성스럽게 행동하려고 하지 않을 때 제대로 수행될 수 없다면 지극히 불안정할 것이다. 국가가 지속될 수 있기 위해서는 그것의 공적인 일들이 그 일을 담당하는 사람들이, 이성에 의해 인도되거나 정서에 의해 인도되거나 간에, 충성스럽지 않게 되거나 나쁘게 행동할 수 없도록 잘 조직되어 있어야 한다. 그러나 어떤 생각에 의해 사람이 일을 올바르게 처리하는 방향으로 인도되는지, 그리고 어떤 방식에 의해 일이 올바르게 관리되는지는 국가의 안전과 무관하다. 영혼의 자유나 강인함은 사인(私人)의 덕이고, 국가의 덕은 안전이기 때문이다.

§7. 마지막으로, 모든 인간은 그가 야만인이건 문명인이건 간에 어디에서나 서로 관계를 맺고 그 어떤 정치적 상태를 이룬다. 그러므로 국가의 원인과 자연적 기초는 이성의 가르침에서 찾을 수 없고, 인간의 공통된 본성이나 조건에서 도출해야 한다.[20] 이 작업을 다음 장에서 할 것이다.

---

20 『정치론』 제6장 제1절 참조. 여기에서 스피노자는 인간을 '폴리스적 동물', 즉 본성적으로 정치공동체를 구성하며 살아가는 존재로 이해하는 아리스토텔레스의 주장을 부분적으로 계승한다. 이 책에서 스피노자는『신학정치론』 제16장에서 홉스를 따라 이른바 '사회계약론'을 수용했던 것에서 벗어나 사실상 계약 이론을 포기한다. 계약 관념이 남아 있다면 그것은 어디까지나 주권의 보유자와 관련된 이른바 '통치 계약'에 한정된다(제4장 제6절 참조).

CAPUT II

§ 1. In nostro Tractatu Theologico-politico de jure naturali et civili egimus, et in nostra Ethica explicuimus, quid peccatum, quid meritum, quid justitia, quid injustitia, et quid denique humana libertas sit. Sed ne ii, qui hunc tractatum legunt, opus habeant ea, quae ad hunc ipsum tractatum maxime spectant, in aliis quaerere, ea hic iterum explicare et apodictice demonstrare constitui.

§ 2. Res quaecunque naturalis potest adaequate concipi, sive existat sive non existat; ut igitur rerum naturalium existendi principium, sic earum in existendo perseverantia ex earum definitione non potest concludi. Nam earum essentia idealis eadem est, postquam existere

제2장
자연적 권리

§1. 『신학정치론』에서 우리는 자연적 권리와 정치적 권리에 대해 다루었다.[1] 그리고 『윤리학』에서 우리는 무엇이 죄이고 무엇이 공적(功績)인지, 무엇이 정의(正義)이고 무엇이 불의인지,[2] 그리고 마지막으로 무엇이 인간의 자유인지를 설명했다.[3] 그러나 이 책을 읽는 사람들이 이 책과 가장 관련이 있는 것들을 다른 곳에서 찾아볼 필요가 없도록 그것들을 여기에서 다시 설명하고 엄밀하게 증명하려고 한다.

§2. 자연적 사물은 어떤 것이든지 그것이 지금 존재하거나 존재하지 않거나 간에 적합하게 파악될 수 있다.[4] 그러나 자연적 사물이 존재하기 시작하는 것이 그 사물의 정의(定義)에서 도출될 수 없듯이, 그 사물이 계속 존재하는 것도 그 사물의 정의에서 도출될 수 없다. 왜냐하면 자연

---

1 자연적 권리에 관해서는 『신학정치론』 제16장 제1~4절, 정치적 권리에 관해서는 『신학정치론』 제16장 제12~18절 참조.
2 『윤리학』 제4부 정리 37의 주석 2 참조.
3 『윤리학』 제5부 참조. 볼프강 바르투샤트는 이 구절에서 스피노자가 인간의 자유를 언급한 것을 특이하게 여긴다. 왜냐하면 『윤리학』 제5부에서 논의된 것과 같은 개인의 철학적 자유가 이 책에서는 주제로서 다루어지지 않기 때문이다.
4 『윤리학』 제1부 정리 24 참조.

inceperunt, quam antequam existerent. Ut ergo earum existendi principium ex earum essentia sequi nequit, sic nec earum in existendo perseverantia; sed eadem potentia, qua indigent ut existere incipiant, indigent ut existere pergant. Ex quo sequitur, rerum naturalium potentiam, qua existunt, et consequenter qua operantur, nullam aliam esse posse quam ipsam Dei aeternam potentiam. Nam si quae alia creata esset, non posset seipsam, et consequenter neque res naturales conservare; sed ipsa etiam eadem potentia, qua indigeret ut crearetur, indigeret ut in existendo perseveraret.

§ 3. Hinc igitur, quod scilicet rerum naturalium potentia, qua existunt et operantur, ipsissima Dei sit potentia, facile intelligimus, quid jus naturae sit. Nam quoniam Deus jus ad omnia habet, et jus Dei nihil aliud est quam ipsa Dei potentia quatenus haec absolute libera consideratur, hinc sequitur, unamquamque rem naturalem tantum juris ex natura habere, quantum potentiae habet ad existendum et operandum; quandoquidem uniuscujusque rei naturalis potentia, qua existit et operatur, nulla alia est quam ipsa Dei

적 사물의 관념적 본질은 그 사물이 존재하기 전과 마찬가지로 그 사물이 존재하기 시작한 후에도 동일하기 때문이다. 그러므로 자연적 사물이 존재하기 시작한 것이 그 사물의 본질에서 비롯할 수 없듯이, 그 사물이 계속 존재하는 것도 그 사물의 본질에서 비롯할 수 없다. 오히려 그 사물이 존재하기를 시작하는 데에 필요한 힘과 똑같은 힘이 그 사물이 존재하기를 지속하는 데에도 필요하다.[5] 여기에서 다음과 같은 결론이 도출된다. 자연적 사물을 존재하게 하고, 그러므로 또한 작동하게 하는 힘은 바로 신의 영원한 힘 외의 다른 것일 수 없다. 왜냐하면 만약 그 힘이 다른 창조된 것이라면, 그 힘은 자기 자신을 보존할 수 없고, 그러므로 또한 자연적 사물들을 보존할 수 없을 것이기 때문이다. 그러나 바로 저 [신의 영원한] 힘은 자연적 사물이 창조되기 위해 필요하고 계속 존재하기 위해 필요한 힘과 같은 힘이다.[6]

§3. 그러므로 우리는 자연적 사물을 존재하게 하고 작동하게 하는 그 사물의 힘이 당연히 신의 힘[7] 바로 그 자체라는 사실로부터 자연의 권리가 무엇인지를 쉽게 이해한다. 신은 모든 것에 대한 권리를 가지므로,[8] 그리고 신의 권리는 신의 힘 자체, 그것이 절대적으로 자유로운 것으로 여겨지는 한, 그 밖의 다른 것이 아니므로 각각의 자연적 사물은 자기가 존재하고 작동할 힘을 가진 만큼의 권리를 자연으로부터 얻는다는 결론이 도출된다. 개개의 자연적 사물을 존재하게 하고 작동하게 하는 사

---

5 『데카르트의 철학의 원리』 공리 10 참조.
6 적합하게 파악하는 것은 사물의 본질을 파악하는 것이다. 사물의 본질은 유한한 사물의 경우에 시간 속에 있는 것과 관련한 어떤 것도 포함하지 않는다. 스피노자의 명제는 사물이 스스로 존재하지 않으며, 사물이 존재할 때 그 원인은 영원한 힘을 가진 신이라는 것이다. 『윤리학』 제1부 정리 24~27 참조.
7 『윤리학』 제1부 정리 34 참조.
8 그러나 스피노자는 신이 그 어떤 것에 대해 권리를 가진다는 것을 『윤리학』 어느 곳에서도 말하지 않는다.

potentia, quae absolute libera est.

§ 4. Per jus itaque naturae intelligo ipsas naturae leges seu regulas, secundum quas omnia fiunt, hoc est, ipsam naturae potentiam; atque adeo totius naturae et consequenter uniuscujusque individui naturale jus eo usque se extendit quo ejus potentia; et consequenter quicquid unusquisque homo ex legibus suae naturae agit, id summo naturae jure agit, tantumque in naturam habet juris, quantum potentia valet.

§ 5. Si igitur cum humana natura ita comparatum esset, ut homines ex solo rationis praescripto viverent, nec aliud conarentur, tum naturae jus, quatenus humani generis proprium esse consideratur, sola rationis potentia determinaretur. Sed homines magis caeca cupiditate quam ratione ducuntur; ac proinde hominum naturalis potentia sive jus non ratione, sed quocunque appetitu, quo ad agendum determinantur quoque se conservare conantur, definiri debet. Equidem fateor, cupiditates illas, quae ex ratione non oriuntur,

물의 힘은 절대적으로 자유로운 저 신의 힘 외의 다른 것이 아니다.[9]

§4. 나는 자연의 권리를 모든 일이 일어날 때에 따르는 자연의 법칙이나 규칙, 즉 자연의 힘으로 이해한다.[10] 그러므로 자연 전체의 권리는, 그리고 필연적으로 모든 개체의 자연적 권리는 그 힘이 미치는 데까지 확장된다. 그러므로 모든 사람은 자기 본성의 법칙을 따라 행하고, 자연의 최고 권리를 가지고 행하며, 그가 힘으로써 할 수 있는 만큼의 권리를 자연에 대해 가진다.

§5. 그러므로 만약 인간의 본성이 이렇게 만들어져 있다면, 즉 인간이 이성의 지침만을 따라 살도록, 그리고 그 외의 다른 것을 추구하지 않도록 만들어져 있다면, 자연의 권리는 인간 종에게 고유한 것으로 여겨지는 한에서 오직 이성의 힘에 의해서만 결정될 것이다.[11] 그러나 인간은 이성보다 눈먼 욕망에 의해 더 많이 이끌린다. 그러므로 인간의 자연적 힘 또는 권리는 이성을 통해 정의되어서는 안 되며, 인간을 행동하도록 결정하고 자기를 보존하기 위해 노력하도록 만드는 그 어떤 욕구를 통해 정의되어야 한다. 이성에서 비롯하지 않는 저 욕망들이 인간의 능동

9　『신학정치론』제16장 제1~4절 참조. 신 안에서 힘과 권리가 일치하므로, 자연의 힘을 신의 힘과 동일시함으로써 스피노자는 자연의 권리와 자연의 힘을 동일시할 수 있게 된다. 신의 권리가 절대적으로 자유로운 것으로 여겨지는 신의 힘과 동일한 것이라는 주장은 스피노자로 하여금 자연의 권리와 자연의 법칙을 동일시할 수 있게 해준다. 왜냐하면 신의 힘을 절대적으로 자유로운 것으로 여기는 것은 신의 힘을 자기의 본성의 법칙에 의해서만 결정되는 것으로 여기는 것이기 때문이다. 이에 대해서는 『윤리학』제1부 정리 17과 『정치론』제2장 제18절 참조.

10　이것은 홉스에 대한 비판이다. 홉스는 자연권과 자연법을 구분할 뿐만 아니라 서로 대립하는 것으로 이해한다(『시민론』제14장 제3절 참조). 그리고 홉스는 자연법을 처방적인 것으로 이해한다(『시민론』제2장 제1절 참조).

11　『시민론』제1장 제7절에서 홉스는 자연적 권리를 '참된 이성'이라는 말로써 정의한다.

non tam actiones quam passiones esse humanas. Verum quia hic de naturae universali potentia seu jure agimus, nullam hic agnoscere possumus differentiam inter cupiditates, quae ex ratione, et inter illas, quae ex aliis causis in nobis ingenerantur; quandoquidem tam hae quam illae effectus naturae sunt, vimque naturalem explicant, qua homo in suo esse perseverare conatur. Est enim homo, sive sapiens sive ignarus sit, naturae pars, et id omne, ex quo unusquisque ad agendum determinatur, ad naturae potentiam referri debet, nempe quatenus haec per naturam hujus aut illius hominis definiri potest. Nihil namque homo, seu ratione seu sola cupiditate ductus, agit nisi secundum leges et regulas naturae, hoc est (per art. 4 hujus cap.), ex naturae jure.

§ 6. At plerique ignaros naturae ordinem magis perturbare quam sequi credunt, et homines in natura veluti imperium in imperio concipiunt. Nam mentem humanam a nullis causis naturalibus statuunt produci, sed a Deo immediate creari, a reliquis rebus adeo independentem, ut absolutam habeat potestatem sese determinandi et ratione recte utendi. Sed experientia satis superque docet, quod in

적 행위가 아니라 수동적 상태라는 것을 나는 당연히 인정한다.[12] 그러나 우리가 여기에서 다루는 것은 자연의 보편적 힘 또는 권리이므로 이성에 의해 우리 안에 생겨나는 욕망과 다른 원인들에 의해 우리 안에 생겨나는 욕망 사이의 어떤 차이도 인정할 수 없다. 왜냐하면 앞엣것만큼이나 뒤엣것도 자연의 작용이고 인간을 자기 안에 계속 있도록 노력하게 하는 자연적 힘을 드러내 보여주기 때문이다.[13] 인간은 그가 지혜롭거나 무지하거나 간에 자연의 일부이고, 각 사람을 행동하도록 결정하는 것은 모두 자연의 힘에 귀속되어야 한다. 물론 이 자연의 힘이 이 사람 또는 저 사람의 본성을 통해 정의될 수 있는 한에서 그렇다. 그러므로 인간은 이성에 의해 이끌리거나 오직 욕망에 의해 이끌리거나 간에 자연의 법칙과 규칙을 따라, 즉 (이 장의 제4절을 통해 밝혔듯이) 자연의 권리를 가지고 행동한다.

§6. 그런데 많은 사람들은 무지한 자들이 자연의 질서를 따르기보다 오히려 방해한다고 믿으며, 자연 안에 있는 인간을 마치 국가 속의 국가처럼 여긴다.[14] 왜냐하면 그들은 인간의 정신이 그 어떤 자연적 원인들에 의해 생겨난 것이 아니라 신에 의해 직접적으로 창조된 것이고, 다른 사물들로부터 독립적이어서 자기를 스스로 결정하고 이성을 올바르게 이용할 완전한 능력을 가지고 있다고 생각하기 때문이다.[15] 그러나 건

---

12 『윤리학』제3부 정리 58, 59 참조.
13 이성에 근거하는 능동과 정서에 근거하는 수동은 모두 인간의 '코나투스'(conatus) 에서 비롯한다(『윤리학』제3부 정리 9, 제5부 정리 4의 주석 참조). 인간의 코나투스는 자기의 존재를 지속하려는 노력으로서의 힘이며, 또한 모든 사물의 진정한 본질이다(『윤리학』제3부 정리 7 참조).
14 『윤리학』제3부 서문 참조.
15 그러나 "인간이 자연의 부분이 아니고, 또 인간이 오로지 자기의 본성을 통해서만 이해될 수 있으며, 자기가 그것들의 적합한 원인이 되는 변화 외에 다른 어떤 변화도 허용하지 않는 일은 일어날 수 없다"(『윤리학』제4부 정리 4). 또한 『윤리학』제4부

nostra potestate non magis sit, mentem sanam quam corpus sanum habere. Deinde, quandoquidem unaquaeque res quantum in se est suum esse conservare conatur, dubitare nequaquam possumus, quin, si aeque in nostra potestate esset, tam ex rationis praescripto vivere quam caeca cupiditate duci, omnes ratione ducerentur et vitam sapienter instituerent, quod minime fit. Nam trahit sua quemque voluptas. Nec theologi hanc difficultatem tollunt, qui scilicet statuunt hujus impotentiae causam humanae naturae vitium seu peccatum esse, quod originem a primi parentis lapsu traxerit. Nam si etiam in primi hominis potestate fuit tam stare quam labi, et mentis compos erat et natura integra, qui fieri potuit, ut sciens prudensque lapsus fuerit? At dicunt eum a diabolo deceptum fuisse. Verum quis ille fuit, qui ipsum diabolum decepit, – quis, inquam, ipsum omnium creaturarum intelligentium praestantissimum adeo amentem reddidit, ut Deo major esse voluerit? Nonne enim se ipsum, qui mentem sanam habebat, suumque esse quantum in se erat conservare

강한 정신을 가지는 것이 건강한 몸을 가지는 것보다 훨씬 더 우리 능력 밖에 있다는 것을 경험은 충분한 정도 이상으로 가르쳐준다. 게다가 각각의 사물은 할 수 있는 한 자기의 존재를 보존하려고 노력하므로, 만약 눈먼 욕망에 의해 이끌리는 것만큼이나 이성의 지침대로 사는 것도 똑같이 우리의 능력 안에 있다면, 모든 사람이 이성의 인도를 받을 것이고 삶을 지혜롭게 영위할 것임을 우리가 의심할 수 없겠지만 현실은 거의 그렇지 않다. 각 사람이 가진 쾌락에 대한 욕구가 그 사람을 잡아끌기 때문이다.[16] 이 무력함의 원인을 인간의 본성이 지닌, 인간의 첫 번째 부모가 타락해서 생겨난 악덕이나 죄라고 생각하는 신학자들도 이 어려움을 제거하지 못한다.[17] 타락하는 것만큼 바로 서는 것도 첫 번째 인간의 능력 안에 있었다면, 그리고 그 인간이 정신을 통제하고 있었으며 건강한 본성을 지니고 있었다면, 그 현명하고 신중한 인간이 타락하는 일이 어떻게 일어날 수 있었겠는가? 그러면 신학자들은 그가 사탄에게 속았다고 말한다.[18] 그렇다면 바로 그 사탄을 속인 것은 누구였을까? 나는 묻는다. 도대체 누가 모든 지성적 피조물 가운데 가장 뛰어난 존재를 신보다 더 큰 자가 되기를 원할 정도로 미치게 만들었을까?[19] 건강한 정신을 가졌고 자기 존재를 할 수 있는 한 보존하려고 노력한 그 자신이 아

정의 8에서 스피노자는 힘(potentia)과 동일한 것으로 이해되는 덕(virtus)을 자기의 본성의 법칙을 통해서만 이해될 수 있는 어떤 것을 행할 능력(potestas)이라고 정의한다. 『윤리학』 제5부 정리 4의 주석에서 스피노자는 어떤 방식으로 인식이 정서에 맞서는, 우리의 힘 안에 놓여 있는 수단일 수 있는지를 보여준다.

16 베르길리우스, 『목가』 두 번째 전원시, 65행: "trahit sua quemque voluptas." 『신학정치론』 제16장 제7절과 제10절에서도 인용된다.

17 여기에서 스피노자가 생각하는 신학자는 아우구스티누스(Augustinus)와 장 칼뱅(Jean Calvin)일 것이다.

18 그러나 스피노자에게는 이런 가정, 즉 사탄의 존재에 대한 가정이 필요 없다. 『신, 인간, 그리고 인간의 안녕에 대한 소론』 제2부 제25장 참조.

19 일부 유대교와 기독교 전통에서는 애초에 선하게 창조된 천사가 교만해져서 타락함으로써 사탄이 되었다고 가르친다.

conabatur? Deinde qui fieri potuit, ut ipse primus homo, qui mentis compos erat et suae voluntatis dominus, seduceretur et mente pateretur capi? Nam si potestatem habuit ratione recte utendi, decipi non potuit; nam, quantum in se fuit, conatus est necessario suum esse mentemque suam sanam conservare. Atqui supponitur eum hoc in potestate habuisse: ergo mentem suam sanam necessario conservavit nec decipi potuit. Quod ex ipsius historia falsum esse constat; ac proinde fatendum est, quod in primi hominis potestate non fuerit ratione recte uti, sed quod, sicuti nos, affectibus fuerit obnoxius.

§ 7. Quod autem homo, ut reliqua individua, suum esse quantum in se est conservare conetur, negare nemo potest. Nam si hic aliqua concipi posset differentia, inde oriri deberet, quod homo voluntatem haberet liberam. Sed quo homo a nobis magis liber conciperetur, eo magis cogeremur statuere, ipsum sese necessario debere conservare et mentis compotem esse, quod facile unusquisque, qui libertatem cum contingentia non confundit, mihi concedet. Est namque libertas virtus seu perfectio: quicquid igitur hominem impotentiae arguit, id ad ipsius libertatem referri nequit. Quare homo minime potest dici liber propterea quod potest non existere, vel quod potest non uti ratione, sed tantum quatenus potestatem habet existendi et operandi secundum humanae naturae leges. Quo igitur hominem magis

닐까? 더 나아가 정신을 통제하고 있었으며 자기 의지의 주인이었던 바로 그 첫 번째 인간이 사탄에게 유혹당하고 정신적으로 사로잡히는 것을 스스로 허용하는 일이 어떻게 벌어질 수 있었을까? 그가 만약 이성을 올바르게 사용할 능력을 가지고 있었다면, 그는 속을 수 없었을 것이다. 필연적으로 그는 할 수 있는 한 자기 존재와 자기의 건강한 정신을 보존하려고 노력했을 것이다. 이렇게 하는 것이 그의 능력 안에 있었다고 전제한다면, 그는 자기의 건강한 정신을 필연적으로 보존했을 것이고 사탄에게 속지 않을 수 있었을 것이다. 그러나 바로 그 첫 번째 인간의 이야기에서 이 전제가 틀렸음이 확인된다. 그러므로 첫 번째 인간의 능력 안에 이성을 올바르게 사용할 능력이 없었고, 그가 우리와 마찬가지로 정서에 예속되어 있었음이 인정되어야 한다.

§7. 인간이 다른 개체들과 마찬가지로 자기 존재를 할 수 있는 한 보존하려고 노력한다는 것은 어느 누구도 부정할 수 없다. 이 점에서 인간과 다른 개체들 사이의 어떤 차이가 파악될 수 있다면, 인간이 자유로운 의지를 가진다는 것이 떠오를 수 있을 것이다. 그러나 우리가 인간을 자유롭게 여길수록 그만큼 더 우리는 인간이 자기를 필연적으로 보존해야 마땅하며, 그의 정신이 온전해야 마땅하다고 생각하지 않을 수 없다. 자유를 우연과 혼동하지 않는 사람이라면 누구나 쉽게 내 말에 동의할 것이다. 왜냐하면 자유는 덕 또는 완성이기 때문에, 인간의 무력함을 드러내는 모든 것은 인간의 자유에 속할 수 없다.[20] 그러므로 인간이 존재하지 않을 수 있다거나 이성을 사용하지 않을 수 있다는 이유에서 자유롭다고 일컬어질 수는 없고, 인간 본성의 법칙을 따라 존재하고 작동할 힘을 가지는 한에서만 그만큼 자유롭다고 일컬어질 수 있다.[21] 우리가

20 『윤리학』 제4부 정리 66의 주석 참조.
21 『윤리학』 제4부 정리 24 참조. 어떤 것에 대해 힘을 가진다는 것은 선택할 수 있음을

liberum esse consideramus, eo minus dicere possumus, quod possit ratione non uti, et mala prae bonis eligere; et ideo Deus, qui absolute liber existit, intelligit et operatur, necessario etiam, nempe ex suae naturae necessitate, existit, intelligit et operatur. Nam non dubium est, quin Deus eadem qua existit libertate operetur: ut igitur ex ipsius naturae necessitate existit, ex ipsius etiam naturae necessitate agit, hoc est, libere absolute agit.

§ 8. Concludimus itaque, in potestate uniuscujusque hominis non esse ratione semper uti et in summo humanae libertatis fastigio esse; et tamen unumquemque semper quantum in se est conari suum esse conservare, et (quia unusquisque tantum juris habet quantum potentia valet) quicquid unusquisque, sive sapiens sive ignarus, conatur et agit, id summo naturae jure conari et agere. Ex quibus sequitur jus et institutum naturae, sub quo omnes nascuntur homines et maxima ex parte vivunt, nihil nisi quod nemo cupit et quod nemo potest prohibere, non contentiones, non odia, non iram, non dolos, nec absolute aliquid, quod appetitus suadet, aversari. Nec mirum; nam natura non legibus humanae rationis, quae non nisi hominum verum utile et conservationem intendunt, continetur, sed infinitis aliis, quae totius naturae, cujus homo particula est, aeternum ordinem respiciunt, ex cujus sola necessitate omnia individua certo modo

어떤 인간을 더 자유롭다고 여길수록 그만큼 더 우리는 그가 이성을 사용할 수 있고 나쁜 것보다 좋은 것을 먼저 고른다고 말할 수 있다. 그러므로 절대적으로 자유롭게 존재하고 이해하고 작동하는 신은 또한 필연적으로, 즉 자기 본성의 필연성을 따라 존재하고 이해하고 작동한다. 왜냐하면 신이 존재할 때와 똑같이 자유롭게 작동하며, 그러므로 자기 본성의 필연성을 따라 존재하듯이 또한 자기 본성의 필연성을 따라, 즉 절대적으로 자유롭게 행동한다는 것을 의심할 수 없기 때문이다.[22]

§8. 그러므로 우리의 결론은 다음과 같다. 이성을 늘 사용하고 인간적 자유의 최고봉에 있는 것은 모든 개별 인간의 능력 안에 있지 않다. 그렇지만 각 사람은 늘 할 수 있는 한 자기 존재를 보존하려고 노력하며, 현명하거나 무지하거나 간에 각 사람은 무엇을 얻고자 노력하고 행동할 때 (자기의 힘이 닿는 만큼의 권리를 가지므로) 자연의 최고 권리를 가지고 노력하고 행동한다. 이런 사실들로부터 다음과 같은 결론이 나온다. 모든 인간은 자연의 법과 제도 아래 태어나 삶의 대부분을 보내며, 이 자연의 법과 제도는 어느 누구도 욕망하지 않고 어느 누구도 할 수 없는 것 외에는 아무것도 금지하지 않는다. 경쟁심도, 미움도, 분노도, 교활함도, 욕구가 권하는 그 어떤 것도 결코 부정하지 않는다. 이것은 놀라운 일이 아니다.[23] 왜냐하면 자연은 인간의 참된 유익과 보존만을 지향하는 인간 이성의 법들에 구속되지 않고, 인간이 그것의 작은 부분인 자연 전체의 영원한 질서를 고려하는 무한한 다른 법들에 구속되기 때문이다. 오직 이 질서의 필연성을 따라 모든 개체들은 일정한 방식으로 존재하

뜻하지 않고, 그저 자기의 본성과 일치해 있음을 뜻한다. 인간의 자유 개념은 이런 이해와 결합해 있다. 인간의 자유는 자연 전체와의 일치 속에서 완성되는 것이 아니다. 인간은, 그가 어떻게 행동하건 간에, 자연 전체와는 이미 언제나 일치해 있다.

22 『윤리학』 제1부 정의 7 참조.
23 이하의 문장은 거의 단어 그대로 『신학정치론』 제16장에서 가져온 것이다.

determinantur ad existendum et operandum. Quicquid ergo nobis in natura ridiculum, absurdum, aut malum videtur, id inde est, quod res tantum ex parte novimus, totiusque naturae ordinem et cohaerentiam maxima ex parte ignoramus, et quod omnia ex praescripto nostrae rationis ut dirigerentur volumus: cum tamen id, quod ratio malum esse dictat, non malum sit respectu ordinis et legum universae naturae, sed tantum solius nostrae naturae legum respectu.

§ 9. Praeterea sequitur, unumquemque tamdiu alterius esse juris, quamdiu sub alterius potestate est, et eatenus sui juris, quatenus vim omnem repellere damnumque sibi illatum ex sui animi sententia vindicare, et absolute, quatenus ex suo ingenio vivere potest.

§ 10. Is alterum sub potestate habet, quem ligatum tenet, vel cui arma et media sese defendendi aut evadendi ademit, vel cui metum injecit, vel quem sibi beneficio ita devinxit, ut ei potius quam sibi

고 작동하도록 결정된다. 그러므로 자연 속에서 어떤 것이 우리에게 우습고 부조리하고 나쁘게 보인다면, 그것은 우리가 사물을 부분적으로만 알고 자연 전체의 질서와 그 연결을 대부분 모르기 때문이며,[24] 우리가 모든 것을 마치 우리의 이성의 지침을 따라 다스려지는 것처럼 보려고 하기 때문이다. 그러나 이성이 나쁜 것이라고 가르치는 것은 보편적 자연의 질서와 법칙의 관점에서 나쁜 것이 아니라 오직 우리의 자연의 법칙의 관점에서만 나쁜 것이다.[25]

§9. 또한 다음과 같은 결론이 뒤따른다. 각 사람은 다른 사람의 권력 아래 있는 동안 다른 사람의 권리 아래 있고, 모든 물리적 힘을 물리치고 자기에게 가해진 해악을 자기의 영혼이 판단하는 대로 벌하는 만큼, 그리고 절대적으로 말하면 자기의 천성대로 살 수 있는 만큼 자기의 권리 아래 있다.[26]

§10. 어떤 사람이 [첫째] 다른 사람을 묶여 있게 하거나, [둘째] 다른 사람에게서 방어할 무기나 달아날 수단을 빼앗았거나, [셋째] 다른 사람에게 두려움을 주입했거나, [넷째] 선행을 통해 다른 사람을 그에게

---

24 『신학정치론』제4장 제1절, 제16장 제4절;『정치론』제2장 제22절;『편지』30, 32 참조.

25 여기에서 마치 인간 이성의 무력함을 이야기하는 것처럼 보이지만, 스피노자가 말하려고 하는 바는 자연이 인간의 경쟁심을 비난하지 않으므로 우리 역시 경쟁심을 비난해서는 안 되고, 다만 그것에 이성적인 방식으로 대처하려고 노력해야 한다는 것이다. 그리고 인간의 이성이 어디까지나 우리 인간에게 맞춰져 있다는 것이고, 언제나 존재하고 그 내적 관계를 우리가 온전히 파악할 수 없는 다른 어떤 것에 맞춰져 있지 않다는 것이다.

26 이 절부터 권리 개념은 서로주체적 관점에서 조명되기 시작한다. 'alterius juris'(다른 사람의 권리 아래)에 대립되는 'sui juris'(자기의 권리 아래) 개념은 우선 물리적 힘을 물리치는 것으로서 이해된다. 독자적 판단과 결합된 독자적 권리는 그러므로 자연적 한계에 부딪힌다.

morem gerere et potius ex ipsius quam ex sui animi sententia vivere velit. Qui primo vel secundo modo alterum in potestate habet, ejus tantum corpus, non mentem tenet; tertio autem vel quarto, tam ipsius mentem quam corpus sui juris fecit, sed non nisi durante metu vel spe; hac vero aut illo adempto manet alter sui juris.

§ 11. Judicandi facultas eatenus etiam alterius juris esse potest, quatenus mens potest ab altero decipi: ex quo sequitur mentem eatenus sui juris omnino esse, quatenus recte uti potest ratione. Imo quia humana potentia non tam ex corporis robore quam ex mentis fortitudine aestimanda est, hinc sequitur, illos maxime sui juris esse, qui maxime ratione pollent quique maxime eadem ducuntur; atque adeo hominem eatenus liberum omnino voco, quatenus ratione ducitur, quia eatenus ex causis, quae per solam ejus naturam possunt adaequate intelligi, ad agendum determinatur, tametsi ex iis necessario ad agendum determinetur. Nam libertas (ut art. 7 hujus

묶어두어 다른 사람이 자기의 방식보다 오히려 그의 방식대로 행동하고 자기의 영혼의 판단보다 오히려 그의 판단대로 살기를 원하는 경우에 그 사람은 다른 사람을 자기의 권력 아래 두고 있다. 첫째나 둘째 방식으로 다른 사람을 자기 권력 아래 두고 있는 사람은 그의 몸을 붙잡고 있을 뿐이지 정신을 붙잡고 있지는 않다. 그러나 셋째나 넷째 방식으로 다른 사람을 자기 권력 아래 두고 있는 사람은 그의 정신을 자기 권리에 복속시키는 만큼 그의 몸도 자기 권리에 복속시킨다. 그러나 두려움이나 희망이 유지되지 않으면 안 된다. 희망과 두려움이 사라지면 다른 사람은 그 자신의 권리 아래 있게 된다.

§11. 사람의 판단 능력은 그 사람의 정신이 다른 사람에 의해 속을 수 있는 만큼 또한 다른 사람의 권리 아래 있을 수 있다.[27] 이로부터 정신은 이성을 올바르게 사용할 수 있는 만큼 전적으로 자기 권리 아래 있다는 결론이 도출된다.[28] 더욱이 인간의 힘은 몸의 강함보다는 정신의 강인함에 의해 평가되어야 하므로, 이로부터 가장 이성적으로 뛰어난 사람이, 그리고 가장 이성에 의해 인도되는 사람이 가장 자기 권리 아래 있다는 결론이 도출된다. 그러므로 나는 어떤 사람을 그가 이성에 의해 인도되는 한에서 전적으로 자유롭다고 일컫는다. 왜냐하면 그런 한에서 그는 오로지 자기의 본성을 통해서만 적합하게 이해될 수 있는 원인들에 의해 행동하도록 결정되기 때문이다.[29] 비록 그 원인들에 의해 필연적으로 행동하도록 결정되더라도 그렇다. 왜냐하면 자유는 (이 장의 제7절에서

---

27 『신학정치론』 제20장 제2절 참조.
28 『윤리학』의 기반 위에서 전개되는 이런 관점은 진정 스피노자적이지만, 인간이 '전적으로' 자기 권리 아래 있을 수 없음을 전제하는 이 책의 설명과는 반대된다. 그것은 정치학이 전제하는 인간이 윤리학이 전제하는 인간과 다르고, 그런 만큼 정치학과 윤리학의 목적이 다르기 때문이다.
29 『윤리학』 제4부 부록의 제2항 참조.

cap. ostendimus) agendi necessitatem non tollit, sed ponit.

§ 12. Fides alicui data, qua aliquis solis verbis pollicitus est, se hoc aut illud facturum, quod pro suo jure omittere poterat, vel contra, tamdiu rata manet, quamdiu ejus, qui fidem dedit, non mutatur voluntas. Nam qui potestatem habet solvendi fidem, is revera suo jure non cessit, sed verba tantum dedit. Si igitur ipse, qui naturae jure sui judex est, judicaverit, seu recte seu prave (nam errare humanum est), ex fide data plus damni quam utilitatis sequi, ex suae mentis sententia fidem solvendam esse censet, et naturae jure (per art. 9 hujus cap.) eandem solvet.

§ 13. Si duo simul conveniant et vires jungant, plus simul possunt et consequenter plus juris in naturam simul habent, quam uterque solus; et quo plures necessitudines sic junxerint suas, eo omnes simul plus juris habebunt.

§ 14. Quatenus homines ira, invidia, aut aliquo odii affectu

우리가 보인 것처럼) 행동의 필연성을 제거하지 않고 오히려 정립하기 때문이다.

§12. 누군가가 이 일이나 저 일을 그가 자기의 권리에 따라 하지 않을 수 있는데도 하기로, 또는 그 반대로 할 수 있는데도 하지 않기로 말만으로 신의를 약속했을 때, 어떤 사람에게 주어진 이 신의는 그것을 준 사람의 의지가 바뀌지 않는 동안만 유효하다. 왜냐하면 신의를 어길 능력을 가진 사람이 실제로 자기 권리를 포기하지 않고 말만으로 신의를 주었기 때문이다. 그러므로 자연의 권리에 의해 자기의 재판관인 사람이 자기가 준 신의로부터 이익보다 더 큰 손해가 뒤따른다고 옳게 또는 (오류를 범하는 것은 인간적인 일이므로) 그르게 판단했다면, 그는 자기 정신의 판단을 따라 신의를 어겨야 한다고 생각하며, (이 장의 제9절에 따라) 자연의 권리를 가지고 그 신의를 어긴다.[30]

§13. 만약 두 사람이 함께 모여 힘을 합친다면, 두 사람이 각각 혼자일 때보다 더 많은 일을 함께 할 수 있으며, 그에 따라 자연에 대해 더 많은 권리를 함께 가진다. 더 많은 관계들이 이렇게 힘을 합칠수록 그만큼 더 많은 권리를 모두가 함께 가진다.

§14. 인간은 그들이 분노, 질투, 또는 그 어떤 미움의 정서에 의해 시

---

30 『신학정치론』 제16장 제6~7절 참조. 이것은 홉스에 대한 비판이다. 홉스는 언어가 의지를 천명하는 징표이며, 언어만으로 충분하지는 않아도 그 밖의 징표가 추가된다면 약속이 충분히 효력을 가질 수 있다고 주장한다(『시민론』 제2장 제6절과 제7절 참조). 홉스가 생각하는 국가 계약(pactum)은 양 당사자가 동시에 의무를 이행하는 것이 아니라 상대의 의무 이행을 믿고 자신의 의무를 먼저 이행하는 '신약'(信約)이다. 이것의 원초적 모델이 구약성서에 나오는 히브리 민족과 그들의 신 사이에 맺어진 '언약'(covenant)이다. 홉스는 어떻게 체결된 것이건 간에, 체결의 동기가 사라졌더라도 약속은 지켜야 한다(pacta sunt servanda)고 주장한다.

conflictantur, eatenus diverse trahuntur et invicem contrarii sunt, et propterea eo plus timendi quo plus possunt, magisque callidi et astuti sunt, quam reliqua animalia; et quia homines ut plurimum (ut in art. 5 praec. cap. diximus) his affectibus natura sunt obnoxii, sunt ergo homines ex natura hostes. Nam is mihi maximus hostis, qui mihi maxime timendus, et a quo mihi maxime cavendum est.

§ 15. Cum autem (per art. 9 hujus cap.) in statu naturali tamdiu unusquisque sui juris sit, quamdiu sibi cavere potest, ne ab alio opprimatur, et unus solus frustra ab omnibus sibi cavere conetur, hinc sequitur, quamdiu jus humanum naturale uniuscujusque potentia determinatur et uniuscujusque est, tamdiu nullum esse, sed magis opinione quam re constare, quandoquidem nulla ejus obtinendi est securitas. Et certum est, unumquemque tanto minus posse et consequenter tanto minus juris habere, quanto majorem timendi causam habet. His accedit, quod homines vix absque mutuo auxilio vitam sustentare et mentem colere possint; atque adeo concludimus,

달리는 만큼 상이한 방향으로 이끌리고 서로 적대적이다. 이 때문에 인간은 그들이 다른 동물들보다 더 많은 것을 할 수 있고 더 영리하며 더 교활할수록 그만큼 더 많이 서로 두려움의 대상이 된다.[31] 그리고 인간은 본성적으로 (앞 장의 제5절에서 우리가 말한 바와 같이) 이 정서들에 가장 많이 예속되어 있기 때문에 본성에 의해 서로 적이다. 내가 가장 두려워해야 할 존재, 가장 경계해야 할 존재가 나에게 가장 큰 적이기 때문이다.[32]

§15. 그러나 (이 장의 제9절에 따라) 자연 상태에서 각 사람은 다른 사람에 의해 압제되지 않고 자기를 지킬 수 있는 동안 자기 권리 아래 있으므로, 그리고 한 사람이 혼자서는 모든 사람으로부터 자기를 지키려고 노력해봐야 헛되므로 여기에서 다음과 같은 결론이 도출된다. 인간의 자연적 권리는 각 사람의 힘에 의해 결정되고 각 사람의 것인 동안에는 아무것도 아니며, 실제로 확립되기보다 생각만으로 구성된다. 그것을 지킬 수 있다는 보장이 전혀 없기 때문이다. 분명히 각 사람은 두려워할 이유를 더 많이 가질수록 그만큼 무엇인가를 덜 할 수 있고, 그러므로 그 무엇에 대해 더 적은 권리를 가진다. 이에 덧붙여 인간은 상호 도움 없이는 생명을 유지하고 정신을 경작하는 일을 거의 할 수 없다.[33] 그러

---

31 『윤리학』 제4부 부록의 제10항 참조.

32 두려움(timor)이라는 핵심 정서는 인간이 정신적 존재이기 때문에, 그리고 이 점에서 다른 동물들보다 더 영리하고 교활하기 때문에 특히 중요하다. 이 정서는 힘을 단순히 합치는 것을 어렵게 만든다.

33 홉스에게는 인간의 자유 상태로 여겨지는 자연 상태가 스피노자적 의미에서는 오히려 인간의 자유의 부재를 의미한다. 왜냐하면 자연 상태에서 인간은 최고의 자연적 권리를 가지고 행동하지만 좀처럼 자기 권리 아래 있을 수 없기 때문이다. 어떤 사람이 아무리 강하고 영리하더라도, 그리고 스피노자적 의미에서 (제9절에 따라) 자기 권리 아래 있더라도, (제11절에서 말하듯이) 그가 모든 일에서 자기 권리 아래 있을 수는 없다. 그의 행동은 대부분 타인에 대한 두려움의 정서에 의해 결정되기 때문이다. 그러므로 이성에 의해 인도되는 삶, 즉 고유하게 인간적인 삶은 정치적 지배 안에서만 가능하다(『정치론』 제5장 제5절 참조).

jus naturae, quod humani generis proprium est, vix posse concipi, nisi ubi homines jura habent communia, qui simul terras, quas habitare et colere possunt, sibi vindicare, seseque munire, vimque omnem repellere, et ex communi omnium sententia vivere possunt. Nam (per art. 13 hujus cap.) quo plures in unum sic conveniunt, eo omnes simul plus juris habent; et si Scholastici hac de causa, quod scilicet homines in statu naturali vix sui juris esse possunt, velint hominem animal sociale dicere, nihil habeo, quod ipsis contradicam.

§ 16. Ubi homines jura communia habent omnesque una veluti mente ducuntur, certum est (per art. 13 hujus cap.) eorum unumquemque tanto minus habere juris, quanto reliqui simul ipso potentiores sunt, hoc est, illum revera jus nullum in naturam habere praeter id, quod ipsi commune concedit jus. Caeterum quicquid ex communi consensu ipsi imperatur teneri exequi, vel (per art. 4 hujus cap.) jure ad id cogi.

므로 우리는 다음과 같이 결론을 내린다. 인간 종에게 고유한 자연의 권리는 거주하고 경작할 수 있는 땅을 함께 차지하고, 자기 자신을 방어하며, 온갖 무력을 물리치는 사람들이 공동의 법을 가지고 모든 사람의 공동의 판단을 따라 살 수 있는 곳이 아니면 거의 생각할 수 없다.[34] 왜냐하면 (이 장의 제13절에 따라) 더 많은 사람들이 이렇게 하나로 모일수록 그만큼 더 많은 권리를 모두가 함께 가지기 때문이다. 스콜라 철학자들이 이런 이유에서, 즉 인간이 자연 상태에서 거의 자기 권리 아래 있을 수 없다는 이유에서 인간을 사회적 동물이라고 부르기를 원한다면 나는 그들에게 아무런 반대도 하지 않는다.[35]

§16. 사람들이 공동의 법을 가지고 모두가 마치 하나의 정신에 의한 것처럼 인도되는 곳에서[36] (이 장의 제13절에 따라) 확실히 이들 각각은 그를 제외한 다른 사람들이 함께 그보다 더 강한 만큼 더 적은 권리를 가진다. 다시 말해, 그는 공동의 권리가 그에게 허용하는 것 외에는 아무런 권리도 자연에 대해 실제로 가지지 못한다. 또한 그는 공동의 합의에 의해 그에게 명령되는 것이면 무엇이든지 수행해야 한다. 그렇게 하지 않으면 (이 장의 제4절에 따라) 그렇게 하도록 법으로써 강제되어야 한다.

---

34 제13절과 제14절에서 언급된 두 측면, 즉 힘의 증대와 적대의 결합이 국가 상태의 필연성으로 이어진다. 자연 상태에서 분열되어 있는 개인들은 서로 적대적이므로 사실상 자기 권리 아래 있을 수 없다. 그러므로 이 상태는 인간의 자유로운 상태가 아니라 오히려 무력한 상태이다. 각 사람의 힘에 상응하는 자연적 권리(jus)는 인간이 공동으로(communia) 가지는 특별히 제정된 법(jura)을 통해 비로소 보호될 수 있다.

35 『윤리학』 제4부 정리 35의 주석 참조. 여기에 목적론적 함의는 없을지 몰라도 홉스를 벗어나면서 정치적 아리스토텔레스주의가 인정되고 있다. 홉스의 생각에 정치적 아리스토텔레스주의는 잘못된 것이다. 왜냐하면 인간이 정치공동체로 결합하는 것은 우연한 일이지 본성에 필연적인 일이 아니기 때문이다(『시민론』 제1장 제2절 참조).

36 "omnes una veluti mente ducuntur"(모두가 마치 하나의 정신에 의한 것처럼 인도된다)라는 표현은 사람들이 공동의 법을 이미 가지고 있음이 전제되는 곳에서 처음으로 사용된다.

§ 17. Hoc jus, quod multitudinis potentia definitur, imperium appellari solet. Atque hoc is absolute tenet, qui curam reipublicae ex communi consensu habet, nempe jura statuendi, interpretandi et abolendi, urbes muniendi, de bello et pace decernendi, etc. Quod si haec cura ad concilium pertineat, quod ex communi multitudine componitur, tum imperium democratia appellatur; si autem ex quibusdam tantum selectis, aristocratia; et si denique reipublicae cura et consequenter imperium penes unum sit, tum monarchia appellatur.

§ 18. Ex his, quae in hoc capite ostendimus, perspicuum nobis fit, in statu naturali non dari peccatum; vel, si quis peccat, is sibi, non alteri peccat: quandoquidem nemo jure naturae alteri, nisi velit, morem gerere tenetur, nec aliquid bonum aut malum habere, nisi quod ipse ex suo ingenio bonum aut malum esse decernit; et nihil absolute naturae jure prohibetur, nisi quod nemo potest (vid. art. 5 et 8 hujus cap.). At peccatum actio est, quae jure fieri nequit. Quod si homines ex naturae instituto tenerentur ratione duci, tum omnes necessario ratione ducerentur. Nam naturae instituta Dei instituta

§17. 다중의 힘에 의해 정의되는 이 권리는 대개 주권이라고 불린다.[37] 그리고 이 권리를 절대적으로 보유한 자가 공동의 합의에 따라 공적인 일을 돌본다. 즉 법률을 제정하고, 해석하고, 폐지하며, 성곽을 쌓아 도시를 방어하고, 전쟁과 평화에 대해 결정하는 등의 직무를 맡는다. 만약 이 직무가 평범한 다중으로 구성되는 회의체에 속한다면, 이때 주권은 민주정이라고 불린다. 그러나 만약 이 회의체가 일정 수의 선발된 사람들로 구성된다면 귀족정이라고 불린다. 마지막으로 만약 공적인 일의 처리와, 그러므로 주권이 한 사람의 손에 맡겨져 있으면 군주정이라고 불린다.

§18. 이 장에서 우리가 제시한 것들로부터 다음과 같은 사실이 우리에게 분명해졌다. 즉 자연적 상태에는 죄가 없다.[38] 달리 말해, 누군가가 죄를 범한다면 그는 자기에게 죄를 범하는 것이지 타인에게 범하는 것이 아니다.[39] 왜냐하면 자연의 법은 어느 누구도 그가 원하지 않는 한 타인의 의지를 따르도록 구속하지 않기 때문이며, 또한 그 어떤 것을, 그가 그것을 자기 자신의 천성에 따라 좋다고 또는 나쁘다고 판단하지 않는 한, 좋은 것 또는 나쁜 것으로 여기도록 구속하지 않기 때문이다. 그리고 자연의 법은 어느 누구도 할 수 없는 것 외에는 그 무엇도 절대적으로 금지하지 않기 때문이다(이 장의 제5절과 제8절을 보라). 죄는 정당하게 이루어질 수 없는 행동이다. 만약 자연의 제도가 인간을 이성에 의해 인도되도록 구속한다면, 모든 인간이 필연적으로 이성에 의해 인도될

---

37 공동의 힘을 지닌 사람들을 가리키는 것으로서 '다중'(multitudo)이라는 용어 역시 공동의 법에 의해 권리가 생겨나는 곳에서 처음으로 사용된다. 국가의 주권이 다중으로부터 분리된 어떤 심급일 수 없음이 또한 강조되고 있다.

38 『신학정치론』 제16장 제19절에서 스피노자는 자연적 상태를 종교적 상태나 정치적 상태와 구별한다. 『윤리학』 제4부 정리 37의 주석 2 참조.

39 어떤 사람이 자기 자신에게 죄를 범한다는 것의 의미에 대해서는 『정치론』 제4장 제4~5절 참조.

sunt (per art. 2 et 3 hujus cap.), quae Deus eadem qua existit libertate instituit, quaeque adeo ex naturae divinae necessitate consequuntur (vide art. 7 hujus cap.), et consequenter aeterna sunt, nec violari possunt. Sed homines maxime appetitu sine ratione ducuntur, nec tamen naturae ordinem perturbant, sed necessario sequuntur; ac proinde ignarus et animo impotens non magis ex naturae jure tenetur vitam sapienter instituere, quam aeger tenetur sano corpore esse.

§ 19. Peccatum itaque non nisi in imperio concipi potest, ubi scilicet quid bonum et quid malum sit, ex communi totius imperii jure decernitur, et ubi nemo (per art. 16 hujus cap.) jure quicquam agit, nisi quod ex communi decreto vel consensu agit. Id enim (ut in praec. art. diximus) peccatum est, quod jure fieri nequit, sive quod jure prohibetur; obsequium autem est constans voluntas, id exequendi, quod jure bonum est et ex communi decreto fieri debet.

§ 20. Solemus tamen id etiam peccatum appellare, quod contra sanae rationis dictamen fit, et obsequium constantem voluntatem moderandi appetitus ex rationis praescripto; quod omnino probarem, si humana libertas in appetitus licentia et servitus in rationis imperio consisteret. Sed quia humana libertas eo major est, quo homo magis ratione duci et appetitus moderari potest, non possumus,

것이다. 왜냐하면 (이 장의 제2절과 제3절에 따라) 자연의 제도는 신의 제도이고, 신은 이 제도들을 자신을 존재하게 하는 것과 똑같은 자유를 가지고 만들며, 그런 만큼 이 제도들은 신성한 자연의 필연성에서 생겨나고(이 장의 제7절을 보라), 그러므로 영원하고 또한 침해될 수 없기 때문이다. 그러나 인간은 대개 생각 없이 욕구에 이끌린다. 그러나 그럴 때에도 인간은 자연의 질서를 훼방하지 않고 오히려 필연적으로 따른다. 그러므로 자연의 법은 병든 사람에게 건강한 신체를 가질 의무를 부과하지 않듯이, 무지하고 영혼이 무력한 사람에게 삶을 현명하게 영위할 의무를 부과하지 않는다.[40]

§19. 그러므로 죄는 국가 안에서가 아니면 생각될 수 없다. 그곳에서는 당연히 무엇이 좋은 것이고 무엇이 나쁜 것인지가 국가 전체의 공동의 법에 의해 결정되고, 그곳에서는 어느 누구도 (이 장의 제16절에 따라) 공동의 결정이나 합의를 따라 행하는 것이 아니라면 그 어떤 것을 정당하게 행할 수 없다. 정당하게 이루어질 수 없는 것 또는 법에 의해 금지되는 것, 그것이 바로 (앞 절에서 우리가 말한 것처럼) 죄이다. 그리고 복종은 법적으로 선한 것과 공동의 결정에 따라 이루어져야 마땅한 것을 실행하려는 지속적 의지이다.

§20. 그렇지만 우리는 건강한 이성의 명령에 반해 벌어지는 일도 죄라고 부르곤 한다. 그리고 이성의 지침을 따라 욕구를 절제하려는 지속적 의지를 복종이라고 부르곤 한다. 만약 인간의 자유가 욕구의 방종에 있고 예속이 이성의 지배에 있다면, 나는 저런 언어 관행을 전적으로 인정할 것이다. 그러나 사실 인간의 자유는 인간이 이성에 의해 더 많이 인도되고 자신의 욕구를 더 많이 절제할 수 있을수록 더 크므로, 완전히

---

40 『신학정치론』 제16장 제3절 참조.

nisi admodum improprie, vitam rationalem vocare obsequium, et peccatum id, quod revera mentis impotentia, non autem contra se ipsam licentia est, et per quod homo servus potius quam liber potest dici. Vide art. 7 et 11 hujus cap.

§ 21. Verumenimvero, quia ratio pietatem exercere, et animo tranquillo et bono esse docet, quod non nisi in imperio fieri potest, et praeterea, quia fieri nequit, ut multitudo una veluti mente ducatur, sicut in imperio requiritur, nisi jura habeat, quae ex rationis praescripto instituta sint, non ergo adeo improprie homines, qui in imperio vivere consueverunt, id peccatum vocant, quod contra rationis dictamen fit, quandoquidem optimi imperii jura ex rationis dictamine institui debent. Cur autem dixerim (art. 18 hujus cap.) hominem in statu naturali sibi peccare, si quid peccat, de hoc vide cap. IV, art. 4 et 5, ubi ostenditur, quo sensu dicere possumus, eum qui imperium tenet et jure naturae potitur, legibus adstrictum esse et peccare posse.

§ 22. Ad religionem quod attinet, certum etiam est, hominem eo magis esse liberum et sibi maxime obsequentem, quo Deum magis amat et animo magis integro colit. Verum quatenus non ad naturae

부적절하게 부르고자 하는 것이 아니라면 우리는 이성적 삶을 복종이라고 부를 수 없으며,[41] 사실 정신의 무능력인 것을, 그러나 자기 자신에 반대되는 방종은 아닌 것을,[42] 다만 인간을 자유인이라기보다 차라리 노예라고 일컬어지게 만드는 것을 죄라고 부를 수는 없다. 이 장의 제7절과 제11절을 보라.

§21. 참으로 이성은 우리에게 도덕을 실천하라고 가르치며 평온하고 좋은 영혼의 상태를 유지하라고 가르치지만, 이것은 국가 안에서가 아니면 이루어질 수 없다. 또한 국가 안에서 요구되듯이, 다중이 마치 하나의 정신에 의한 것처럼 인도되는 일은 이성의 지침에 따라 제정된 법을 다중이 가지고 있지 않으면 일어날 수 없다. 그러므로 국가 안에서의 삶에 익숙한 사람들은 이성의 명령에 반하는 것을 그리 부적절하지 않게 죄라고 부른다. 왜냐하면 최선의 국가가 보유하는 법은 이성의 명령에 따라 제정되어야 하기 때문이다. 그러나 나는 (이 장의 제18절에서) 인간이 자연 상태에서 죄를 범한다면 그것이 왜 자기에게 죄를 범하는 것인지 이야기했다. 이에 관해서는 제4장 제4절과 제5절을 보라. 주권을 보유하며 자연의 권리를 가지고 무엇이든지 할 수 있는 사람이 어떤 의미에서 법에 의해 제한되고 또 죄를 범할 수 있다고 우리가 말할 수 있는지를 거기에서 설명한다.

§22. 또한 종교와 관련해 확실한 것은 인간이 신을 더욱 사랑하고 전심(全心)으로 더욱 섬길수록 그만큼 더 자유롭고 자신에게 가장 많이 복종한다는 것이다.[43] 그러나 우리가 알지 못하는 자연의 질서에는 주의를

---

41 『신학정치론』 주석 34 참조.

42 『편지』 19 참조.

43 이성적 삶이 복종이 아니듯이 (제도 종교적 삶과 구별되는) 참된 종교적 삶도 복종이 아니다. 그러므로 또한 참된 종교적 삶을 사는 데에 실패하는 것은 무능력이지 불복

ordinem, quem ignoramus, sed ad sola rationis dictamina, quae religionem concernunt, attendimus, et simul consideramus, eadem nobis a Deo, quasi in nobis ipsis loquente, revelari, vel etiam haec eadem prophetis veluti jura fuisse revelata, eatenus, more humano loquendo, dicimus hominem Deo obsequi, qui ipsum integro animo amat, et contra peccare, qui caeca cupiditate ducitur; sed interim memores esse debemus, quod in Dei potestate sumus sicut lutum in potestate figuli, qui ex eadem massa alia vasa ad decus, alia ad dedecus facit; atque adeo quod homo contra haec Dei decreta quidem, quatenus in nostra vel in prophetarum mente tanquam jura inscripta fuerunt, at non contra aeternum Dei decretum, quod in universa natura inscriptum est, quodque totius naturae ordinem respicit, quicquam agere potest.

기울이지 않고 종교와 관련된 이성의 명령에만 주의를 기울이는 한, 그리고 동시에 우리가 이 명령을 신이 우리에게 마치 우리 안에서 직접 말하는 것처럼 계시했다고 여기는 한, 또는 이 명령도 율법처럼 계시된 것이라고 여기는 한, 우리는 인간적인 어법으로 신을 전심으로 사랑하는 사람이 신에게 복종한다고, 그 반대로 눈먼 욕망에 의해 인도되는 사람이 죄를 짓는다고 말한다.[44] 그러나 그때에도 우리는 기억하고 있어야 한다. 똑같은 진흙 덩어리를 가지고 어떤 그릇은 품위 있는 용도로 만들고 다른 어떤 그릇은 품위 없는 용도로 만드는 도공(陶工)의 능력 안에 진흙이 있듯이[45] 우리가 신의 능력 안에 있으며, 그러므로 우리의 정신 속에 또는 예언자의 정신 속에 율법처럼 새겨져 있는 신의 결정에 반해서는 우리가 어떤 것을 행할 수 있을지 몰라도, 보편적 자연에 새겨져 있으며 자연 전체의 질서와 관련되는 신의 영원한 결정에 반해서는 그 무엇도 행할 수 없다는 것을 기억하고 있어야 한다.[46]

종이 아니다.

44   홉스는 자연 상태에서도 인간이 신에게 죄를 범할 수 있다고 주장한다(『시민론』 제1장 제10절의 주석 참조). 스피노자의 죄 개념은 오직 국가 안에서만, 즉 특별히 제정된 법 아래에서만 의미를 가진다. 그러므로 죄는 신학적 함의를 잃게 되며, 인식 및 그것과 결합된 신에 대한 사랑에 근거하는 순수한 이성적 종교 안에서도 의미를 가지지 않게 된다. 죄는 기껏해야 계시종교와 관련해서만 의미를 가지는데, 거기에서도 믿는 사람들의 자기 이해 속에서만 의미를 가지며, 실제로 그렇지는 않다. 스피노자가 『신학정치론』에서 보이려고 하듯이, 계시종교 역시 순수하게 이성적인 종교의 재현 형태에 불과하다. 이 둘은 오직 수용자의 관점에서만 구별되며, 내용상으로 구별되지는 않는다.

45   도공 또는 토기장이의 비유는 「예레미야」 제18장 제1~11절과 「로마서」 제9장 제21절에 나오며, 『신학정치론』 주석 34와 『편지』 75, 78에도 등장한다.

46   『신학정치론』 주석 34 참조. 인간은 신의 영원한 법을 어길 수 없고, 그러므로 신에 대해 죄를 범할 수 없다. 신은 사실 인간이 어길 수 있는 법을 제정하는 군주가 아니다. 『신학정치론』 제4장 제7~10절; 『신, 인간, 그리고 인간의 안녕에 대한 소론』 제2부 제24장; 『윤리학』 제2부 정리 3의 주석 참조.

§ 23. Ut itaque peccatum et obsequium stricte sumptum, sic etiam justitia et injustitia non nisi in imperio possunt concipi. Nam nihil in natura datur quod jure posset dici hujus esse et non alterius; sed omnia omnium sunt, qui scilicet potestatem habent sibi eadem vindicandi. At in imperio, ubi communi jure decernitur, quid hujus quidque illius sit, ille justus vocatur, cui constans est voluntas tribuendi unicuique suum, injustus autem, qui contra conatur id, quod alterius est, suum facere.

§ 24. Caeterum laudem et vituperium affectus esse laetitiae et tristitiae, quos comitatur idea virtutis aut impotentiae humanae tanquam causa, explicuimus in nostra Ethica.

§23. 그러므로 엄밀하게 간주된 죄와 복종은, 그리고 마찬가지로 정의와 불의는[47] 국가 안에서가 아니면 생각될 수 없다. 왜냐하면 자연 안에는 적법하게 이것은 이 사람의 것이고 다른 사람의 것이 아니라고 말할 수 있는 것이 전혀 없기 때문이다. 오히려 모든 것은 그것을 자기에게서 빼앗아가지 못하도록 지킬 능력을 확실히 가진 모든 사람에게 속해 있다.[48] 그러나 무엇이 이 사람의 것이고 무엇이 저 사람의 것인지가 공동의 법에 의해 결정되는 국가 안에서는 각 사람에게 그 자신의 것을 주려는 지속적 의지를 가진 사람은 의롭다고 불리고, 그 반대로 다른 사람에게 속하는 것을 자기 것으로 만들려고 노력하는 사람은 의롭지 않다고 불린다.

§24. 또한 우리는 칭찬과 비난이 인간적 능력과 무능력을 원인처럼 생각할 때에 동반되는 기쁨과 슬픔의 정서라는 것을 『윤리학』에서 설명했다.[49]

---

47 정의 개념도 죄 개념과 마찬가지로 국가 바깥에서는 내용 없는 것이 된다.

48 『윤리학』 제4부 정리 37의 주석 2 참조.

49 『윤리학』 제3부 정리 29의 주석에 제시되어 있는 정의와는 다르다.

CAPUT III

§ 1. Imperii cujuscunque status dicitur civilis; imperii autem integrum corpus civitas appellatur, et communia imperii negotia, quae ab ejus qui imperium tenet directione pendent, respublica. Deinde homines, quatenus ex jure civili omnibus civitatis commodis gaudent, cives appellamus, et subditos, quatenus civitatis institutis seu legibus parere tenentur. Denique status civilis tria dari genera, nempe democraticum, aristocraticum, et monarchicum, in art. 17 cap. praeced. diximus. Jam antequam de unoquoque seorsim agere incipiam, illa prius demonstrabo, quae ad statum civilem in genere pertinent; quorum ante omnia considerandum venit summum civitatis seu summarum potestatum jus.

§ 2. Ex art. 15 praeced. cap. patet imperii seu summarum potestatum jus nihil esse praeter ipsum naturae jus, quod potentia, non quidem uniuscujusque, sed multitudinis, quae una veluti mente ducitur, determinatur; hoc est, quod sicuti unusquisque in statu naturali, sic etiam totius imperii corpus et mens tantum juris habet quantum

제3장

정치공동체의 권리

§1. 그 어떤 국가가 있는 상태를 정치적 상태라고 부르고, 국가의 온전한 몸을 정치공동체라고 부른다. 주권을 보유한 사람의 지휘에 의존하는 국가의 공통 업무를 공적인 일이라고 부른다. 다음으로 어떤 사람이 정치적 권리에 근거해 정치공동체의 모든 혜택을 누릴 때, 그 사람을 우리는 시민이라고 부르고, 어떤 사람이 정치공동체의 제도나 법에 복종하도록 구속될 때, 그 사람을 우리는 신민이라고 부른다. 마지막으로 정치적 상태에 세 종류, 즉 민주국가, 귀족국가, 군주국가가 있다고 앞 장의 제17절에서 우리는 말했다. 이제 각각의 국가를 다루는 작업을 시작하기 전에 정치적 상태에 일반적으로 속하는 것들을 먼저 증명할 것이다. 그 가운데 특히 정치공동체 또는 최고권력의 최고 권리가 먼저 고찰되어야 할 것이다.

§2. 앞 장의 제15절에 따라 다음이 분명해진다. 국가 또는 최고권력의 권리는 자연의 권리 외에 다른 것이 아니며, 그 권리를 결정하는 것은 각 사람의 힘이 아니라 마치 하나의 정신에 의한 것처럼 인도되는 다중의 힘이다. 이 말은, 자연적 상태에 있는 각 사람이 그렇듯이, 국가 전체의 몸과 정신도 힘이 닿는 만큼의 권리를 가진다는 뜻이다. 그러므로 개

potentia valet; atque adeo unusquisque civis seu subditus tanto minus juris habet, quanto ipsa civitas ipso potentior est (vid. art. 16 praeced. cap.), et consequenter unusquisque civis nihil jure agit nec habet praeter id, quod communi civitatis decreto defendere potest.

§ 3. Si civitas alicui concedat jus et consequenter potestatem (nam alias per art. 12 praeced. cap. verba tantum dedit) vivendi ex suo ingenio, eo ipso suo jure cedit et in eum transfert, cui talem potestatem dedit. Si autem duobus aut pluribus hanc potestatem dedit, ut scilicet unusquisque ex suo ingenio vivat, eo ipso imperium divisit, et si denique unicuique civium hanc eandem potestatem dedit, eo ipso sese destruxit, nec manet amplius civitas, sed redeunt omnia ad statum naturalem quae omnia ex praecedentibus manifestissima fiunt. Atque adeo sequitur nulla ratione posse concipi, quod unicuique civi ex civitatis instituto liceat ex suo ingenio vivere, et consequenter hoc jus naturale, quod scilicet unusquisque sui judex

별 시민이나 신민은 바로 저 정치공동체가 자신보다 더 강한 만큼 더 적은 권리를 가진다(앞 장의 제16절을 보라).[1] 그리고 그에 따라 개별 시민은 정치공동체의 공동의 결정을 통해 옹호될 수 있는 것 외에는 어느 것도 정당하게 행하지 않으며 어느 것도 정당하게 가지지 않는다.[2]

§3. 만약 정치공동체가 어떤 사람에게 자기 천성대로 살 권리를, 그러므로 또한 그럴 권력을 허락한다면(권력을 주지 않는다면 앞 장의 제12절에 따라 그저 말만으로 권리를 주는 것이기 때문이다), 그렇게 함으로써 정치공동체는 자기의 권리를 포기하고, 그 권리를 자기에게서 그럴 권력을 부여받은 사람에게 양도하는 것이다. 그리고 만약 정치공동체가 두 사람에게 혹은 그보다 더 많은 사람에게 각자 자기의 천성대로 살 권력을 주었다면, 이로써 정치공동체는 주권을 분할한 것이다. 마지막으로 만약 정치공동체가 시민들 한 사람 한 사람에게 이 동일한 권력을 주었다면, 이로써 정치공동체는 자기를 파괴했고, 더는 정치공동체로서 남지 않으며, 모든 것은 자연적 상태로 되돌아간다. 이 모든 것이 앞에서 이야기한 것들에 의해 매우 분명해진다. 그러므로 다음과 같은 결론이 도출된다. 정치공동체의 제도를 통해 시민들 각자에게 자기 천성대로 사는 것을 허용하는 것은 어떤 이성에 의해서도 결코 생각될 수 없다.[3] 그러므로 또한 각자가 자기의 재판관이 되는 자연적 권리는 정치적 상태에

---

1 장-자크 루소, 『사회계약론』 제3부 제1장 참조.
2 정치공동체의 힘이 미치는 범위에 의해 결정되는 정치공동체의 권리는 개개인의 권리를 제한하지만, 다중으로서 정치공동체의 공동의 힘을 구성하는 그 개인들의 힘에, 그러므로 또한 권리에 정치공동체의 권리는 계속 구속된다.
3 정치공동체가 자기가 제정한 법에 신민이 복종하지 않는 것을 용인한다면 정치공동체는 스스로 해체될 것이다. 모든 신민에게 자기 멋대로 살도록 허락한다면 그렇게 될 것이다. 법에 복종하는 것이 각 사람에게 이익이 되려면 그 법이 일정한 속성을 갖춰야 한다. 즉 그 법이 공동의 힘 안에서 제정되어야 하는 것이다. 그러나 그렇게 되려면 또한 각자가 자기의 사적인 삶의 방식만을 고수하지 않아야 한다.

est, in statu civili necessario cessat. Dico expresse *ex civitatis instituto;* nam jus naturae uniuscujusque (si recte rem perpendamus) in statu civili non cessat. Homo namque tam in statu naturali quam civili ex legibus suae naturae agit suaeque utilitati consulit. Homo, inqnam, in utroque statu spe aut metu ducitur ad hoc aut illud agendum vel omittendum; sed praecipua inter utrumque statum differentia est, quod in statu civili omnes eadem metuant, et omnibus una eademque securitatis sit causa et vivendi ratio; quod sane judicandi facultatem uniuscujusque non tollit. Qui enim omnibus civitatis mandatis obtemperare constituit, sive ejus potentiam metuit, vel quia tranquillitatem amat, is profecto suae securitati suaeque utilitati ex suo ingenio consulit.

§ 4. Praeterea concipere etiam non possumus, quod unicuique civi liceat civitatis decreta seu jura interpretari. Nam si hoc unicuique liceret, eo ipso sui judex esset; quandoquidem unusquisque facta sua specie juris nullo negotio excusare seu adornare posset et consequenter ex suo ingenio vitam institueret, quod (per art. praeced.) est absurdum.

§ 5. Videmus itaque unumquemque civem non sui sed civitatis juris esse, cujus omnia mandata tenetur exequi, nec ullum habere jus decernendi, quid aequum, quid iniquum, quid pium, quidve impium

서 필연적으로 사라진다. 나는 "정치공동체의 제도를 통해"라고 분명히 말한다. 왜냐하면 각 사람의 본성이 가진 권리는 (만약 우리가 사안을 올바르게 조사한다면) 정치적 상태에서 사라지지 않기 때문이다. 인간은 자연적 상태에서나 정치적 상태에서나 공히 자기 본성의 법칙에 따라 행동하고 자기의 유익을 고려하기 때문이다. 인간은, 내가 말했듯이, 두 상태에서 모두 희망이나 두려움에 의해 이것이나 저것을 행하도록 또는 행하지 않도록 이끌린다. 두 상태 사이의 핵심적 차이는 정치적 상태에서는 모두가 동일한 것을 두려워하고 모두에게 하나의 동일한 안전의 원인과 생활의 방식이 있다는 것이다. 이것이 각 사람의 건강한 판단 능력을 제거하지는 않는다. 왜냐하면 정치공동체의 힘을 두려워해서거나 평온함을 사랑해서거나 간에 정치공동체의 모든 명령에 복종하기로 결심하는 사람은 확실히 자기 천성대로 자기의 안전과 자기의 유익을 고려하는 것이기 때문이다.

§4. 또한 우리는 정치공동체의 결정이나 법을 해석하는 일이 시민들 각자에게 허용되는 것을 생각할 수 없다. 왜냐하면 만약 이 일이 각 사람에게 허용된다면, 이로써 각 사람은 자기의 재판관이 될 것이고, 그러면 각 사람은 법을 제시하면서 힘들이지 않고 자기가 한 일을 면책하거나 포장할 수 있을 것이며, 결과적으로 자기 천성대로 삶을 영위할 것이기 때문이다. 이것은 (앞 절에 따라) 불합리하다.

§5. 그러므로 우리는 이렇게 생각한다. 각각의 시민은 자기의 권리 아래 있지 않고 정치공동체의 권리 아래 있으며, 정치공동체의 모든 명령을 따르도록 구속되며, 무엇이 정당하고 무엇이 부당한지, 무엇이 도덕적이고 무엇이 비도덕적인지를 결정할 어떤 권리도 가지지 않는다.[4] 그

---

4 토머스 홉스, 『시민론』 제12장 제1절 참조. 정치공동체의 관점에서 스피노자는, 홉스

sit; sed contra, quia imperii corpus una veluti mente duci debet et consequenter civitatis voluntas pro omnium voluntate habenda est, id quod civitas justum et bonum esse decernit tanquam ab unoquoque decretum esse censendum est; atque adeo, quamvis subditus civitatis decreta iniqua esse censeat, tenetur nihilominus eadem exequi.

§ 6. At objici potest, an non contra rationis dictamen est se alterius judicio omnino subjicere, et consequenter, an status civilis rationi non repugnat; ex quo sequeretur statum civilem irrationalem esse, nec posse creari nisi ab hominibus ratione destitutis, at minime ab iis, qui ratione ducuntur. Sed quoniam ratio nihil contra naturam docet, non potest ergo sana ratio dictare, ut unusquisque sui juris maneat, quamdiu homines affectibus sunt obnoxii (per art. 15 praeced. cap.), hoc est (per art. 5 cap. I), ratio hoc posse fieri negat. Adde quod ratio omnino docet pacem quaerere, quae quidem obtineri nequit nisi communia civitatis jura inviolata serventur; atque adeo, quo homo ratione magis ducitur, hoc est (per art. 11 praeced. cap.), quo magis liber est, eo constantius civitatis jura servabit, et summae potestatis, cujus subditus est, mandata exequetur. Ad quod accedit, quod status

반대로 국가의 몸은 마치 하나의 정신에 의한 것처럼 인도되어야 하고[5] 정치공동체의 의지는 모든 사람의 의지로 여겨져야 하므로, 정치공동체가 옳고 좋다고 결정한 것은 각 사람에 의해 그렇게 결정된 것으로 여겨져야 한다. 그러므로 신민은, 설령 그가 정치공동체의 결정을 부당하게 여길지라도, 그 결정을 따르도록 구속된다.

§6. 이런 반론이 제기될 수 있다. 자기를 다른 사람의 판단에 전적으로 복속시키는 것은 이성의 명령에 반하는 것이 아닌가? 그러므로 또한 정치적 상태는 이성에 반대되는 것이 아닌가? 이런 의문에서 다음과 같은 생각이 비롯될 수 있다. 정치적 상태가 비합리적 상태이며, 이성을 잃은 사람이 아니면 그런 상태를 만들 수 없고, 이성에 의해 인도되는 사람은 그런 상태를 거의 만들 수 없다는 생각이다. 그러나 이성은 본성에 반대되는 어떤 것도 가르치지 않으므로, (앞 장의 제15절에 따라) 인간이 정서에 예속되어 있는 동안 건강한 이성은 각 사람에게 자기 권리 아래 머무르라고 가르칠 수 없다. 즉 (제1장의 제5절에 따라) 이성은 각 사람이 자기 권리 아래 머무르는 것이 가능함을 부정한다. 또한 이성은 전적으로 평화를 추구하라고 가르친다. 그런데 평화는 정치공동체가 가진 공동의 법이 침해되지 않고 보존되어야만 확실히 지켜질 수 있다. 그러므로 사람은 이성에 의해 더 많이 인도될수록, 즉 (앞 장의 제11절에 따라) 더 자유로울수록 그만큼 더 확고하게 정치공동체의 법을 준수할 것이며, 신민으로서 최고권력의 명령을 따를 것이다.[6] 덧붙이자면 정치적 상

와 마찬가지로, 정치공동체의 법이 각 사람에 의해 해석되는 것을 허용하지 않는다. 그러나 개인의 관점에서 스피노자는 그 법을 판단할 각 사람의 능력이, 그러므로 또한 권리가 결코 제거될 수 없다고 주장한다. 이 두 관점을 매개하는 것이 바로 "마치 하나의 정신에 의한 것처럼 ……"이다.

5 타키투스, 『연대기』 제1권 제12절: "unum esse rei publicae corpus atque unius animo regendum"(공화국의 몸은 하나이며 하나의 영혼에 의해 다스려져야 한다).

6 『신학정치론』 주석 33 참조.

civilis naturaliter instituitur ad metum communem adimendum et communes miserias propellendum, ac proinde id maxime intendit, quod unusquisque qui ratione ducitur in statu naturali conaretur, sed frustra (per art. 15 praeced. cap.). Quapropter si homini qui ratione ducitur id aliquando ex civitatis mandato faciendum est, quod rationi repugnare novit, id damnum longe compensatur bono, quod ex ipso statu civili haurit: nam rationis etiam lex est, ut ex duobus malis minus eligatur, ac proinde concludere possumus, neminem quicquam contra suae rationis praescriptum agere, quatenus id agit, quod jure civitatis faciendum est: quod nobis facilius unusquisque concedet, postquam explicuerimus, quo usque civitatis potentia et consequenter jus se extendit.

§ 7. Nam considerandum primum venit, quod sicuti in statu naturali (per art. 11 praeced. cap.) ille homo maxime potens maximeque sui juris est, qui ratione ducitur, sic etiam illa civitas maxime erit potens et maxime sui juris, quae ratione fundatur et dirigitur. Nam civitatis jus potentia multitudinis, quae una veluti mente ducitur, determinatur. At haec animorum unio concipi nulla ratione posset, nisi civitas id ipsum maxime intendat, quod sana ratio omnibus hominibus utile esse docet.

태는 공통의 두려움을 제거하기 위해, 그리고 공통의 비참한 일을 막기 위해 자연스럽게 세워진다. 그러므로 또한 정치적 상태는 이성에 의해 인도되는 각 사람이 자연 상태에서 얻으려고 노력하지만 (앞 장의 제15절에 따라) 헛되이 노력하는 그것[두려움의 제거와 비참한 일의 방지]을 가장 많이 추구한다. 그러므로 이성에 의해 인도되는 사람이 이성에 어긋난다는 사실을 스스로 알고 있는 어떤 일을 정치공동체의 명령에 따라 해야 할 때, 이 손실은 그가 바로 그 정치적 상태에서 누리는 이익을 통해 충분히 보상된다.[7] 두 개의 나쁜 것 가운데에서 덜 나쁜 것을 선택하는 것 역시 이성의 법칙이기 때문이다.[8] 그러므로 우리는 다음과 같이 결론을 내릴 수 있다. 정치공동체의 법에 따라 해야 할 것을 행하는 한, 어느 누구도 자기 이성의 지침에 반해 행동하지 않는다.[9] 정치공동체의 힘이, 그러므로 또한 권리가 어디까지 확장되는지를 우리가 설명하고 나면 이 말이 옳다는 것을 각 사람이 더 쉽게 인정할 것이다.

§7. 첫 번째로 고찰해야 할 것은, 자연적 상태에서 (앞 장의 제11절에 따라) 이성에 의해 인도되는 사람이 가장 유능하며 가장 자기 권리 아래 있듯이, 이성에 근거해 세워지고 인도되는 정치공동체가 가장 유능하며 가장 자기 권리 아래 있다는 것이다. 왜냐하면 정치공동체의 권리는 마치 하나의 정신에 의한 것처럼 인도되는 다중의 힘에 의해 결정되고, 정신들의 이런 일치는 건강한 이성이 모든 인간에게 유익한 것이라고 가르치는 것을 정치공동체가 최대로 추구하지 않는 한 결코 이루어질 수 없기 때문이다.

---

7 토머스 홉스, 『시민론』 제10장 제1절 참조.
8 『윤리학』 제4부 정리 65 참조.
9 사람들 사이에서 두려움을 제거하고 평화와 정신의 일치를 이루려고 노력하는 한, 정치공동체는 자연의 영원한 구조를 인식하는 순수한 이성뿐만 아니라 두 개의 나쁜 것 가운데 덜 나쁜 것을 선택하는 계산적 이성에도 부합한다.

§ 8. Secundo venit etiam considerandum, quod subditi eatenus non sui sed civitatis juris sint, quatenus ejus potentiam seu minas metuunt, vel quatenus statum civilem amant (per art. 10 praeced. cap.). Ex quo sequitur, quod ea omnia, ad quae agenda nemo praemiis aut minis induci potest, ad jura civitatis non pertineant. Ex. gr. judicandi facultate nemo cedere potest: quibus enim praemiis aut minis induci potest homo, ut credat totum non esse sua parte majus, aut quod Deus non existat, aut quod corpus, quod videt finitum, ens infinitum esse credat, et absolute ut aliquid contra id, quod sentit vel cogitat, credat? Sic etiam quibus praemiis aut minis induci potest homo, ut amet quem odit, vel ut odio habeat quem amat? Atque huc etiam illa referenda sunt, a quibus humana natura ita abhorret, ut ipsa omni malo pejora habeat, ut quod homo testem contra se agat, ut se cruciet, ut parentes interficiat suos, ut mortem vitare non conetur, et similia, ad quae nemo praemiis nec minis induci potest. Quod si tamen dicere velimus, civitatem jus sive potestatem habere talia imperandi, id nullo alio sensu poterimus concipere, nisi quo quis

§8. 두 번째로 또한 고찰해야 할 것은 신민이 정치공동체의 힘이나 위협을 두려워하는 만큼 또는 (앞 장의 제10절에 따라) 정치적 상태를 사랑하는 만큼 자기 권리 아래 있지 않고 정치공동체의 권리 아래 있다는 것이다. 여기에서 다음과 같은 결론이 도출된다. 보상이나 위협으로써 행동하도록 유도할 수 없는 모든 것은 정치공동체의 법과 관련되지 않는다.[10] 예를 들어 어느 누구도 판단할 능력을 포기할 수는 없다.[11] 사람이 어떤 보상이나 위협에 의해 전체가 그것의 부분보다 더 크지 않다고, 또는 신이 존재하지 않는다고, 또는 유한해 보이는 물체를 무한한 존재자라고 믿도록,[12] 즉 한마디로 말해 그가 느끼거나 생각하는 것에 반대되는 것을 믿도록 유도될 수 있겠는가? 또 사람이 어떤 보상이나 위협에 의해 미워하는 자를 사랑하도록 또는 사랑하는 자를 미워하도록 유도될 수 있겠는가? 또한 언급되어야 할 것은 인간의 본성에 너무도 어긋나서 인간의 본성이 온갖 나쁜 것들보다도 더 나쁜 것으로 여기는 것, 곧 자기 자신에 반대해 증언하는 것, 자기를 고문하는 것, 자기 부모를 죽이는 것, 죽음을 피하려고 노력하지 않는 것, 그리고 그 밖의 비슷한 것들을 하도록 어느 누구도 보상이나 위협으로써 유도될 수 없다는 것이다. 그러나 이런 것들을 행하도록 명령할 권리나 권력을 정치공동체가 가진다고 말하기를 누군가가 원한다면, 사람이 미치고 제정신이 아

---

10 그러므로 정치공동체의 강제에서 저절로 벗어나는 것을 정치공동체의 법 아래 두는 것은 옳지 않다. 판단의 내면성이나 기초적 감정의 내면성 모두와 관련해 이 비판은 홉스를 겨냥하고 있다. 홉스는 이 영역에서도 주권자의 무제한적 권리를 인정하고 신민들에게 오직 복종의 거부만을 허용한다(토머스 홉스, 『시민론』 제2장 제18~19절, 제6장 제13절 참조).

11 『신학정치론』 제7장 제22절, 제20장 제4절 참조.

12 『편지』 73 참조. 헨리 올덴부르크(Henry Oldenburg)의 편지에 대한 답장에서 스피노자는 신이 인간의 본성을 취했다는 기독교의 가르침이 무슨 말인지 이해할 수 없다면서, 그것이 마치 자신에게는 원이 사각형의 본성을 취했다는 말처럼 들린다고 적는다.

diceret, hominem jure posse insanire et delirare: quid enim aliud nisi delirium jus illud esset, cui nemo adstrictus esse potest? Atque hic de iis expresse loquor, quae juris civitatis esse nequeunt, et a quibus natura humana plerumque abhorret. Nam quod stultus aut vesanus nullis praemiis neque minis induci possit ad exequenda mandata, et quod unus aut alter, ex eo quod huic aut illi religioni addictus sit, imperii jura omni malo pejora judicat, jura tamen civitatis irrita non sunt, quandoquidem iisdem plerique civis continentur; ac proinde, quia ii, qui nihil timent neque sperant, eatenus sui juris sunt (per art. 10 praeced. cap.), sunt ergo (per art. 14 praeced. cap.) imperii hostes, quos jure cohibere licet.

§ 9. Tertio denique considerandum venit ad civitatis jus ea minus pertinere, quae plurimi indignantur. Nam certum est, homines naturae ductu in unum conspirare, vel propter communem metum, vel desiderio damnum aliquod commune ulciscendi; et quia jus civitatis communi multitudinis potentia definitur, certum est, potentiam civitatis et jus eatenus minui, quatenus ipsa causas praebet, ut plures in unum conspirent. Habet certe civitas quaedam sibi metuenda, et sicut unusquisque civis, sive homo in statu naturali, sic

닐 수 있는 권리를 가진다는 의미로밖에 다른 어떤 의미로 말한다고 이해할 수 없다. 아무도 구속할 수 없는 그 권리가 정신 나간 권리가 아니면 무엇이겠는가? 여기에서 나는 분명히 정치공동체의 권리 아래 있을 수 없는 것들, 그리고 인간의 본성에 대부분 어긋나는 것들에 관해 말한다. 어리석은 사람이나 제정신이 아닌 사람이 어떤 보상과 위협으로도 [국가의 정당한] 명령을 이행하도록 유도될 수 없다고 해서, 그리고 이런저런 종교에 심취해 있는 한두 사람이 국가의 법을 온갖 나쁜 것들보다 더 나쁜 것으로 여긴다고 해서 정치공동체의 법이 무효가 되지는 않는다.[13] 왜냐하면 대부분의 시민들이 이 법에 의해 구속되기 때문이다. 그러므로 아무것도 두려워하지 않고 아무것도 희망하지 않는, 그러므로 (앞 장의 제10절에 따라) 자기 권리 아래 있는 사람은 (앞 장의 제14절에 따라) 국가의 적이며, 그 적을 제압하는 것은 법으로써 허용된다.

§9. 마지막, 세 번째로 고찰해야 할 것은 대부분의 사람들에게 못마땅하게 여겨지는 것일수록 정치공동체의 권리에 더 적게 속한다는 것이다. 왜냐하면 사람들이 하나가 되어 음모를 꾸미는 것은, 그것이 두려움 때문이건 공동으로 입은 피해를 되갚으려는 열망에 의해서건 간에, 확실히 본성에 의해 그렇게 하도록 이끌리기 때문이다. 그리고 정치공동체의 권리는 다중이 지닌 공동의 힘에 의해 정의되므로[14] 더 많은 사람들이 함께 음모를 꾸밀 이유를 정치공동체가 제공하면 제공할수록 그만큼 정치공동체의 힘과 권리가 확실히 감소하기 때문이다. 확실히 정치공동체는 염려해야 할 일정한 것들을 가진다. 그러나 개개인의 시민처럼 또는 자연적 상태에 있는 인간처럼 정치공동체도 두려워할 이유

---

13 여기에서 스피노자는 어쩌면 당시에 종교적 양심에 근거해 국가의 명령 이행을 거부한 메노파(Mennonites)를 생각하고 있을지 모른다.
14 토머스 홉스, 『시민론』 제6장 제18절 참조.

civitas eo minus sui juris est, quo majorem timendi causam habet. Atque haec de jure summarum potestatum in subditos; jam antequam de earundem in alios jure agam, solvenda videtur quaestio, quae de religione moveri solet.

§ 10. Nam objici nobis potest, an status civilis, et subditorum obedientia qualem in statu civili requiri ostendimus, non tollat religionem, qua Deum colere tenemur. Sed si rem ipsam perpendamus, nihil reperiemus, quod possit scrupulum injicere. Mens enim, quatenus ratione utitur, non summarum potestatum, sed sui juris est (per art. 11 cap. praeced.). Atque adeo vera Dei cognitio et amor nullius imperio subjici potest, ut nec erga proximum charitas (per art. 8 hujus cap.); et si praeterea consideremus summum charitatis exercitium esse illud, quod ad pacem tuendam et concordiam conciliandam fit, non dubitabimus, illum revera suo officio functum esse, qui unicuique tantum auxilii fert, quantum jura civitatis, hoc est concordia et tranquillitas, concedunt. Ad externos cultus quod attinet, certum est, illos ad veram Dei cognitionem et amorem, qui ex ea necessario sequitur, nihil prorsus juvare nec nocere

를 더 많이 가지면 가질수록 그만큼 더 적게 자기 권리 아래 있다.[15] 신민들에 대해 최고권력이 가지는 이 권리 역시 그렇다. 이제 다른 나라 신민들에 대한 최고권력의 권리를 다루기 전에 종교에 대해 제기되곤 하는 문제를 먼저 해명하고자 한다.

§10. 정치적 상태가, 그리고 우리가 이미 보인 바와 같이 그 정치적 상태가 요구하는 신민의 복종이 신을 섬기도록 우리를 구속하는 종교를 제거하지 않느냐는 반론이 제기될 수 있다.[16] 그러나 사안 자체를 우리가 제대로 조사한다면 불안을 야기할 어떤 것도 거기에서 발견하지 못할 것이다. 왜냐하면 정신은 그것이 이성을 이용하는 한 (앞 장의 제11절에 따라) 최고권력이 아니라 자기 권리 아래 있기 때문이다. 그러므로 신에 대한 참된 인식과 사랑은 어느 누구의 명령에도 예속될 수 없다.[17] (이 장의 제8절에 따라) 이웃에 대한 자비도 마찬가지이다. 또한 자비의 최고 실천이 평화를 지키고 화합을 중재하기 위한 실천임을 우리가 고려한다면,[18] 어떤 사람에게 정치공동체의 법, 즉 화합과 평온한 삶이 허락하는 만큼의 도움을 베푸는 자가 참으로 자기 의무를 다한 자임을 우리는 의심하지 않을 것이다. 외적인 의례에 관한 한, 그것이 신에 대한 참된 인식과[19] 그 인식에서 필연적으로 뒤따라 나오는 사랑[20]에 전적으로

---

15 신민이 자연적 권리에 근거해 정치공동체에 맞설 저항의 가능성을 제거할 수 없다면, 정치공동체는 실질적 차원에서 자기 자신의 주인이 아니다.

16 『신학정치론』 제16장 제21∼22절 참조.

17 여기에서 스피노자가 말하는 제거될 수 없는 종교는 어디까지나 내면의 종교, 즉 '신에 대한 내적인 예배'(Dei internus cultus)이다(『신학정치론』 제7장 22절, 제19장 제3절 참조). 그러나 '외적인 종교'(religio externa)는 여전히 주권의 통제 아래 놓여 있다(『신학정치론』 제19장 참조).

18 『신학정치론』 제19장 제10∼11절 참조.

19 『신학정치론』 제5장 제12∼13절 참조.

20 『신학정치론』 주석 34 참조.

posse; atque adeo non tanti faciendi sunt, ut propter ipsos pax et tranquillitas publica perturbari mereatur. Caeterum certum est me jure naturae, hoc est (per art. 3 praec. cap.) ex divino decreto, non esse religionis vindicem. Nam nulla mihi est, ut olim Christi discipulis, potestas ejiciendi spiritus immundos et faciendi miracula, quae sane potestas adeo necessaria est ad propagandam religionem in locis ubi interdicta est, ut sine ipsa non tantum oleum et opera, ut ajunt, perdatur, sed plurimae insuper creentur molestiae, cujus rei funestissima exempla omnia viderunt saecula. Unusquisque igitur, ubicunque sit, Deum potest vera religione colere, sibique prospicere, quod viri privati officium est. Caeterum cura religionis propagandae Deo vel summis potestatibus, quibus solis incumbit reipublicae habere curam, committenda est. Sed ad propositum revertor.

§ 11. Jure summarum potestatum in cives et subditorum officio explicato, superest ut earum jus in reliqua consideremus, quod jam ex

도움이 될 수도 없고 결코 해를 끼칠 수도 없음이 확실하다. 그러므로 의례는 그것 때문에 공적인 평화와 삶의 평온함이 방해될 만큼 많이 만들어져서는 안 된다.[21] 그런데 내가 자연의 법에 의해, 즉 (앞 장의 제3절에 따라) 신성한 결정에 의해 종교의 옹호자가 아님은 확실하다. 왜냐하면 나에게는 한때 그리스도의 제자들에게 주어진 것과 같은 능력, 곧 부정한 영을 내쫓고 기적을 일으킬 능력이 없기 때문이다.[22] 그러나 그것이 그 종교가 금지되어 있는 곳에서는 종교를 선전하기 위해 매우 필요한 능력이어서 그 능력이 없으면 비용과 수고가 흔히 말하듯이 낭비될 뿐만 아니라 더 나아가 성가신 일들이 아주 많이 일어나게 된다. 그런 일들의 지극히 불행한 예들을 우리는 모든 시대에 걸쳐 보아왔다. 그러므로 각 사람은 그가 어느 곳에 있건 간에 참된 종교를 통해 신을 섬길 수 있고 자신을 돌볼 수 있다. 그것이 사인(私人)의 의무이다. 그러나 종교를 선전하는 일은 신에게 또는 최고권력에 맡겨야 한다. 공적인 일을 처리하는 것은 오직 최고권력의 소관이기 때문이다. 다시 처음 계획한 것으로 돌아가자.

§11. 시민에 대한 최고권력의 권리와 신민의 의무를 설명했으므로 이제 다른 최고권력에 대한 최고권력의 권리를 고찰하는 일이 과제로서

---

21 스피노자는 종교를 두 가지로 구분한다. 하나는 신에 대한 인식과 그것에서 비롯하는 신에 대한 사랑이다. 이것은 『윤리학』 제5부에서 드러나듯이 사실 '종교'라고 부를 수 없는 것이지만, 이것을 스피노자는 보편적 성격을 지닌 이성을 통해 계시된 종교라고 말한다. 이것은 『신학정치론』에서 설명되듯이, 정의와 이웃 사랑의 실천으로 이어진다. 다른 하나는 법률에 근거한 종교이다. 이것은 외적인 예배에 의존하고 분파를 형성하는 경향을 지니고 있어서 국가의 내적 통일을 해칠 수 있다. 그래서 종교적 의례의 실천을 최고권력의 통제 아래 두는 것이 적어도 귀족국가에서는 고려되고 있다(『정치론』 제8장 제46절 참조).
22 『신학정치론』 제19장 제13절 참조. 스피노자는 자연의 법칙에 어긋나는 사건이라는 의미의 '기적'을 부정하지만(『신학정치론』 제6장 참조), 사도들이 평범하지 않은 능력을 지녔음은 인정한다.

dictis facile cognoscitur. Nam quandoquidem (per art. 2 hujus cap.) jus summae potestatis nihil est praeter ipsum naturae jus, sequitur duo imperia ad invicem sese habere ut duo homines in statu naturali, excepto hoc, quod civitas sibi cavere potest ne ab alia opprimatur, quod homo in statu naturali non potest, nimirum qui quotidie somno, saepe morbo aut animi aegritudine, et tandem senectute gravatur, et praeter haec aliis incommodis est obnoxius, a quibus civitas securam se reddere potest.

§ 12. Civitas igitur eatenus sui juris est, quatenus sibi consulere et cavere potest ne ab alia opprimatur (per art. 9 et 15 praec. cap.), et (per art. 10 et 15 praec. cap.) eatenus alterius juris, quatenus alterius civitatis potentiam timet, vel quatenus ab ea impeditur, quo minus id quod vult exequatur, vel denique quatenus ipsius auxilio ad sui conservationem vel incrementum indiget; nam dubitare nequaquam possumus, quin, si duae civitates invicem mutuum auxilium praestare volunt, ambae simul plus possint et consequenter plus juris simul

남아 있다. 그것은 이미 이야기한 것을 통해 쉽게 이해할 수 있다. 최고 권력의 권리는 (이 장의 제2절에 따라) 바로 자연의 권리 외에 다른 어떤 것이 아니므로, 여기에서 두 개의 국가는 자연 상태에 있는 두 사람처럼 서로 대립한다는 결론이 도출된다. 차이가 있다면 그것은 정치공동체는 다른 정치공동체에 의해 억압받지 않도록 자기를 지킬 수 있지만, 자연 상태에 있는 사람은 그렇게 할 수 없다는 것이다. 의심할 바 없이 자연 상태에 있는 사람은 매일 잠으로 인해, 종종 몸의 질병이나 마음의 근심으로 인해, 그리고 마침내 노화로 인해 약해진다. 그리고 이 밖에도 다른 불편한 것들에 예속되어 있다. 그러나 정치공동체는 그것들에 대해 자기를 안전하게 만들 수 있다.[23]

§12. 그러므로 정치공동체는 (앞 장의 제9절과 제15절에 따라) 다른 정치공동체에 의해 압제되지 않도록 자기를 돌보고 주의할 수 있는 한에서 자기 권리 아래 있다. 그리고 (앞 장의 제10절과 제15절에 따라) 다른 정치공동체의 힘을 두려워하는 한에서, 또는 다른 정치공동체에 의해 자기가 원하는 것을 더 적게 추구하도록 방해받는 한에서, 또는 마지막으로 자기의 보존이나 성장을 위해 다른 정치공동체의 도움을 필요로 하는 한에서 다른 정치공동체의 권리 아래 있다. 왜냐하면 만약 두 정치공동체가 상호 원조를 제공하기를 원한다면, 어느 한 정치공동체가 홀로 할 수 있는 것보다 두 정치공동체가 함께 더 많은 것을 할 수 있고, 그러므로 더 많은 권리를 동시에 가진다는 것을 우리는 결코 의심할 수 없기

---

23 이 차이 때문에 정치공동체들은 개별 인간들보다 서로 결합할 필요가 덜하다. 스피노자는 국제 관계가 법적 형식으로 규제되기 어려운 것을 문제로 인식하지 않는다. 왜냐하면 그런 규제는 정치공동체의 주권성의 포기를 의미할 것이기 때문이다. 스피노자의 생각에 주권적 정치공동체들이 가진 자연적 권리가 낳는 전쟁 상태 속에서 각각의 정치공동체는 다른 정치공동체의 지배에 예속되지 않도록 스스로 노력해야 할 뿐이다.

habeant quam alterutra sola. Vid. art. 13 cap. praec.

§ 13. Haec autem clarius intelligi possunt, si consideremus, quod duae civitates natura hostes sunt: homines enim (per art. 14 praec. cap.) in statu naturali hostes sunt; qui igitur jus naturae extra civitatem retinent, hostes manent. Si itaque altera civitas alteri bellum inferre et extrema adhibere media velit, quo eam sui juris faciat, id ei jure tentare licet, quandoquidem, ut bellum geratur, ei sufficit ejus rei habere voluntatem. At de pace nihil statuere potest nisi connivente alterius civitatis voluntate. Ex quo sequitur jura belli uniuscujusque civitatis esse; pacis autem non unius, sed duarum ad minimum civitatum esse jura, quae propterea confoederatae dicuntur.

§ 14. Hoc foedus tamdiu fixum manet, quamdiu causa foederis pangendi, nempe metus damni seu lucri spes in medio est; hac autem aut illo civitatum alterutri adempto, manet ipsa sui juris (per art. 10 praec. cap.), et vinculum, quo civitates invicem adstrictae erant, sponte solvitur. Ac proinde unicuique civitati jus integrum est solvendi foedus quandocunque vult, nec dici potest, quod dolo vel perfidia agat, propterea quod fidem solvit simulatque metus vel

때문이다. 이에 대해서는 앞 장의 제13절을 보라.

§13. 두 개의 정치공동체가 자연적으로 적이라는 사실을 생각하면 이를 더 분명하게 이해할 수 있을 것이다. 인간은 (앞 장의 제14절에 따라) 자연 상태에서 적이다. 그러므로 정치공동체 바깥에서 자연의 권리를 보유하는 자는 적이 된다. 그러므로 어떤 정치공동체가 다른 정치공동체를 자기 권리 아래 두기 위해 그 정치공동체에 대해 전쟁을 벌이고 극단적인 수단을 사용하기를 원한다면, 그것을 시도하는 것은 권리로서 정치공동체에 허용된다. 왜냐하면 전쟁을 수행하기 위해서는 정치공동체가 그 일에 대한 의지를 가지는 것으로 충분하기 때문이다. 그러나 다른 정치공동체의 의지를 묵인하지 않고서는 평화에 대해 아무것도 결정할 수 없다. 그러므로 전쟁에 대한 권리는 개별 정치공동체에 속하지만, 평화에 대한 권리는 하나의 정치공동체에 속하지 않고 최소한 두 개의 정치공동체에 속한다. 이 정치공동체들을 그래서 동맹이라고 부른다.

§14. 이 동맹조약은 조약 체결의 원인, 이를테면 피해에 대한 두려움이나 이익에 대한 희망이 중심에 있는 동안 확고하게 유지된다.[24] 그러나 희망이나 두려움이 어느 정치공동체에서 제거되면, (앞 장의 제10절에 의거해) 그 정치공동체는 자기 권리 아래 있게 되고, 그러면 정치공동체들을 서로 묶고 있던 끈은 저절로 풀리게 된다. 그러므로 각 정치공동체에는 언제든지 원할 때에 조약을 해소할 온전한 권리가 있다. 또한 두려움이나 희망의 원인이 제거되자마자 약속을 깼다고 해서 교활하게 또

---

24 정치공동체들의 동맹은 언제나 일시적일 뿐이다. 왜냐하면 동맹은 어디까지나 전략적 관점에서 체결되기 때문이다. 전략적 관점은 주어진 상황과 이익의 변화에 종속된다. 그러므로 영리함이 충성스러움보다 전략적 판단에서는 우위를 차지한다. 이 점에서 스피노자는 마키아벨리(『로마사 논고』 제1권 제16장)와 홉스(『리바이어던』 제12장)를 따르고 있다.

spei causa sublata est; quia haec conditio unicuique contrahentium aequalis fuit, ut scilicet quae prima extra metum esse posset, sui juris esset, eoque ex sui animi sententia uteretur; et praeterea quia nemo in futurum contrahit nisi positis praecedentibus circumstantiis: his autem mutatis totius status etiam mutatur ratio. Et hac de causa unaquaeque confoederatarum civitatum jus retinet sibi consulendi, et unaquaeque propterea quantum potest conatur extra metum et consequenter sui juris esse, et impedire quo minus altera potentior evadat. Si quae ergo civitas se deceptam esse queritur, ea sane non confoederatae civitatis fidem, sed suam tantummodo stultitiam damnare potest, quod scilicet salutem suam alteri, qui sui juris, et cui sui imperii salus summa lex est, crediderit.

§ 15. Civitatibus, quae una pacem contraxerunt, jus competit dirimendi quaestiones, quae moveri possunt de pacis conditionibus seu legibus, quibus sibi invicem fidem adstrinxerunt, quandoquidem pacis jura non unius civitatis, sed contrahentium simul sunt (per art. 13 hujus cap.); quod si de iis convenire inter ipsas non possunt, eo ipso ad belli statum redeunt.

§ 16. Quo plures civitates simul pacem contrahunt, eo unaquaeque

는 신의 없게 행동한다고 말할 수 없다.[25] 왜냐하면 이 조건, 즉 먼저 두려움 바깥에 있을 수 있는 정치공동체가 당연히 자기 권리 아래 있게 되며, 그 권리를 가지고 자기 생각대로 판단한다는 이 조건이 조약을 체결한 정치공동체들 각각에 대해 동등했기 때문이다. 그리고 앞서 언급한 상황이 주어져 있지 않다면 어느 누구도 앞서 다가올 일에 대해 조약을 체결하지 않기 때문이다. 상황이 바뀌면 조약 체결의 합리성 역시 바뀐다. 그리고 이런 이유에서 동맹을 맺은 정치공동체들 각각은 자기의 유익을 추구할 권리를 보유하며, 할 수 있는 한 두려움 바깥에 있으려고, 그러므로 자기 권리 아래 있으려고 노력하며, 다른 정치공동체가 더 강하게 발전하지 못하도록 방해하려고 노력한다. 그러므로 만약 어떤 정치공동체가 자기가 속았다고 불평한다면, 확실히 그 정치공동체는 자기와 동맹을 맺었던 정치공동체의 신의 없음을 비난할 수 없고, 자기 권리 아래 있으며 자기 국가의 안녕이 지켜야 할 최고의 법률인 다른 정치공동체에 자기의 안녕을 맡긴 자기의 어리석음을 비난할 수 있을 뿐이다.[26]

§15. 함께 평화조약을 체결한 정치공동체들은 그들이 서로 신약(信約)을 체결할 때 동의한 평화의 조건이나 법률과 관련해 발생할 수 있는 논쟁들을 종식시킬 권리를 가진다. 왜냐하면 (이 장의 제13절에 의거해) 평화의 권리는 하나의 정치공동체에 속하지 않고 조약을 체결한 정치공동체들에 함께 속하기 때문이다. 평화의 조건이나 법률에 대해 정치공동체들 간에 합의가 이루어질 수 없다면, 이로써 두 정치공동체는 다시 전쟁의 상태로 되돌아간다.

§16. 함께 평화조약을 체결하는 정치공동체의 수가 많을수록 그만큼

25 니콜로 마키아벨리, 『군주론』 제18장 참조.
26 『신학정치론』 제16장 제12~18절 참조.

reliquis minus timenda, sive unicuique minor est potestas bellum inferendi; sed eo magis pacis tenetur conditiones servare, hoc est (per art. 13 hujus cap.), eo minus sui juris est, sed eo magis communi foederatorum voluntati sese accommodare tenetur.

§ 17. Caeterum fides, quam sana ratio et religio servandam docet, hic minime tollitur: nam nec ratio nec Scriptura omnem datam fidem servare docet. Cui enim pollicitus sum, argentum ex. gr. quod mihi secreto servandum dedit, custodire, fidem praestare non teneor simulac noverim, aut scire crediderim, furtum esse quod mihi servandum dedit; sed rectius agam, si dem operam ut suis restituatur. Sic etiam, si summa potestas aliquid alteri se facturam promisit, quod postea tempus seu ratio docuit aut docere videbatur communi subditorum saluti obesse, fidem sane solvere tenetur. Cum itaque Scriptura non nisi in genere doceat fidem servare, et casus singulares, qui excipiendi sunt, uniuscujusque judicio relinquat, nihil ergo docet, quod iis, quae modo ostendimus, repugnat.

§ 18. Sed ne toties opus sit sermonis filum interrumpere et similes posthac objectiones solvere, monere volo, me haec omnia ex naturae humanae quomodocunque consideratae necessitate demonstrasse, nempe ex universali omnium hominum conatu sese conservandi,

더 적게 각각의 정치공동체는 나머지 정치공동체들이 두려워해야 할 대상이 된다. 달리 말하면, 그만큼 각각의 정치공동체는 전쟁을 일으킬 능력을 더 적게 가지게 된다. 반대로 각각의 정치공동체는 그만큼 평화의 조건들을 지키도록 더 많이 구속된다. 즉 (이 장의 제13절에 따라) 그만큼 더 적게 자기의 권리 아래 있게 된다. 그리고 그만큼 더 많이 함께 조약을 체결한 정치공동체들의 공동의 의지에 자기 자신을 맞추도록 구속된다.

§17. 이런 주장이 건강한 이성과 종교가 지켜야 한다고 가르치는 약속을 모두 무효화하는 것은 아니다. 왜냐하면 이성도 성서도 모든 약속을 지키라고 가르치지는 않기 때문이다. 예컨대, 내가 어떤 사람에게 그가 나에게 은밀하게 보관해달라고 남몰래 맡긴 돈을 지키고 있겠다고 약속했는데, 그가 나에게 보관해달라고 맡긴 돈이 훔친 것임을 내가 알게 되면 또는 안다고 믿게 되면, 나는 이제 약속을 지키도록 구속되지 않는다. 만약 내가 그 돈을 제 주인에게 되돌려주려고 노력한다면, 그것이 더 올바르게 행동하는 셈이 된다. 이처럼 또한 최고권력이 자기가 그 어떤 것을 하겠다고 누군가에게 약속했지만, 그것이 신민의 공동의 안녕에 해롭다는 것을 나중에 시간이나 이성이 가르쳐주었다면 또는 가르쳐주는 것처럼 보였다면, 확실히 최고권력은 약속을 어겨야 한다. 그러므로 성서는 일반적인 의미에서 약속을 지키라고 가르치고, 예외가 되어야 할 개별 이유들은 각 사람의 판단에 맡겨져 있으므로, 성서는 우리가 방금 제시한 것들에 모순되는 어떤 것도 가르치지 않는다.

§18. 논의의 전개를 여러 번 중단하는 일이 없도록, 그리고 나중에 비슷한 반론에 다시 대답하지 않도록 나는 다음과 같은 사실을 상기시키고자 한다. 나는 이 모든 것을 인간 본성의 필연성으로부터, 즉 자기 자신을 보존하려는 모든 인간의 보편적 노력으로부터 연역해 증명했다.

qui conatus omnibus hominibus inest, sive ignari sive sapientes sint; ac proinde quomodocunque homines, sive affectu sive ratione duci considerentur, res eadem erit, quia demonstratio, ut diximus, universalis est.

그 노력은 무지한 사람이거나 현명한 사람이거나 간에, 모든 사람에게 내재해 있는 것이다.[27] 그러므로 인간이 어떤 방식으로 인도된다고 간주되건 간에, 즉 정서에 의해 인도되건 이성에 의해 인도되건 간에, 증명은 이미 우리가 말한 것처럼 보편적이므로 결론은 동일할 것이다.

---

27 물론 모든 사람이 본성에 따라 그가 한 약속이 자신에게 이롭지 않다고 생각하면 그 약속을 어기지만, 현명한 사람은 약속을 깨는 일에서 무지한 사람이 보지 못하는 불이익을 볼 수 있을 것이다.

CAPUT IV

§ 1. Jus summarum potestatum, quod earum potentia determinatur, in praec. cap. ostendimus, idque in hoc potissimum consistere vidimus, nempe quod imperii veluti mens sit, qua omnes duci debent; adeoque solas jus habere decernendi, quid bonum, quid malum, quid aequum, quid iniquum, hoc est, quid singulis vel omnibus simul agendum vel omittendum sit; ac proinde vidimus iis solis jus competere leges condendi easque, quando de iis quaestio est, in quocunque singulari casu interpretandi, et decernendi an datus casus contra vel secundum jus factus sit (vide art. 3, 4, 5 praec. cap.); deinde bellum inferendi, vel pacis conditiones statuendi et offerendi, vel oblatas acceptandi. Vide art. 12 et 13 praec. cap.

§1. 우리는 앞 장에서 최고권력의 권리가 최고권력의 힘에 의해 결정되며, 그 권리가 무엇보다도 국가에 마치 하나의 정신 같은 것이 있어서 그 정신에 의해 모든 사람이 인도되는 데에 있다는 것을 보였다. 그러므로 최고권력이 홀로 무엇이 선이고 무엇이 악인지, 무엇이 정당하고 무엇이 부당한지, 즉 무엇이 개개인이나 모든 사람이 똑같이 해야 할 것 또는 하지 말아야 할 것인지를 결정할 권리를 가진다는 것을 보였다. 또한 오로지 최고권력에 법률을 제정할 권리와 이 법률의 의미에 대해 의문이 있을 때 개별 사건에서 그 법률을 해석할 권리가 있음을, 그리고 어떤 행동이 최고권력의 권리에 반해 이루어졌는지 권리에 부합하게 이루어졌는지 여부를 결정할 권리가 있음을(앞 장의 제3, 4, 5절을 보라), 더 나아가 전쟁을 선언할 권리, 또는 평화의 조건을 정하고 제시할 권리, 또는 제시된 조건을 받아들일 권리가 있음을 우리는 보였다(앞 장의 제12절과 제13절을 보라).[1]

---

1 토머스 홉스, 『시민론』 제6장 제18절 참조. 앞서 이 책의 제2장 제17절에서 요약 제시된 바 있고, 여기 제4장 제2절에서 확장 제시되고 있는 주권자의 권리 목록은 근대 정치 이론의 전승물이다.

§ 2. Cum haec omnia, ac etiam media, quae ad eadem exequenda requiruntur, omnia negotia sint, quae ad integrum imperii corpus, hoc est, quae ad rempublicam spectant, hinc sequitur, rempublicam ab ejus solummodo directione pendere, qui summum habet imperium; ac proinde sequitur solius summae potestatis jus esse de factis uniuscujusque judicandi, de factis cujuscunque rationem exigendi, delinquentes poena mulctandi, et quaestiones inter cives de jure dirimendi, vel legum latarum peritos statuendi, qui haec ejus loco administrent. Deinde omnia ad bellum et pacem media adhibendi et ordinandi, nempe urbes condendi et muniendi, milites conducendi, officia militaria distribuendi, et quid factum velit imperandi, et pacis causa legatos mittendi et audiendi, et denique sumptus ad haec omnia exigendi.

§ 3. Quoniam itaque solius summae potestatis jus sit negotia publica tractandi vel ministros ad eadem eligendi, sequitur, subditum imperium affectare, qui suo solo arbitrio, supremo concilio inscio, negotium aliquod publicum aggressus est, tametsi id, quod intenderat agere, civitati optimum fore crediderit.

§ 4. Sed quaeri solet, an summa potestas legibus adstricta sit et consequenter an peccare possit. Verum quoniam legis et peccati nomina non tantum civitatis jura, sed etiam omnium rerum

§2. 이 모든 일과 그것을 수행하는 데에 요구되는 모든 수단 역시 국가의 몸 전체, 즉 공공의 재산과 관련된 업무이므로 이로부터 공공의 재산이 최고의 명령권을 가진 사람의 지휘에 전적으로 달려 있다는 결론이 도출된다. 또한 다음과 같은 결론이 도출된다. 오로지 최고권력에만 각 사람이 행한 일에 대해 판단할 권리, 그에 대해 그 사람에게 해명을 요구할 권리, 범죄자를 형벌로써 처벌할 권리, 그리고 시민들 사이의 권리에 관한 분쟁을 종식시킬 권리, 또는 최고권력을 대신해 이 문제를 처리할 폭넓은 법률 경험을 가진 자를 임명할 권리가 있다. 더 나아가 전쟁과 평화를 위한 모든 수단을 이용하고 배치할 권리, 즉 도시를 세우고 방어할 권리, 병사를 모집할 권리, 군사적 의무를 분배할 권리, 이루어지기를 원하는 것을 명령할 권리, 평화를 위한 특사를 파견하고 접견할 권리, 그리고 마지막으로 이 모든 일을 위한 비용을 요구할 권리가 최고권력에 있다.

§3. 오직 최고권력에만 공적 업무를 처리할 권리 또는 이를 위해 행정관을 선임할 권리가 속하므로 신민이 오직 자기 임의대로 최고회의도 모르게 그 어떤 공적인 업무를 수행한다면, 설령 그가 자신이 행하려고 의도한 것이 정치공동체에 최선이 될 것이라고 믿었더라도 이로써 그는 주권을 차지하려고 하는 것이다.[2]

§4. 최고권력이 법률에 구속되는지,[3] 그러므로 죄를 범할 수 있는지에 관한 질문이 제기되곤 한다. 그러나 '법률'과 '죄를 범한다'는 말은 국가의 법률과만 관련되는 것이 아니라 모든 자연적 사물의 법칙과, 특히

---

2 이에 대한 다른 설명은 『신학정치론』 제16장 제18절을 보라.
3 "황제는 법률에 구속되지 않는다"(Princeps legibus solutus est)라는 전래의 로마 시대 법언에서 비롯한다.

naturalium et apprime rationis communes regulas respicere solent, non possumus absolute dicere, civitatem nullis adstrictam esse legibus, seu peccare non posse. Nam si civitas nullis legibus seu regulis, sine quibus civitas non esset civitas, adstricta esset, tum civitas non ut res naturalis sed ut chimaera esset contemplanda. Peccat ergo civitas, quando ea agit vel fieri patitur, quae causa esse possunt ipsius ruinae; atque tum eandem eo sensu peccare dicimus, quo philosophi vel medici naturam peccare dicunt, et hoc sensu dicere possumus, civitatem peccare, quando contra rationis dictamen aliquid agit. Est enim civitas tum maxime sui juris, quando ex dictamine rationis agit (per art. 7 praeced. cap.); quatenus igitur contra rationem agit, eatenus sibi deficit seu peccat. Atque haec clarius intelligi poterunt, si consideremus quod, cum dicimus unumquemque posse de re, quae sui juris est, statuere quicquid velit, haec potestas non sola agentis potentia, sed etiam ipsius patientis aptitudine definiri debet. Si enim ex. gr. dico, me jure posse de hac mensa quicquid velim facere, non hercle intelligo, quod jus habeam efficiendi, ut haec mensa herbam comedat. Sic etiam, tametsi dicimus homines non sui sed civitatis juris esse, non intelligimus, quod homines naturam humanam amittant et aliam induant, atque adeo quod civitas jus habeat

이성의 공통 규칙과도 관련되므로[4] 우리는 정치공동체가 어떤 법률에도 구속되지 않는다거나 죄를 범할 수 없다고 절대적으로 말할 수는 없다. 만약 정치공동체가 어떤 법률이나 규칙에도 구속되지 않는다면, 그런 것들이 없다면 정치공동체가 아니므로, 정치공동체는 자연적 사물이 아니라 키메라[괴물]로 간주되어야 할 것이다. 그러므로 정치공동체가 자기 몰락의 원인이 될 수 있는 일을 행하거나 그런 일이 일어나는 것을 묵인할 때, 정치공동체는 죄를 범하고 있는 것이다. 그리고 그때 우리는 철학자들이나 의사들이 자연이 잘못되어간다고 말할 때[5]와 같은 의미에서 그 정치공동체가 죄를 범한다고 말한다. 그리고 이런 의미에서 우리는 정치공동체가 이성의 지시에 반하여 어떤 것을 행할 때, 정치공동체가 죄를 범한다고 말할 수 있다.[6] 왜냐하면 (앞 장의 제7절에 따라) 정치공동체는 이성의 지시대로 행할 때 가장 자기 권리 아래 있으므로 이성에 반해 행하는 만큼 자기 자신에게 부족하거나 죄를 범하기 때문이다. 그리고 우리가 다음과 같은 것을 고려한다면 이 점을 더 분명하게 이해할 수 있을 것이다. 우리가 어떤 사람이 그의 권리 아래 있는 사물에 무엇이든지 간에 그가 원하는 것을 부과할 수 있다고 말할 때, 이 권력은 행동하는 자의 힘에 의해서만 아니라, 또한 그 힘을 견디는 사물의 성질에 의해서도 정의되어야 한다. 예컨대 만약 내가 정당하게 이 탁자를 내가 원하는 것으로 만들 수 있다고 말하더라도, 내가 이 탁자를 풀을 뜯어 먹도록 만들 권리를 가지고 있다고 이해하지는 않는다. 마찬가지로 비록 우리가 인간이 자기 권리 아래 있지 않고 정치공동체의 권리 아래 있다고 말하지만, 그렇다고 해서 인간이 인간의 본성을 상실하고 다른 본성을 취하게 된다고 이해하지는 않는다. 그러므로 정치공동

---

4 『정치론』제2장 제21절 참조.
5 이것은 '인간적인 방식으로' 말하는 것이다. 이에 대해서는 『정치학』제2장 제22절과 『윤리학』제4부 서문 참조.
6 신의 관점에서가 아니라 정치학자의 이성의 관점에서 그렇게 판단하는 것이다.

efficiendi, ut homines volent, vel, quod aeque impossibile est, ut homines cum honore adspiciant ea, quae risum movent vel nauseam; sed quod quaedam circumstantiae occurrant, quibus positis ponitur subditorum erga civitatem reverentia et metus, et quibus sublatis metus et reverentia et cum his civitas una tollitur. Civitas itaque, ut sui juris sit, metus et reverentiae causas servare tenetur, alias civitas esse desinit. Nam iis vel ei, qui imperium tenet, aeque impossibile est, ebrium aut nudum cum scortis per plateas currere, histrionem agere, leges ab ipso latas aperte violare seu contemnere, et cum his majestatem servare, ac impossibile est simul esse et non esse; subditos deinde trucidare, spoliare, virgines rapere, et similia, metum in indignationem et consequenter statum civilem in statum hostilitatis vertunt.

§ 5. Videmus itaque, quo sensu dicere possumus, civitatem legibus teneri et peccare posse. Verum si per legem intelligamus jus civile, quod ipso jure civili vindicari potest, et peccatum id, quod jure civili fieri prohibetur, hoc est, si haec nomina genuino sensu sumantur,

체는 인간을 하늘을 날게 만들거나, 마찬가지로 불가능한 일인데, 인간으로 하여금 비웃음이나 혐오를 일으키는 짓들을 존경심을 가지고 바라보도록 만들 권리를 가지지 않는다. 오히려 일정한 조건들이 충족되어야 한다. 그런 조건들이 충족되면 정치공동체에 대한 신민의 경외심이 생겨나지만, 그런 조건이 충족되지 않으면 신민의 경외심은 사라지고 그와 함께 정치공동체도 사라진다. 그러므로 정치공동체는 자기 권리 아래 있기 위해 신민의 경외심의 원인을 유지해야 한다. 그렇게 하지 못하면 더는 정치공동체일 수 없다. 왜냐하면 주권을 보유한 한 사람이나 여러 사람이 술에 취해 벌거벗고, 매춘부와 함께 거리를 달리고, 희극배우처럼 굴고,[7] 자기가 만든 법률을 대놓고 위반하거나 무시하면서 자기의 위엄을 지키는 것은, 존재하면서 동시에 존재하지 않는 것이 불가능한 것과 마찬가지로 불가능하기 때문이다. 더 나아가 신민의 학살과 약탈, 처자의 겁탈, 그리고 그와 비슷한 행동들은 신민의 두려움을 분노로 바꾸고, 그러므로 정치적 상태를 적대적 상태로 바꾸기 때문이다.

§5. 그러므로 우리는 어떤 의미에서 정치공동체가 법률에 구속되고 죄를 범할 수 있다고 말할 수 있는지를 안다. 그러나 만약 우리가 '법률'을 정치적 권리에 의해 유효할 수 있는 실정법으로 이해한다면,[8] 그리고 '죄'를 이 실정법에 따라 실행이 금지된 것으로 이해한다면, 즉 이 용어들을 진정한 의미로 받아들인다면, 정치공동체가 법률에 의해 구속된

---

7 타키투스의 『연대기』 제16권 제4절에 따르면, 네로 황제가 그러했다. 마키아벨리는 『군주론』 제19장에서 통치자가 어떤 경우에도 자기 신민으로부터 경멸과 미움을 받지 않도록 조심해야 한다고 조언한다.
8 시민이 정치적 권리를 가지고 다른 시민에게는 실정법을 지키도록 강제할 수 있지만, 정치공동체 자체에는 강제할 수 없다. 왜냐하면 그 법의 효력 자체가 정치공동체에 의해 보장되기 때문이다.

nulla ratione dicere possumus, civitatem legibus adstrictam esse aut posse peccare. Nam regulae et causae metus et reverentiae, quas civitas sui causa servare tenetur, non ad jura civilia sed ad jus naturale spectant, quandoquidem (per art. praeced.) non jure civili sed jure belli vindicari possunt; et civitas nulla alia ratione iisdem tenetur, quam homo in statu naturali, ut sui juris esse possit sive ne sibi hostis sit, cavere tenetur ne se ipsum interficiat, quae sane cautio non obsequium, sed humanae naturae libertas est. At jura civilia pendent a solo civitatis decreto, atque haec nemini nisi sibi, ut scilicet libera maneat, morem gerere tenetur, nec aliud bonum aut malum habere, nisi quod ipsa sibi bonum aut malum esse decernit; ac proinde non tantum jus habet sese vindicandi, leges condendi et interpretandi, sed etiam easdem abrogandi et reo cuicunque ex plenitudine potentiae condonandi.

§ 6. Contractus seu leges, quibus multitudo jus suum in unum concilium vel hominem transferunt, non dubium est, quin violari debeant, quando communis salutis interest easdem violare. At

다거나 죄를 범할 수 있다고는 어떤 이유로도 말할 수 없다.[9] 왜냐하면 정치공동체가 자기를 위해 지켜야 하는 규칙들과 두려움과 경외심의 원인들은, 그것들이 (앞 절에 따라) 정치적 권리에 의해서가 아니라 전쟁의 권리에 의해서 옹호될 수 있음을 생각하면, 자연적 권리와 관련된 것이지 정치적 권리와 관련된 것이 아니기 때문이다. 그리고 정치공동체는 인간이 자연적 상태에서 자기 권리 아래 있을 수 있기 위해, 곧 자기의 적이 되지 않기 위해 자기 자신을 죽이지 않도록 조심해야 하는 이유와 같은 이유에서 그 규칙들과 원인들을 지키도록 구속되기 때문이다. 그리고 이렇게 조심하는 것은 낯선 규칙에 대한 복종이 아니라 인간의 본성을 따르는 자유이다.[10] 그러나 시민법은 오직 정치공동체의 결정에 달려 있고, 정치공동체는 계속 자유롭기 위해 자기 외에 다른 어느 누가 원하는 방식으로도 행동하지 말아야 한다. 또한 자기에게 좋은 것이거나 나쁜 것이라고 스스로 결정한 것 외에 다른 어떤 것도 좋은 것이거나 나쁜 것이라고 여겨서는 안 된다. 그러므로 정치공동체는 자기를 옹호할 권리와 법률을 제정하고 해석할 권리를 가질 뿐만 아니라 그 법률을 폐지할 권리와 그 어떤 피고인을 [정치공동체가 가진] 힘의 풍부함에 근거해 사면할 권리를 가진다.

§6. 계약, 곧 법률을 통해 다중은 자기의 권리를 하나의 회의체나 한 사람에게 양도하는데, 법률을 위반하는 것이 공동의 안녕을 위해 필요할 때 법률을 위반해야 한다는 것에는 의심의 여지가 없다.[11] 그러나 이

---

9 정치공동체는 자기가 제정하는 실정법에 구속되지 않고 도덕적 규범에도 구속되지 않는다. 오직 자기 보존이라는 자연법칙에만 구속된다. 그것은 실정법과 같은 법률이 아니다. 그러므로 자연법칙은 정치공동체에 의무를 부과하지 않는다. 그러나 자연법칙은 정치공동체가 공동의 힘이기 위해 노력해야 하는 한에서 정치공동체를 자연적으로 구속한다. 정치공동체가 개인들과 그들의 자연적 힘에 대립하면서 공동의 힘일 수는 없기 때문이다.
10 『정치론』 제2장 제20절 참조.

judicium de hac re, an scilicet communis salutis intersit easdem violare an secus, nemo privatus, sed is tantum, qui imperium tenet, jure ferre potest (per art. 3 hujus cap.); ergo jure civili is solus, qui imperium tenet, earum legum interpres manet. Ad quod accedit, quod nullus privatus easdem jure vindicare possit, atque adeo eum, qui imperium tenet, revera non obligant. Quod si tamen ejus naturae sint, ut violari nequeant, nisi simul civitatis robur debilitetur, hoc est, nisi simul plerorumque civium communis metus in indignationem vertatur, eo ipso civitas dissolvitur et contractus cessat, qui propterea non jure civili, sed jure belli vindicatur. Atque adeo is, qui imperium tenet, nulla etiam alia de causa hujus contractus conditiones servare tenetur, quam homo in statu naturali, ne sibi hostis sit, tenetur cavere, ne se ipsum interficiat, ut in praeced. art. diximus.

일에 대한 판단, 즉 법률을 위반하는 것이 확실히 공동의 안녕에 이로운지 여부에 대한 판단은 (이 장의 제3절에 따라) 어느 사인(私人)이 아니라 오직 주권을 보유한 사람만이 정당하게 내릴 수 있다. 그러므로 정치적 권리에 의해 오직 주권을 보유한 사람만이 법률의 해석자이다. 이에 덧붙여 어느 사인(私人)도 법률을 정당하게 집행할 수 없다. 그러므로 법률은 주권을 보유한 자를 실제로 구속하지 않는다. 그렇지만 만약 주권자가 법률을 위반할 때 동시에 정치공동체의 역량이 약해지는, 즉 다수 시민의 공통의 두려움이 분노로 바뀌는 본성을 그 법률이 가졌다면, 법률의 위반을 통해 정치공동체는 해체되고 계약은 효력을 잃는다. 왜냐하면 계약은 정치적 권리에 의해서가 아니라 전쟁의 권리에 의해서 보호되기 때문이다. 그러므로 주권을 보유한 자는, 앞 절에서 우리가 말한 것처럼, 인간이 자연 상태에서 자기에게 적이 되지 않기 위해 자기 자신을 죽이지 않도록 주의해야 하는 이유와 같은 이유에서 이 계약의 조건들을 유지하도록 구속된다.

---

11 이 구절이 이 책에서 스피노자가 '계약'에 대해 언급하는 유일한 곳이다. 그러나 스피노자는 계약을 언급하자마자 그 단어에서 규범적 의미를 없앤다. 스피노자는 계약을 '법률'이라는 단어와 병치함으로써, 궁극적으로 자기 보존을 위한 노력이라는 자연적 '법칙'에 포함시킨다. 이 법칙에 자연적 사물인 정치공동체 역시 자연적으로 구속된다. 이제 계약의 파기는 정치공동체가 실제로 해체되는 사태를 묘사하는 것에 불과하게 된다. (그러나 홉스의 정치 이론이나 스피노자의 『신학정치론』 제16장에서는 계약이 여전히 중요한 의미를 가진다.) 스피노자는 홉스(『시민론』 제7장 제5~12절 참조)를 따라 민주정이 정체의 원초적 형태임을 인정하지만, 다중이 자신들의 권리를 주권자에게 무조건적으로 양도한다는 것은 부정한다(『정치론』 제7장 제1절, 제30절 참조).

CAPUT V

§ 1. In art. 11 cap. II ostendimus hominem tum maxime sui juris esse, quando maxime ratione ducitur, et consequenter (vid. art. 7 cap. III) civitatem illam maxime potentem maximeque sui juris esse, quae ratione fundatur et dirigitur. Cum autem optima vivendi ratio ad sese, quantum fieri potest, conservandum ea sit, quae ex praescripto rationis instituitur, sequitur ergo id omne optimum esse, quod homo vel civitas agit, quatenus maxime sui juris est. Nam non id omne, quod jure fieri dicimus, optime fieri affirmamus; aliud namque est agrum jure colere, aliud agrum optime colere; aliud, inquam, est sese jure defendere, conservare, judicium ferre etc., aliud sese optime defendere, conservare, atque optimum judicium ferre; et consequenter aliud est jure imperare et reipublicae curam habere, aliud optime imperare et rempublicam optime gubernare. Postquam

제5장

최선의 국가 또는 국가의 목적

§1. 우리는 제2장 제11절에서 인간이 이성에 의해 가장 많이 인도될 때 가장 많이 자기 권리 아래 있으며, 그러므로 (제3장 제7절을 보라) 이성에 기초하고 이성에 의해 지휘되는 정치공동체가 가장 유능하고 가장 자기 권리 아래 있음을 보였다. 그러나 자기 자신을 할 수 있는 한 보존하기 위한 삶의 최선의 방식은 이성의 지침에 따라 만들어진 것이므로,[1] 여기에서 도출되는 결론은 인간이나 정치공동체가 가장 자기 권리 아래 있는 한에서 그것이 행하는 모든 것이 최선이라는 것이다. 왜냐하면 어떤 행위가 정당하게 이루어졌다고 우리가 말한다고 해서 그 행위가 또한 최선의 방식으로 이루어졌음을 우리가 긍정하는 것은 아니며, 토지를 정당한 권리를 가지고 경작하는 것과 토지를 가장 잘 경작하는 것은 다른 일이기 때문이다. 자기 자신을 권리를 가지고 방어하고, 보존하고, 판단을 내리고 하는 것과 자기 자신을 가장 잘 방어하고, 가장 잘 보존하고, 또 최선의 판단을 내리는 것은 다른 일이다. 그리고 권리를 가지고 명령하고 공공의 재산을 돌보는 것과 가장 잘 명령하고 공공의 재산을 가장 잘 다스리는 것은 다른 일이다.[2] 지금까지 우리는 정치공동체

---

1 『정치론』제2장 제8절;『신학정치론』제16장 제3~4절;『윤리학』제4부 정리 24 참조.

itaque de jure cujuscunque civitatis in genere egimus, tempus est, ut de optimo cujuscunque imperii statu agamus.

§ 2. Qualis autem optimus cujuscunque imperii sit status facile ex fine status civilis cognoscitur: qui scilicet nullus alius est quam pax vitaeque securitas. Ac proinde illud imperium optimum est, ubi homines concorditer vitam transigunt, et cujus jura inviolata servantur. Nam certum est, quod seditiones, bella, legumque contemptio sive violatio, non tam subditorum malitiae quam pravo imperii statui imputanda sunt. Homines enim civiles non nascuntur, sed fiunt. Hominum praeterea naturales affectus ubique iidem sunt; si itaque in una civitate malitia magis regnat pluraque peccata committuntur quam in alia, certum est, id ex eo oriri, quod talis civitas non satis concordiae providerit, nec jura satis prudenter instituerit, et consequenter neque jus civitatis absolutum obtinuerit. Status enim civilis, qui seditionum causas non abstulit, et ubi bellum continuo timendum, et ubi denique leges frequenter violantur, non multum ab ipso naturali statu differt, ubi unusquisque ex suo ingenio magno vitae periculo vivit.

의 권리 일반에 대해 다루었다. 이제는 국가의 최선의 상태에 대해 다룰 때이다.

§2. 국가의 어떤 상태가 최선의 상태인지는 정치적 상태의 목적을 통해 쉽게 알 수 있다. 그것은 당연히 평화와 삶의 안전 외에 다른 어떤 것도 아니다.[3] 그러므로 그곳에서 인간이 조화롭게 삶을 영위하며 국가의 법이 침해되지 않고 지켜진다면 그런 국가가 최선의 국가이다. 왜냐하면 폭동, 전쟁, 법률의 경시와 위반의 원인이 신민의 사악함보다는 국가의 나쁜 상태에 있음이 확실하기 때문이다.[4] 그리고 인간은 정치적인 존재로 태어나지 않고 만들어지기 때문이다.[5] 또한 인간의 자연적 정서들은 어디에서나 똑같다. 그러므로 만약 어느 정치공동체에서 다른 정치공동체에서보다 악이 더 많이 지배하고 더 많은 잘못이 저질러진다면, 그것은 그 정치공동체가 화합에 충분히 신경을 쓰지 않았고, 법을 충분히 신중하게 제정하지 않았으며, 그 결과 정치공동체의 절대적 권리를 보유하지 못한 데에서 비롯함이 확실하다. 왜냐하면 폭동의 원인들이 없어지지 않고, 전쟁이 지속적으로 두려움의 대상이 되며, 마침내 법률이 빈번하게 위반되는 정치적 상태는 각 사람이 생명에 큰 위협을 느끼며 자기 천성대로 사는 자연적 상태와 크게 다르지 않기 때문이다.

---

2 사람은 언제나 자연적 권리를 가지고 행동하지만 자신의 권리를 충분히 가지고, 즉 완전한 자유를 가지고 또는 이성의 가르침에 따라 행동하는 경우는 드물다.

3 『신학정치론』제20장 제6절 참조. 국가의 최선의 상태는 국가에 내재하는 목적에서 비롯하는 한 가지 기준을 충족해야 한다. 여기에서 국가의 목적으로서 언급되는 안전은 『신학정치론』에서 국가의 목표로서 제시되는 자유와 얼핏 대립하는 것처럼 보인다. 그러나 스피노자는 이 장의 이어지는 절들에서 안전이 정신의 자유에 기초한다는 것을 보여준다.

4 니콜로 마키아벨리, 『로마사 논고』제3권 제29장 참조.

5 토머스 홉스, 『시민론』제1장 제2절 주석 1 참조.

§ 3. At sicut subditorum vitia nimiaque licentia et contumacia civitati imputanda sunt, ita contra eorum virtus et constans legum observantia maxime civitatis virtuti et juri absoluto tribuenda est, ut patet ex art. 15 cap II. Unde Hannibali merito eximiae virtuti ducitur, quod in ipsius exercitu nulla unquam seditio orta fuerit.

§ 4. Civitas, cujus subditi metu territi arma non capiunt, potius dicenda est, quod sine bello sit, quam quod pacem habeat. Pax enim non belli privatio, sed virtus est, quae ex animi fortitudine oritur: est namque obsequium (per art. 19 cap. II) constans voluntas id exequendi, quod ex communi civitatis decreto fieri debet. Illa praeterea civitas, cujus pax a subditorum inertia pendet, qui scilicet veluti pecora ducuntur ut tantum servire discant, rectius solitudo quam civitas dici potest.

§ 5. Cum ergo dicimus, illud imperium optimum esse, ubi homines concorditer vitam transigunt, vitam humanam intelligo, quae non sola sanguinis circulatione et aliis, quae omnibus animalibus sunt

§3. 신민의 부덕과 지나친 방종, 불순종의 탓이 정치공동체에 돌려져야 하듯이, 그 반대로 제2장 제15절에서 드러나는 바와 같이, 신민의 덕과 법률의 지속적 준수도 최대한 정치공동체의 덕과 절대적 법에 돌려져야 한다. 그래서 한니발(Hannibal)의 군대에서 어떤 반란도 일어나지 않은 것이 정당하게 한니발의 탁월한 덕에 돌려지는 것이다.[6]

§4. 신민이 공포에 질려 무기를 잡지 않는 정치공동체는 평화를 누린다기보다 그저 전쟁이 없는 상태라고 일컬어져야 한다. 왜냐하면 평화는 전쟁이 없는 상태가 아니라 영혼의 강인함에서 생겨나는 덕이며,[7] 복종은 (제2장 제18절에 의해) 정치공동체가 내리는 공동의 결정에 따라 이루어져야 할 것을 실행하려는 지속적인 의지이기 때문이다. 그 밖에 평화가 신민의 무기력함에서 기인하고 신민을 그렇게 굴종하도록 가르치기 위해 마치 양떼처럼 인도하는 정치공동체는 정치공동체라기보다 더 올바르게 황야(荒野)라고 일컬어질 수 있다.[8]

§5. 그러므로 우리가 사람들이 조화롭게 삶을 영위하는 국가가 최선의 국가라고 말할 때, 나는 인간의 삶을 오직 혈액의 순환과 그 밖의 모든 동물에게 공통적인 것들에 의해서만 정의되는 것으로 이해하지 않

---

6 니콜로 마키아벨리, 『군주론』 제17장; 『로마사 논고』 제3권 제21장 참조.
7 토머스 홉스, 『시민론』 제1장 제12절 참조. 홉스는 전쟁의 반대를 평화, 평화의 반대를 전쟁이라고 이해한다. 전쟁과 평화의 개념에 대한 장-자크 루소(Jean-Jacques Rousseau)의 생각은 『사회계약론』 제1부 제4장 참조.
8 타키투스, 『아그리콜라 전기』 제30장 제6절: "Auferre, trucidare, rapere, falsis nominibus imperium; atque, ubi solitudinem faciunt, pacem appellant"(사람들은 약탈, 학살, 납치를 잘못된 이름으로서 국가라고 부르고, 황야를 만들어놓고서 그곳을 평화라고 부른다). 또한 존 로크, 『통치론』 제2론 제228절 참조. 이는 명백히 평화를 전쟁의 부재 상태로 소극적으로 정의하는 홉스에 대한 비판이다. 스피노자는 그 반대로 평화를 능동성이 표현되는 개개인의 태도와 결합하며, 국가가 신민의 그런 능동성을 북돋아야 한다고 생각한다.

communia, sed quae maxime ratione, vera mentis virtute et vita, definitur.

§ 6. Sed notandum, imperium, quod in hunc finem institui dixi, a me intelligi id, quod multitudo libera instituit, non autem id, quod in multitudinem jure belli acquiritur. Libera enim multitudo majori spe quam metu, subacta autem majori metu quam spe ducitur; quippe illa vitam colere, haec autem mortem tantummodo vitare studet; illa, inquam, sibi vivere studet, haec victoris esse cogitur, unde hanc servire, illam liberam esse dicimus. Finis itaque imperii, quod aliquis jure belli adipiscitur, est dominari et servos potius quam subditos habere. Et quamvis inter imperium, quod a libera multitudine creatur, et illud, quod jure belli acquiritur, si ad utriusque jus in genere attendamus, nulla essentialis detur differentia, finem tamen, ut jam ostendimus, et praeterea media, quibus unumquodque conservari

고 최대한 이성에 의해, 정신의 진정한 덕과 생명에 의해 정의되는 것으로 이해한다.[9]

§6. 그러나 내가 국가가 이 목적을 위해 세워졌다고 말했을 때, 내가 이해하는 국가는 다중에 대해 전쟁의 권리를 통해 획득된 국가가 아니라 자유로운 다중에 의해 세워진 국가라는 것에 주목해야 한다.[10] 왜냐하면 자유로운 다중은 두려움보다 희망에 의해 더 많이 인도되지만, 예속된 다중은 희망보다 두려움에 의해 더 많이 인도되기 때문이다. 당연히 전자는 삶을 가꾸려고 노력하지만, 후자는 그저 죽음을 피하려고 노력한다. 전자는 자기를 위해 살려고 노력하지만, 후자는 승자에게 속하도록 강요된다. 그래서 우리는 후자를 노예처럼 봉사한다고 일컫고, 전자를 자유롭다고 일컫는다.[11] 그러므로 누군가가 전쟁의 권리를 가지고 성취한 국가의 목적은 주인처럼 지배하는 것이고 신민을 만드는 것보다는 노예를 만드는 것이다. 비록 자유로운 다중에 의해 만들어진 국가와 전쟁의 권리를 통해 획득된 국가 사이에, 우리가 각 국가의 권리 일반에 주목한다면, 어떤 본질적 차이도 없지만,[12] 우리가 이미 보인 바와 같이 그 두 국가는 전혀 다른 목적을 가지며,[13] 또한 전혀 다른 수단을

---

9 『신학정치론』제20장 제6절 참조. 여기에서 스피노자는 다시 한 번 분명히 홉스와 윌리엄 하비(William Harvey)에 의해 발견된 혈액순환의 기능들에 가까운 생명 개념을 비판한다. 이 비판은 동시에 개체가 가진 코나투스의 공동 작용을 물리학적 모델에 따라 이해하려는 해석의 거부를 내포한다.

10 토머스 홉스, 『시민론』제5장 제12절 참조.

11 홉스 역시 획득된 국가와 설립된 국가를 구분하지만, 홉스가 보기에는 이 두 국가 모두 두려움에 기초하고 있다(『리바이어던』제20장 참조). 이와 다르게 스피노자에게 두려움은 바깥의 원인에 의해 결정되고 있음의 표현이며, 그러므로 자유에 역행하는 요소이다. 두려움에 의존하는 국가는 자기의 목적을 잃어버린 것이며, 그러므로 자기를 제대로 보존하지 못한다.

12 토머스 홉스, 『시민론』제9장 제10절 참조.

13 아리스토텔레스, 『정치학』1279a-b 참조. 아리스토텔레스는 통치자가 공공의 이익

debeat, admodum diversa habent.

§ 7. Quibus autem mediis princeps, qui sola dominandi libidine fertur, uti debet, ut imperium stabilire et conservare possit, acutissimus Machiavellus prolixe ostendit; quem autem in finem, non satis constare videtur. Si quem tamen bonum habuit, ut de viro sapiente credendum est, fuisse videtur ut ostenderet, quam imprudenter multi tyrannum e medio tollere conantur, cum tamen causae, cur princeps sit tyrannus, tolli nequeant, sed contra eo magis ponantur, quo principi major timendi causa praebetur: quod fit, quando multitudo exempla in principem edidit, et parricidio quasi re bene gesta gloriatur. Praeterea ostendere forsan voluit, quantum libera multitudo cavere debet, ne salutem suam uni absolute credat, qui, nisi vanus sit et omnibus se posse placere existimet, quotidie insidias timere debet; atque adeo sibi potius cavere, et multitudini contra

이용해 그 목적을 추구한다.

　§7. 오직 주인처럼 지배하려는 욕망에 의해서만 움직이는 군주가 국가를 안정시키고 보존할 수 있으려면 어떤 수단들을 이용해야 하는지는 매우 예리한 마키아벨리가 친절하게 보여주었다. 그러나 그가 어떤 목적을 가지고 그랬는지는 아직 충분히 확인되지 않은 것처럼 보인다. 만약 그가, 우리가 지혜로운 사람에 대해서는 그럴 것이라고 믿어야 하듯이, 좋은 목적을 가졌다면 아마도 그 목적은 군주가 참주가 되는 원인을 제거하지 못하고 오히려 그 반대로 군주에게 두려워할 이유를 더 많이 제공함으로써 참주가 될 원인을 더 많이 쌓으면서 얼마나 신중하지 못하게 많은 사람들이 참주를 그 길에서 제거하려고 노력하는지를 보여주기 위함이었을 것이다.[14] 다중이 군주에게 과거에 그런 일을 행한 적이 있고, 또한 군주 살해를 마치 선한 일을 행한 것처럼 칭송할 때 그런 일은 또 벌어진다.[15] 그 밖에 마키아벨리는 자유로운 다중이 자기의 안녕을 한 사람에게 전적으로 맡기지 않도록 얼마나 주의해야 하는지를 아마도 보여주고 싶었을 것이다.[16] 그 한 사람이 오만해서 자기가 모든 사람의 마음에 들 수 있다고 생각하지 않는 한 그는 매일 음모를 두려워하고, 그러므로 다중을 보살피도록 강제되기보다 오히려 자기를

　을 위해 다스리는 군주정과 사익을 위해 다스리는 참주정을 구분한다. 그러나 홉스는 이런 구분을 부정한다(『시민론』 제7장 제3절 참조). 이는 통치자의 이익과 신민의 이익이 분리될 수 없다고 홉스가 생각하기 때문이다(『시민론』 제10장 제2절, 제13장 제4절 참조). 그러나 통치자와 신민이 운명공동체라는 것이 사실이더라도 통치자가 그 사실을 깨닫지 못할 수 있다.

14　마키아벨리는 인민의 부패한 상태가 강력한 권력을 요구한다고 생각했으며(『로마사논고』 제1권 제55장 참조), 당시의 분열된 이탈리아를 위해 강력한 군주를 옹호했다.

15　『신학정치론』 제18장 제7절 참조.

16　이런 해석이 훗날 루소에 의해서도 수용되었다(『사회계약론』 제3부 제6장 참조). 이런 해석이 옳다는 증거가 『군주론』 제24장에서 발견된다고 볼 수도 있지만, 『군주론』이라는 저작 전체와 관련해서 보면 대체로 이런 해석은 옹호되기 어렵다.

insidiari magis quam consulere cogitur; et ad hoc de prudentissimo isto viro credendum magis adducor, quia pro libertate fuisse constat, ad quam etiam tuendam saluberrima consilia dedit.

지키고 다중에 대해 역으로 음모를 꾸미도록 강제되기 때문이다. 나는 지극히 신중한 이 남자에 관해 이런 해석을 믿는 쪽으로 더 많이 이끌린 다. 그가 자유의 편이었음이 확실하고 또 자유를 지키는 데에 지극히 유 익한 조언들을 해주었기 때문이다.[17]

---

17 이는 마키아벨리를 다중의 은밀한 동맹으로서 독특하게 호의적으로 해석하는 것 이다. 물론 스피노자만 마키아벨리를 그렇게 해석한 것은 아니다. 16세기 이탈리 아의 법률가인 알베리코 젠틸리(Alberico Gentili)도 자신의 책(*De legationibus libri III*, London 1585, p. 101)에서 마키아벨리를 "민주정의 가장 예리한 찬양자이자 수호자, …… 참주의 최고의 적"(Democratiae laudator et assertor acerrimus; …… tyrannidis summe inimicus)이라고 평가했다(Carl Gebhardt [ed.], *Opera*, vol. 5, p. 43 참조).

CAPUT VI

§ 1. Quia homines, uti diximus, magis affectu quam ratione ducuntur, sequitur multitudinem non ex rationis ductu, sed ex communi aliquo affectu naturaliter convenire et una veluti mente duci velle, nempe (ut art. 9 cap. III diximus) vel ex communi spe, vel metu, vel desiderio commune aliquod damnum ulciscendi. Cum autem solitudinis metus omnibus hominibus insit, quia nemo in solitudine vires habet, ut sese defendere, et quae ad vitam necessaria sunt comparare possit, sequitur statum civilem homines natura appetere, nec fieri posse, ut homines eundem unquam penitus dissolvant.

§ 2. Ex discordiis igitur et seditionibus, quae in civitate saepe concitantur, nunquam fit, ut cives civitatem dissolvant (ut in reliquis societatibus saepe evenit), sed ut ejusdem formam in aliam mutent,

제6장
___

군주국가의 기초

§1. 이미 말했다시피, 인간은 이성보다 정서에 의해 더 많이 인도된다. 이로부터 다음과 같은 결론이 도출된다. 곧 다중은 이성의 인도를 따라서가 아니라 그 어떤 공통의 정서를 따라서,[1] 즉 (제3장 제9절에서 우리가 말한 것처럼) 공통의 희망이나 두려움 또는 그 어떤 손해를 되갚으려는 공통의 열망을 따라서 자연적으로 연합하고 마치 하나의 정신에 의한 것처럼 인도되기를 원한다는 것이다. 그리고 모든 사람에게는 고립에 대한 두려움이 있다. 왜냐하면 고립되어 있는 인간은 어느 누구도 자기 자신을 방어할 수 없고 삶에 필수적인 것들을 마련할 수 없기 때문이다. 그러므로 인간은 정치적 상태를 본성적으로 욕구하고,[2] 인간이 그 상태를 언제고 완전히 해소하는 일은 일어날 수 없다.

§2. 그러므로 정치공동체에서 불화와 반란이 종종 발생하더라도, 그로 인해 시민들이 정치공동체를 해소하는 일은 (다른 사회들에서 종종 일어나는 것과 다르게) 결코 일어나지 않는다.[3] 만약 다툼이 정치공동체의

___

1 『정치론』 제1장 제7절 참조.
2 토머스 홉스, 『시민론』 제1장 제2절 주석 1 참조.

si nimirum contentiones sedari nequeunt servata civitatis facie. Quare media, quae ad imperium conservandum requiri dixi, ea intelligo, quae ad imperii formam absque ulla ejus notabili mutatione conservandam necessaria sunt.

§ 3. Quod si cum humana natura ita comparatum esset, ut homines id, quod maxime utile est, maxime cuperent, nulla esset opus arte ad concordiam et fidem; sed quia longe aliter cum natura humana constitutum esse constat, imperium necessario ita instituendum est, ut omnes, tam qui regunt quam qui reguntur, velint nolint, id tamen agant, quod communis salutis interest, hoc est, ut omnes sponte vel vi vel necessitate coacti sint ex rationis praescripto vivere; quod fit, si imperii res ita ordinentur, ut nihil, quod ad communem salutem spectat, ullius fidei absolute committatur. Nemo enim tam vigilans est, qui aliquando non dormitet, et nemo tam potenti tamque integro animo fuit, qui aliquando, et praesertim quando maxime animi fortitudine opus est, non frangeretur ac pateretur vinci. Et sane stultitia est ab alio id exigere, quod nemo a se ipso impetrare potest, nempe ut alteri potius quam sibi vigilet, ut avarus non sit, neque invidus, neque ambitiosus, etc., praesertim is, qui omnium affectuum

외형을 유지한 채로 해소될 수 없다면, 정치공동체의 형태를 다른 것으로 바꾸는 일이 일어난다.[4] 그러므로 나는 국가의 보존에 필요하다고 말한 수단들을 국가의 형태를 눈에 띄는 변형 없이 보존하는 데에 필요한 것들로 이해한다.

§3. 만약 인간의 본성이 자기에게 가장 많이 유익한 것을 가장 많이 욕망하도록 만들어져 있다면, 사람들의 조화와 상호 신뢰를 위한 어떤 기술도 필요하지 않을 것이다.[5] 그러나 인간의 본성이 그와 다르게 구성되어 있음이 매우 확실하므로 국가는 반드시 모든 사람이, 다스림을 받는 사람만큼이나 다스리는 사람도, 그들이 원하건 원하지 않건 간에, 공동의 안녕에 유익한 것을 행하도록, 즉 모든 사람이 자발적으로 또는 무력에 의해, 또는 필연성에 의해 이성의 지침을 따라 살도록 강제될 수 있게 구성되어야 한다. 그러려면 공동의 안녕과 관련된 어떤 일도 사람의 신뢰성에 전적으로 의존하지 않도록 국가의 일들이 규정되어야 한다.[6] 어느 누구도 어느 때고 한 번 잠들지 않을 정도로 깨어 있지는 않으며, 어느 누구도 어느 때고 한 번, 특히 영혼의 강인함이 가장 많이 필요할 때, 꺾이지 않고 정복당하지 않을 정도로 강하고 온전한 영혼을 지니고 있지는 않다. 그리고 어느 누구도 자기 자신에게 관철할 수 없는 것, 예컨대 자기의 이익보다 다른 사람의 이익을 지키기 위해 더 깨어 있는 것, 욕심내지 않는 것, 질투하지 않는 것, 야망을 품지 않는 것 등을 다른 사람에게서, 특히 온갖 정서들의 지극히 큰 자극을 매일 받는 사람에게

---

3 존 로크, 『통치론』 제2론 제211절 참조.
4 바르투샤트는 제1절의 내용에서 제2절의 내용이 논리적으로 도출되지는 않는다고 지적한다. 즉 인간이 필연적으로 그 어떤 정치공동체 안에서 산다고 해서 그 정치공동체의 외형을 가능한 한 "눈에 띄는 변형 없이" 보존하는 것이 중요해지는 것은 아니라는 말이다.
5 『신학정치론』 제5장 제8절, 제16장 제7절 참조.
6 『정치론』 제1장 제6절 참조.

incitamenta maxima quotidie habet.

§ 4. At experientia contra docere videtur, pacis et concordiae
interesse, ut omnis potestas ad unum conferatur. Nam nullum
imperium tamdiu absque ulla notabili mutatione stetit quam
Turcarum, et contra nulla minus diuturna quam popularia seu
democratica fuerunt, nec ulla ubi tot seditiones moverentur. Sed si
servitium, barbaries et solitudo pax appellanda sit, nihil hominibus
pace miserius. Plures sane et acerbiores contentiones inter parentes
et liberos quam inter dominos et servos moveri solent, nec tamen
oeconomiae interest jus paternum in dominium mutare, et liberos
perinde ac servos habere. Servitutis igitur, non pacis, interest omnem
potestatem ad unum transferre: nam pax, ut jam diximus, non in belli
privatione, sed in animorum unione sive concordia consistit.

서 요구하는 것은 확실히 어리석은 일이다.

§4. 그러나 경험은 오히려 모든 권력이 한 사람에게 맡겨지는 것이 평화와 조화를 위해 좋고 가르치는 것처럼 보인다. 왜냐하면 튀르크인들의 국가만큼 그 어떤 주목할 만한 변형도 없이 오래 존속한 국가가 없었고,[7] 반대로 인민적 또는 민주적 국가들보다 더 짧게 지속된 국가도 없었으며, 그곳에서처럼 많은 반란이 일어난 국가도 없었기 때문이다.[8] 그런데 예속 상태와 야만, 고립을 평화라고 불러야 한다면, 인간에게 평화보다 더 비참한 상태는 없을 것이다. 주인과 노예 사이에서보다 부모와 자식 사이에서 확실히 더 많은 다툼과 더 쓴 다툼이 일어나곤 한다. 그렇지만 아버지의 권리를 주인의 권리로 바꾸고 자식들을 노예처럼 다루는 것이 가사경제에 유익하지는 않다. 그러므로 모든 권력을 한 사람에게 양도하는 것은 평화가 아니라 예속과 관련된다. 평화는 이미 말한 바와 같이 전쟁의 부재(不在) 상태에 있지 않고, 영혼의 일치 또는 조화 상태에 있기 때문이다.

---

7 그러나 튀르크 왕국은 자기의 신민을 예속시킴으로써 그 안정성을 획득했다. 판데르 호베 또는 들라쿠르는 『국가에 대한 고찰 또는 정치적 비교』(*Consideratien van Staat ofte Polityke Weegschaal*, Amsterdam 1661)에서 튀르크 왕국에 대해 자세히 묘사하고 있다. 스피노자는 여기에서부터 이 작품을 자주 이용한다. 이 책은 동생 요한(Johan)이 쓴 것으로 추정되지만 오랫동안 형 피터(Pieter)의 작품으로 알려져왔다. 그래서 때로는 저자의 이름을 단수형으로 표기하기도 하고 때로는 복수형으로 표기하기도 한다. 스피노자는 그를 'V. H.'로 표기하고 있다(『정치론』 제8장 제31절 참조). 이들의 네덜란드어 이름 '판데르호베'(Van der Hove) 또는 복수형 '판덴호벤'(Van den Hoven)은 그들의 원래 이름인 '들라쿠르'(de la Court)를 단순히 네덜란드어로 번역한 것이다. 형 피터르 들라쿠르(1618~85)는 17세기 네덜란드의 저명한 경제학자였으며, 오늘날 네덜란드 레이던 대학의 (경제학과가 속해 있는) 사회과학대학 건물의 이름은 그의 이름을 딴 '피터르-들라쿠르관(館)'이다. 이하 주석에서 저자는 'Johan de la Court'로, 그의 책은 'Polityke Weegschaal'로 줄여 표기하겠다.
8 장-자크 루소, 『사회계약론』 제3부 제4장 참조.

§ 5. Et sane, qui credunt posse fieri, ut unus solus summum civitatis jus obtineat, longe errant. Jus enim sola potentia determinatur, ut capite II ostendimus: at unius hominis potentia longe impar est tantae moli sustinendae. Unde fit, ut quem multitudo regem elegit, is sibi imperatores quaerat seu consiliarios seu amicos, quibus suam et omnium salutem committit, ita ut imperium, quod absolute monarchicum esse creditur, sit revera in praxi aristocraticum, non quidem manifestum, sed latens et propterea pessimum. Ad quod accedit, quod rex puer, aeger, aut senectute gravatus, precario rex sit, sed ii revera summam potestatem habeant, qui summa imperii negotia administrant, vel qui regi sunt proximi; ut jam taceam, quod rex libidini obnoxius omnia saepe moderetur ex libidine unius aut alterius pellicis aut cinaedi. *Audieram,* inquit Orsines, *in Asia olim regnasse foeminas: hoc vero novum est, regnare castratum.* Curtius lib. X, cap. 1.

§ 6. Est praeterea hoc certum, quod civitas semper magis propter cives quam propter hostes periclitetur: rari quippe boni. Ex quo sequitur, quod is, in quem totum imperii jus delatum est, magis cives quam hostes semper timebit, et consequenter sibi cavere et subditis

§5. 한 사람이 홀로 정치공동체의 최고 권리를 보유하는 것이 가능하다고 믿는 사람들은 확실히 한참 잘못 생각하고 있다. 왜냐하면 우리가 제2장에서 제시한 것처럼 권리는 오직 힘에 의해 결정되며, 한 사람의 힘은 그처럼 큰 구조물을 감당하기에 한참 부족하기 때문이다. 그래서 다중이 왕으로 선택한 사람들이 자기를 위해서도 자기의 안녕과 모든 사람의 안녕을 맡길 군사령관이나 행정 자문관, 그리고 친구를 구하는 것이다.[9] 그러므로 완전히 군주국가라고 여겨지는 국가가 실제로는 귀족국가이고, 그것이 확실히 드러나지 않고 감추어져 있으므로 또한 최악의 국가이다. 여기에서 도출되는 결론은 이것이다. 왕이 어리거나 병들었거나 늙어서 지쳐 있을 때 그는 어디까지나 호의에 의해 왕인 것이지, 실제로 최고권력을 가지고 있는 사람은 국가의 최고 업무를 관장하는 사람들이나 왕 가까이에 있는 사람들이다. 왕이 욕망에 사로잡혀서 첩이나 소년의 욕망을 좇아 모든 것을 이렇게 저렇게 다루는 경우는 아예 언급도 하지 않겠다.[10] 오르시네스(Orsines)는 다음과 같이 말했다. "아시아에서 한때 여자들이 다스렸다는 이야기는 들어보았지만, 내시(內侍)가 다스린다는 것은 금시초문이다."[11]

§6. 또한 확실히 정치공동체는 언제나 적들보다 시민들 때문에 더 많이 위험에 처하게 된다.[12] 왜냐하면 좋은 시민이 드물기 때문이다. 여기에서 다음과 같은 결론이 도출된다. 국가의 모든 권리를 양도받은 자는 언제나 적들보다 시민들을 더 많이 두려워할 것이고,[13] 그러므로 자기를 지키려고 노력할 것이며, 신민들을 보살피지는 않고 오히려 현명함에

---

9 아리스토텔레스, 『정치학』 1287b 8-9 참조.

10 Johan de la Court, *Polityke Weegschaal*, vol. 1, 제1장 제25절, p. 92 참조.

11 퀸투스 쿠르티우스 루푸스, 『알렉산드로스 대왕 전기』 제10권 제1장 제37절.

12 『신학정치론』 제17장 제8절 참조.

13 Johan de la Court, *Polityke Weegschaal*, vol. 1, 제1장 제10절, p. 41 참조.

non consulere sed insidiari conabitur, iis praecipue, qui sapientia clari vel divitiis potentiores sunt.

§ 7. Accedit praeterea, quod reges filios etiam plus timent quam amant, et eo magis, quo pacis bellique artes magis callent et subditis ob virtutes dilectiores sunt. Unde fit, ut eos ita educare studeant, ut causa timendi absit. Qua in re officiarii promptissime regi obsequuntur et studium adhibebunt summum, ut regem successorem rudem habeant, quem arte tractare possint.

§ 8. Ex quibus omnibus sequitur, regem eo minus sui juris, et subditorum conditionem eo miseriorem esse, quo magis absolute civitatis jus in eundem transfertur. Atque adeo necesse est, ad imperium monarchicum rite stabiliendum fundamenta jacere firma, quibus superstruatur: ex quibus monarchae securitas et multitudini pax sequatur; ac proinde ut monarcha tum maxime sui juris sit, cum maxime multitudinis saluti consulit. Quaenam autem haec imperii monarchici fundamenta sint, primum breviter proponam, et deinde ordine ea ostendam.

§ 9. Urbs una aut plures condendae et muniendae sunt, quarum

서 돋보이는 자들이나 부유함에서 더 강한 자들에 대해 먼저 음모를 꾸미려고 노력할 것이다.

§7. 그 밖에 덧붙일 것은 왕들이 자기 아들들을 사랑하기보다는 두려워한다는 것이다. 그 아들들이 평화와 전쟁의 기술을 더 많이 이해하고 있을수록, 그리고 그들의 덕성 때문에 시민들이 그들을 더 많이 사랑할수록 그만큼 더 많이 두려워한다는 것이다. 그래서 왕들이 자기 아들들을 자기가 두려워할 필요가 없게 교육하려고 애쓰는 일이 벌어진다. 이일에서 관료들은 가장 확실히 왕에게 복종하며, 후계자를 자신들이 기술로써 쉽게 다룰 수 있게 미숙한 자로 만들려고 최고의 열심을 다할 것이다.[14]

§8. 이 모든 것에서 도출되는 결론은 정치공동체의 권리가 전적으로 한 사람의 왕에게 더 많이 양도될수록 왕은 그만큼 더 적게 자기 권리 아래 있고, 신민들의 상태는 그만큼 더 비참하다는 것이다. 그러므로 군주국가를 제대로 안정시키기 위해서는 그 국가를 세울 확실한 기초를 놓는 것이 필요하다. 그것이 군주에게 안전과 다중에게 평화를 가져다줄 것이다. 왜냐하면 군주가 다중의 안녕을 최대한 신경 쓸 때, 최대한 자기 권리 아래 있기 때문이다. 무엇이 이 군주국가의 기초인지를 먼저 짧게 제시하고, 그다음에 그것들을 차례대로 설명할 것이다.

§9. 하나의 도시 또는 여러 도시가 건설되어야 하고 방어되어야 한

---

14 Johan de la Court, *Polityke Weegschaal*, vol. 1, 제1장 제10절, p. 40 참조. 타키투스, 『연대기』 제2권 제82절: "지배자들은 자식들의 서민적인 성격을 싫어한다"(displicent regnantibus civilia filiorum ingenia).

omnes cives, sive ii intra moenia sive extra propter agriculturam habitent, eodem civitatis jure gaudeant; ea tamen conditione, ut unaquaeque certum civium numerum ad sui et communem defensionem habeat. Quae autem id praestare nequit, aliis conditionibus in ditione habenda.

§ 10. Militia ex solis civibus nullo excepto formanda est et ex nullis aliis; atque adeo omnes arma habere teneantur, et nullus in civium numerum recipiatur, nisi postquam exercitium militare didicerit, illudque signatis anni temporibus exercere pollicitus fuerit. Deinde uniuscujusque familiae militia in cohortes et legiones divisa, nullius cohortis dux eligendus, nisi qui architecturam militarem noverit.

다.[15] 그 도시의 모든 시민은, 그가 성곽 안에 거주하거나 농사 때문에 성곽 밖에 거주하거나 간에, 정치공동체가 보장하는 동일한 권리를 누려야 한다. 다만 그 조건은 각 도시가 일정 수의 시민을 자기 도시의 방어와 공동의 방어를 위해 공급하는 것이다. 그럴 수 없는 도시는 다른 조건 아래에서 정치공동체의 지배를 받아야 한다.

§10. 군대는 어떤 예외도 없이 오직 시민들로만 구성되어야 하며,[16] 다른 어떤 사람으로도 구성되어서는 안 된다.[17] 그러므로 모든 시민은 무기를 보유해야 하며, 어느 누구도 훈련을 받고 군인으로 복무하는 일을 경험하지 않는다면,[18] 그리고 그 일을 해마다 정해진 기간에 실행하기로 약속하지 않는다면, 시민의 수에 포함되지 않는다. 다음으로 각각의 씨족으로 구성된 군대는 대대와 군단으로 나뉘어야 하며,[19] 군사 건축술을 익히지 않은 사람은 대대 지휘관으로 선출되어서는 안 된다.[20]

---

15 도시의 중요성에 대한 강조는 도시화한 네덜란드의 사회구조에서 비롯한다.

16 『신학정치론』 제17장 제18절; 니콜로 마키아벨리, 『군주론』 제12~13장과 『로마사 논고』 제2권 제20장 참조.

17 이를 마키아벨리는 『로마사 논고』와 『군주론』에서도, 그리고 『전술론』에서도 강력하게 요구한다.

18 고대 아테네에서 젊은 남자는 18세가 되었을 때 자기의 아버지가 속한 데모스의 명부에 등록되었지만, 2년의 군사훈련을 마친 후에야 비로소 온전한 시민이 되었다.

19 고대 로마 시대에 1개 군단(軍團)은 10개의 대대(大隊)로, 1개 대대는 6개의 백인대(百人隊)로 구성되었다. 여기서 '씨족'은 라틴어 'familia'의 번역어이다. 워넘은 이것을 'tribe'로, 바르투샤트는 'Familienverband'로 옮겼다. 현대의 'family'나 'Familie'로 옮기는 것이 적절하지 않다고 여겼기 때문일 것이다. 우리말 '가족' 개념을 과거의 대가족과 연결해 아무리 확대하더라도 이 장에서 스피노자가 군주국가의 기본적 구성단위로 삼는 'familia'의 번역어로는 적합하지 않아 보인다. 그러므로 이하에서 'familia'는 하나의 성씨(姓氏), 즉 하나의 조상을 공유하는 집단이라는 의미에서 '씨족'으로, 그보다 넓은 주민 집단을 일컫는 'gens'는 '종족'으로, 그리고 'natio'는 '민족'으로 옮긴다.

20 스피노자가 살던 시기에 전쟁은 대개 성곽과 도시를 포위공격하고 방어하는 일이었다.

Porro cohortium et legionum duces ad vitam quidem, sed qui unius familiae integrae militiae imperet, in bello tantummodo eligendus, qui annum ad summum imperium habeat, nec continuari in imperio nec postea eligi possit. Atque hi eligendi sunt ex regis consiliariis (de quibus art. 15 et seqq. dicendum), vel qui officio consiliarii functi sunt.

§ 11. Omnium urbium incolae et agricolae, hoc est, omnes cives in familias dividendi sunt, quae nomine et insigni aliquo distinguantur, et omnes ex aliqua harum familiarum geniti in civium numerum recipiantur, eorumque nomina in catalogum eorum familiae redigantur, simulac eo aetatis pervenerint, ut arma ferre et officium suum noscere possint; iis tamen exceptis, qui ob scelus aliquod infames vel qui muti, vesani, vel famuli sunt, qui servili aliquo officio vitam sustentant.

§ 12. Agri et omne solum et, si fieri potest, domus etiam publici juris sint, nempe ejus, qui jus civitatis habet, a quo annuo pretio civibus, sive urbanis et agricolis, locentur; et praeterea omnes ab omni exactione tempore pacis liberi sive immunes sint. Atque hujus pretii alia pars ad civitatis munimenta, alia ad usum domesticum regis referenda est. Nam tempore pacis urbes tanquam ad bellum munire,

더 나아가 대대와 군단의 지휘관은 당연히 종신으로 선출되어야 하지만, 한 씨족의 군대 전체에 명령하는 지휘관은 전시에만 선출되어야 한다. 그는 최고 명령권을 최장 1년 동안 가지며, 그 명령권을 계속 보유할 수도 없고 임기 후에 다시 선출될 수도 없다. 이 지휘관들은 왕의 자문관 가운데에서 (이들에 대해서는 제15절과 이어지는 절들에서 이야기할 것이다) 또는 자문관 역할을 수행했던 사람들 가운데에서 선출되어야 한다.

§11. 모든 도시의 거주민들과 농민들, 즉 모든 시민은 씨족으로 나뉘어야 한다.[21] 씨족들은 이름과 어떤 표지를 통해 구별되어야 한다. 이 씨족들 가운데 어떤 씨족에서 태어난 모든 사람은 시민의 수에 포함되어야 하고, 그 사람의 이름은 그가 무기를 들고 자기의 군사적 의무를 이행할 수 있기에 충분한 나이에 도달하자마자 그가 속한 씨족의 명부에 올라야 한다. 다만 어떤 범죄를 저질러서 명예를 잃은 사람이나 벙어리, 미친 사람, 또는 그 어떤 예속적 의무를 통해 자기 생명을 유지하는 종과 같은 사람은 제외되어야 한다.

§12. 농지와 모든 땅, 그리고 가능하다면 집도 공공의 권리 아래, 즉 정치공동체의 권리를 보유한 자에게 속해 있어야 한다. 그는 농지와 땅, 집을 해마다 임대료를 받고 시민들에게, 즉 도시민과 농민에게 빌려주어야 한다. 그리고 모든 사람은 평화로운 시기에 각종 수취로부터 자유로워야, 즉 면제되어야 한다. 임대료의 일부는 정치공동체의 방어를 위해, 다른 일부는 왕실의 필요를 위해 사용되어야 한다. 왜냐하면 평화로운 시기에 도시들을 전쟁에 대비해 방벽을 쌓아 방어하는 것이 필요하며,

---

21 각각의 씨족들은 그 구성원의 공통의 뿌리를 통해 표시된다. 토머스 모어(Thomas More)도 『유토피아』(*Utopia*)에서 씨족별 구분을 인정한다. 유대인의 열두 부족(지파)들은 스피노자가 『신학정치론』 제17장 제15절에서 'familia'로 번역한 씨족들로 쪼개어진다.

et praeterea naves et reliqua instrumenta bellica parata necesse est habere.

§ 13. Electo rege ex aliqua familia, nulli nobiles censendi nisi a rege oriundi, qui propterea insignibus regiis a sua et a reliquis familiis distinguantur.

§ 14. Regis consanguinei nobiles masculi, qui ei, qui regnat, gradu consanguinitatis tertio aut quarto propinqui sunt, uxorem ducere prohibeantur, et si quos liberos procreaverint, illi illegitimi habeantur et omni dignitate indigni, nec parentum haeredes agnoscantur, sed eorum bona ad regem redeant.

§ 15. Regis praeterea consiliarii, qui ei proximi vel dignitate secundi sunt, plures esse debent et non nisi ex civibus eligendi; nempe ex unaquaque familia tres aut quatuor, aut quinque (si familiae non plures quam sexcentae fuerint), qui simul unum hujus concilii membrum constituent, non ad vitam, sed in tres aut quatuor aut quinque annos, ita ut singulis annis eorum tertia, quarta, aut quinta pars nova eligatur: in qua electione tamen apprime observandum, ut ex unaquaque familia unus ad minimum juris peritus consiliarius eligatur.

또한 배와 그 밖의 전쟁 도구들을 마련하여 보유하는 것이 필요하기 때문이다.

§13. 왕이 한번 어떤 씨족에서 선출되었다면, 그 왕의 자식이 아니면 어느 누구도 귀족으로 여겨져서는 안 된다. 그러므로 왕의 자식들은 왕실의 표지를 통해 자기 씨족은 물론이고 다른 씨족들과도 구별되어야 한다.

§14. 재위 중인 왕의 혈족이고 그와 3촌 또는 4촌의 가까운 관계에 있는 남성 귀족은 아내를 취할 수 없도록 해야 한다. 그들이 만약 자식을 낳아 기른다면, 그 자식은 부당한 자요 어떤 지위에도 적합하지 않은 자로 여겨져야 한다. 또한 그 자식은 부친의 상속자로 인정되지 않아야 하며, 부친의 재산은 왕에게 귀속되어야 한다.

§15. 그 밖에 왕의 가까이에 있고 지위상 두 번째인 왕의 자문관은 그 수가 많아야 하고 반드시 시민 가운데에서 선발되어야 한다. 각 씨족에서 세 명이나 네 명, (전체 씨족 수가 600개보다 많지 않으면) 다섯 명이 선발되고, 이들이 함께 이 회의의 한 단위를 구성한다. 이들은 종신으로 선발되지 않고 3년이나 4년 또는 5년의 임기로 선발되며, 해마다 그들 가운데 세 번째, 네 번째 또는 다섯 번째 구성원이 새로 선발된다. 이때 특별히 지켜져야 할 원칙은 적어도 법에 익숙한 사람 한 명이 각 씨족에서 자문관으로 선발되어야 한다는 것이다.[22]

---

22 홀란트 주(州)의 18개 시(市)는 각각 자기의 대표자들 외에 한 명의 법률비서를 고용하여 자문관의 한 사람으로서 주의회에 보냈는데, 연금(pension)을 주고 고용했다고 해서 그를 '펜시오나리스'(Pensionaris)라고 불렀다. 통치하는 왕이 없던 공화정 시절에 홀란트 주의 대표 법률비서가 네덜란드의 전체 7개 주 연합을 통솔하고 대외적으로 대표했으며 그를 '라츠펜시오나리스'(Raadspensionaris), 즉 국가 법률비서라고

§ 16. Haec electio ab ipso rege fieri debet, cui constituto anni tempore, quo scilicet novi consiliarii eligendi sunt, unaquaeque familia omnium suorum civium nomina, qui ad annum quinquagesimum aetatis pervenerunt et qui hujus officii candidati rite promoti fuerunt, tradere debet; ex quibus quem velit rex eliget. At eo anno, quo alicujus familiae juris peritus alteri succedere debet, juris peritorum tantum nomina sunt regi tradenda. Qui statuto tempore officio hoc consiliarii functi sunt, in eodem continuari nequeant, nec ad catalogum eligendorum quinquennio aut amplius referri. Causa autem, cur necesse sit singulis annis ex unaquaque familia unum eligere, est, ne concilium jam ex inexpertis novitiis, jam ex veteratis et rerum expertis componeretur, quod necessario fieret, si omnes simul recederent et novi succederent. Sed si singulis annis ex unaquaque familia unus eligatur, tum non nisi quinta, quarta, aut ad summum tertia concilii pars ex novitiis erit. Praeterea si rex aliis negotiis impeditus, aut alia de causa, huic electioni vacare aliquamdiu non possit, tum ipsi consiliarii alios pro tempore eligant, donec ipse rex vel alios eligat vel, quos concilium elegit, probet.

§ 17. Hujus concilii primarium officium sit, imperii fundamentalia

§16. 자문관의 선발은 왕 자신이 해야 한다.[23] 새로운 자문관이 선발되어야 하는 해의 예정된 때에 각 씨족은 만 50세가 되었고 이 직책의 후보자로 올바르게 발탁된 모든 자기 시민의 이름을 왕에게 제출해야 한다. 이들 가운데에서 왕이 자기가 원하는 사람을 선택한다.[24] 그러나 어느 씨족에서 법에 익숙한 사람이 자리를 이어받아야 하는 해에는 법에 익숙한 사람들의 이름만 왕에게 제출해야 한다. 정해진 임기 동안 이 자문관의 직위에서 일한 사람은 같은 직위에 계속 있을 수 없고, 선발 대상자의 명단에 5년이나 그 이상의 기간 동안 다시 오를 수 없다. 해마다 각 씨족에서 한 사람의 자문관이 선발되는 것이 필요한 이유는 회의가 때로는 경험 없는 신참들만으로, 때로는 경험 많은 고참들만으로 구성되지 않도록 하려는 것이다. 만약 모든 사람이 동시에 물러나고 그 자리를 새로운 사람들이 이어받는다면, 그런 일이 필연적으로 일어난다. 그러나 만약 해마다 각 씨족에서 한 사람이 선발된다면, 그때에는 회의의 5분의 1, 4분의 1, 또는 최대 3분의 1이 새로운 사람으로 구성될 것이다. 그 밖에 만약 왕이 다른 업무에 바빠서 또는 다른 이유로 상당 기간 이 선발을 위한 시간을 낼 수 없다면, 그때에는 왕이 직접 다른 사람들을 선발하거나 자문회의가 선발한 사람들을 승인할 때까지 자문관들이 스스로 다른 사람들을 임시로 선발해야 한다.

§17. 이 회의의 주요 임무는 국가의 근간을 이루는 법들을 보호하는

불렀다. 올덴바르네펠트(Oldenbarneveldt)와 요한 더빗(Johan de Witt)이 당시의 유명한 국가 법률비서이다. Sir William Temple, *Observations*, 제2장, p. 65 참조.

23 왕에 의한 선발이 지닌 임의적 성격은 이 자문관 회의가 동시에 씨족들의 대의 기구라는 사실에 의해 제한된다. 그러나 자문관들은 스스로 무엇인가를 결정할 수 없고 그저 조언만 하므로 씨족 집단 자체에 의해 선출될 수 없으며, 그들이 조언해야 하는 왕에 의해서만 선발될 수 있다.

24 네덜란드의 총독은 애초에 각 시가 제출한 후보자 명단에서 그 시의 행정관을 지명할 권리를 가졌다. Sir William Temple, *Observations*, 제2장, pp. 60, 82 참조.

jura defendere et consilia de rebus agendis dare, ut rex, quid in bonum publicum decernendum sit, sciat, atque adeo ut regi nihil de aliqua re statuere liceat nisi intellecta prius hujus concilii sententia. Sed si concilio, ut plerumque fiet, non una mens fuerit, sed diversas habuerit sententias etiam postquam bis aut ter quaestionem de eadem re habuerint, res in longius trahenda non est, sed discrepantes sententiae ad regem deferendae, ut art. 25 hujus capitis docebimus.

§ 18. Hujus praeterea concilii officium etiam sit, regis instituta seu decreta promulgare et, quid in rempublicam decretum est, curare totiusque administrationis imperii curam habere tanquam regis vicarii.

§ 19. Civibus nulli ad regem aditus pateant nisi per hoc concilium, cui omnes postulationes seu libelli supplices tradendi sunt, ut regi offerantur. Legatis etiam aliarum civitatum non nisi intercedente hoc concilio veniam regem alloquendi impetrare liceat. Epistolae praeterea, quae ex aliis locis regi mittuntur, ei ab hoc concilio tradi debent; et absolute rex censendus est veluti civitatis mens, hoc autem concilium mentis sensus externi seu civitatis corpus, per quod mens civitatis statum concipit et per quod id agit, quod sibi optimum esse decernit.

§ 20. Cura filios regis educandi huic etiam concilio incumbat, et

것, 그리고 왕이 공공선을 위해 무엇을 결정해야 하는지를 알 수 있도록 그에게 행해야 할 일들에 관해 조언을 해주는 것이다. 그러므로 왕이 사전에 이 회의의 의견을 파악하지 않았다면 그 어떤 일에 대해서도 결정하는 것이 허용되어서는 안 된다. 그러나 만약 자문회의의 의견이 대부분의 경우에 그렇겠지만 서로 일치하지 않고 같은 사안에 대해 두세 번의 논의를 거친 후에도 다양한 의견이 있다면, 이 장의 제25절에서 우리가 설명할 것처럼 일을 더 오래 끌어서는 안 되며, 조화되지 않은 채로 의견들을 왕에게 제출해야 한다.

§18. 또한 이 회의의 임무는 왕의 계획이나 결정을 공개적으로 알리는 것과 공적인 일에 관해 결정된 것을 살피는 것, 그리고 국가 전체의 경영에 왕의 대리인처럼 관심을 기울이는 것이다.

§19. 시민들은 이 회의를 통해서가 아니면 결코 왕에게 접근할 수 없어야 한다. 시민들의 모든 요구나 청원 목록은 왕에게 전달되기 위해 먼저 이 회의에 제출되어야 한다. 다른 정치공동체가 보낸 사절들도 이 회의가 중개하지 않는 한 왕을 알현할 허가를 얻을 수 없어야 한다. 그 밖에 다른 곳에서 왕에게 발송한 편지들은 이 회의에 의해 왕에게 전달되어야 한다. 그리고 절대적으로 왕은 정치공동체의 정신처럼 여겨져야 하며, 이 회의는 그 정신의 외적인 감각기관들 또는 정치공동체의 몸처럼 여겨져야 한다. 이 몸을 통해 정신은 정치공동체의 상태를 파악하고 자기에게 최선이라고 판단하는 것을 행한다.[25]

§20. 왕의 아들을 교육하는 일도 이 회의의 임무이다. 그리고 만약 왕

---

25 앞 문장에서의 '처럼'(veluti)이 보여주듯이, 이것은 어디까지나 비유이다. 정치공동체가 유기체일 수 있다는 생각은 스피노자에게 낯선 것이다.

etiam tutela, si rex successore infante seu puero relicto obiit. Sed ne tamen concilium interea temporis sine rege sit, ex nobilibus civitatis senior eligendus, qui regis locum suppleat, donec legitimus successor eo aetatis pervenerit, quo imperii onus sustinere possit.

§ 21. Hujus concilii candidati ii sint, qui regimen, fundamenta et statum seu conditionem civitatis, cujus subditi sunt, norint. At qui jurisperiti locum occupare vult, is praeter regimen et conditionem civitatis, cujus subditus est, aliarum etiam, cum quibus commercium aliquod intercedit, scire debet. Sed nulli, nisi qui ad quinquagesimum aetatis annum nullo convicti crimine pervenerint, in catalogum eligendorum referendi sunt.

§ 22. In hoc concilio nihil de rebus imperii concludendum nisi praesentibus omnibus membris: quod si aliquis morbi aut alia de causa adesse nequeat, aliquem ex eadem familia, qui eodem officio functus vel qui in catalogum eligendorum relatus est, in ipsius locum mittere debet. Quod si nec hoc fecerit, sed quod concilium propter ejus absentiam rem aliquam consulendam in diem differre coactus fuerit, summa aliqua pecuniae sensibili mulctetur. Sed hoc

이 후계자로 어린아이나 소년을 남겨놓고 죽었다면, 섭정 역시 이 회의의 임무이다.[26] 그러나 그사이의 시간에 회의가 왕 없이 있지 않도록 정치공동체의 귀족들 가운데에서 한 사람의 연장자를 선출해야 하고, 정당한 계승자가 국가의 짐을 짊어질 수 있는 나이에 이를 때까지 그가 왕의 자리를 대신해야 한다.

§21. 이 회의의 후보자들은 신민으로서 자신들이 속한 정치공동체의 정부, 기초, 그리고 상태나 상황을 아는 자들이어야 한다. 그리고 법에 익숙한 자의 자리를 차지하기를 원하는 자는 신민으로서 자기가 속한 정치공동체의 정부와 상황 외에 그 어떤 교류가 진행되고 있는 다른 정치공동체들의 정부와 상황도 알아야 한다. 그러나 어떤 죄를 저질러서 고소를 당했거나 아직 만 50세가 되지 않은 사람은 선택될 수 있는 사람의 명단에 올라서는 안 된다.

§22. 이 회의의 구성원 중 한 사람이라도 참석하지 않았다면 국가의 일들에 관한 어떤 것도 회의에서 결정되어서는 안 된다. 만약 어떤 사람이 질병 때문에 또는 다른 이유로 회의에 참석할 수 없다면, 같은 씨족에서 같은 임무를 수행해본 사람이나 선택될 수 있는 자의 명단에 올라 있는 사람을 그의 자리에 대신 보내야 한다. 만약 그가 이런 조치를 취하지 않았고 그의 불참 탓에 회의가 조언해야 할 그 어떤 사안에 대한 논의를 다른 날로 연기할 수밖에 없었다면, 그는 가장 무거운 벌금형으

---

26 유복자(遺腹子) 오라녜 공 빌럼 3세가 1650년에 태어나자 그의 후견 문제를 둘러싼 갈등이 일어났다. 그에 대한 후견을 통해 외부의 세력들이 네덜란드에 대한 영향력을 획득하려고 했던 것이다. 나중에 영국의 왕 윌리엄 3세가 되는 이 '국가의 아이'(the child of the state)에 대한 교육은 결국 요한 더빗에 의해 충성스러운 공화주의자들에게 맡겨졌다. 빌럼 3세는 더빗 형제가 폭도들에게 맞아 죽은 '야만의 해'인 1672년에 네덜란드 총독이 되었고, 1689년의 '명예혁명'에 의해 잉글랜드, 스코틀랜드, 아일랜드의 왕이 되었다.

intelligendum, quando quaestio est de re, quae integrum imperium spectat, videlicet de bello et pace, de jure aliquo abrogando vel instituendo, de commercio, etc. Sed si quaestio sit de re, quae unam aut alteram urbem spectet, de libellis supplicibus, etc., satis erit, si major concilii pars adsit.

§ 23. Ut inter familias aequalitas in omnibus, et ordo sedendi, proponendi et dicendi habeatur, vices servandae sunt, ut singulae singulis sessionibus praesideant, et quae hac sessione prima, sequenti ultima sit. Sed eorum, qui ejusdem familiae sunt, is primus sit, qui prior electus fuerit.

§ 24. Hoc concilium quater ad minimum in anno convocetur, ut rationem administrationis imperii a ministris exigant, ut rerum statum noscant, et si quid praeterea statuendum sit, videant. Nam adeo magnum civium numerum negotiis publicis continuo vacare impossibile videtur. Sed quia negotia publica interim exerceri nihilominus debent, ideo ex hoc concilio quinquaginta aut plures eligendi sunt, qui soluto concilio ejus vicem suppleant, quique

로써 처벌받아야 한다. 그러나 이 규정은 다루어야 할 문제가 국가 전체와 관련된 사안, 즉 전쟁과 평화에 관한 것, 법의 폐지나 제정에 관한 것, 무역에 관한 것 등일 때에만 적용된다. 그렇지 않고 만약 회의에서 다루어야 할 문제가 한두 도시와 관련된 사안이거나 청원 편지에 관한 것 등일 때에는 회의 구성원의 과반수가 참석하는 것으로 충분할 것이다.

§23. 모든 일에서 씨족 간의 평등이 지켜지기 위해, 그리고 회의에서 앉고 연설하고 발언할 때 질서가 지켜지기 위해 교대의 원칙이 준수되어야 한다. 즉 회의 때마다 한 사람씩 돌아가며 의장을 맡고, 이 회의에서 첫 번째 열에 앉은 씨족은 다음 회의에서 마지막 열에 앉는다. 그러나 같은 씨족에 속한 사람들 가운데에서는 먼저 선출된 사람이 첫 번째 자리에 앉는다.[27]

§24. 이 회의는 장관들에게 국가 운영에 관한 설명을 요구하기 위해, 공적인 일들의 상태를 알기 위해, 그리고 만약 그 밖의 어떤 것이 결정되어야 한다면 사안을 들여다보기 위해, 한 해에 최소 네 번 소집되어야 한다.[28] 이 회의가 상설이 아닌 이유는 그만큼 많은 수의 시민이 공적인 업무를 위해 지속적으로 한가한 상태에 있는 것이 불가능해 보이기 때문이다. 그러나 공적인 업무들은 회기와 회기 사이에도 결코 적지 않게 실행되어야 하므로 이 회의에서 50명이나 그 이상이 선출되어야 하고, 이들이 회의가 해산되었을 때 그 회의를 대신해야 한다.[29] 이들은 매일

---

27 네덜란드 국가의회(Staten-Generaal)에서는 각 주의 대표자들 가운데 연장자가 돌아가며 의장직을 맡았다. 15세기에 세워진 이 의회는 중앙정부의 명령에 따라 통치자의 국고를 채우기 위한 지방의 분담금 배정을 조정하려는 목적으로 소집되었다.

28 홀란트 주의회는 1년에 네 차례 열렸다. Sir William Temple, *Observations*, 제2장, p. 65 참조.

29 홀란트에서 일상 행정은 주의회가 열리지 않을 때 이를 대신하는 '위임회의'(Gecommitteerde Raden)에 의해 수행되었다. Sir William Temple, *Observations*, 제2장,

quotidie congregari debeant in cubiculo, quod regio sit proximum, atque adeo quotidie curam habeant aerarii, urbium munimentorum, educationis filii regis, et absolute eorum omnium magni concilii officiorum, quae modo enumeravimus, praeterquam illud, quod de rebus novis, de quibus nihil decretum est, consulere non possint.

§ 25. Congregato concilio, antequam aliquid in eo proponatur, quinque aut sex aut plures jurisperiti ex familiis, quae illa sessione ordine loci priores sunt, regem adeant, ut libellos supplices vel epistolas, si quas habent, tradant, ut rerum statum indicent, et denique ut ex ipso intelligant, quid in suo concilio proponere jubeat. Quo accepto concilium repetant, et qui ordine loci prior est, rem consulendam aperiat. Nec de re suffragia statim colligenda, quae aliquibus videtur alicujus esse momenti, sed in id tempus differenda, quod rei necessitas concedit. Concilio igitur ad id statutum tempus soluto, poterunt interea uniuscujusque familiae consiliarii de ipsa seorsum quaestionem habere, et, si res iis magni momenti videbitur, alios, qui eodem officio functi vel qui ejusdem concilii candidati sunt, consulere; et si intra constitutum tempus interipsos convenire non poterit, illa familia extra suffragium erit (nam unaquaeque familia unum tantum ferre suffragium poterit). Alias ejus familiae jurisperitus

왕의 가까이에 있는 방에서 모여야 한다. 그래서 매일 국가재정, 도시의 방어,[30] 왕의 아들의 교육, 그리고 조금 전에 열거한 대(大)회의의 모든 업무를 전적으로 돌보아야 한다. 그러나 대회의에서 아무것도 결정하지 않은 사안에 대해서는 이들이 조언할 수 없으므로 새로운 사안에 관한 것은 이들의 업무에서 제외된다.

§25. 회의가 열리면 안건이 회의에 제출되기 전에 이번 회의에서 맨 앞자리에 앉는 씨족들에서 선발된 다섯이나 여섯, 또는 그 이상의 법률 전문가가 먼저 왕을 찾아가야 한다. 그리고 청원 목록이나 편지가 있다면 그것들을 왕에게 전달하고, 공적인 일들의 상태를 왕에게 설명하고, 마지막으로 왕이 무엇을 자신의 자문관 회의로 하여금 의결하여 제출하라고 명령하는지를 왕에게서 직접 듣고 이해해야 한다. 왕에게서 지시를 받은 후 이들이 회의 소집을 다시 요청해야 하고, 착석 순서에서 앞선 사람이 그들이 조언해야 할 안건을 개봉해야 한다. 자문관들 가운데 일부가 중요하다고 생각하는 안건에 대해서는 곧바로 투표를 해서는 안 되고 결정해야 할 필요가 있을 때까지 최대한 투표를 연기해야 한다. 그러면 각 씨족의 자문관들은 회의가 정해진 때까지 해산되어 있는 동안 따로 그 안건에 대해 조사할 수 있을 것이다. 그리고 만약 안건이 그들에게 큰 의미가 있는 것처럼 보인다면, 이미 자문관 직책을 맡아 봉사했던 사람들이나 이 회의의 후보자 명단에 올라 있는 사람들에게 조언을 구할 수 있을 것이다. 만약 정해진 시간 안에 어느 한 씨족 안에서 자문관들이 합의하지 못한다면, 그 씨족은 투표에 참여하지 못한다(왜냐하면 각 씨족은 오직 한 표만 행사할 수 있기 때문이다). 합의한 경우에는 그

---

p. 65과 J. J. de la Bassecour Caan, *Schets van den Regeringsvorm van Nederland*, p. 156 을 보라.

30 이것들 역시 '위임회의'의 기능이었다. J. J. de la Bassecour Caan, *Schets van den Regeringsvorm van Nederland*, p. 157 참조.

instructus sententiam, quam optimam judicaverint esse, in ipso concilio ferat, et sic reliqui; et si majori parti visum fuerit post auditas cujusque sententiae rationes, rem iterum perpendere, concilium iterum in tempus solvatur, ad quod unaquaeque familia, quaenam ultima ejus sit sententia, pronunciabit; et tum demum praesente integro concilio suffragiis collectis ea irrita habeatur, quae centum ad minimum suffragia non habuerit, reliquae autem ad regem deferantur a jurisperitis omnibus, qui concilio interfuerunt, ut ex iis, postquam uniuscujusque partis rationes intellexerit, quam velit eligat. Atque inde digressi ad concilium revertantur, ubi omnes regem ad constitutum ab ipso tempus exspectent, ut quam sententiam ex latis eligendam censet, omnes audiant, et quid faciendum, ipse decernat.

§ 26. Ad justitiam administrandam concilium aliud ex solis jurisperitis est formandum, quorum officium sit, lites dirimere et

씨족의 준비된 법률 전문가가 그들이 최선의 판단이라고 여긴 것을 회의에서 보고해야 한다. 그리고 다른 씨족의 나머지 법률 전문가들도 그렇게 해야 한다. 만약 각각의 판단의 이유를 들은 후에 다수의 사람들이 그 사안을 다시 주의 깊게 조사하는 것이 필요하다고 여긴다면, 모든 씨족이 무엇이 자기 씨족의 최종 판단인지를 선언할 때까지 회의는 다시 해산되어야 한다. 그리고 전체 자문관이 참석하여 비로소 투표가 이루어졌을 때,[31] 100표 이상을 얻지 못한 의견은 무효로 간주되어야 한다. 그러나 100표 이상을 얻은 나머지 의견들은 왕이 각 의견의 이유를 파악한 후에 그것들 가운데 원하는 것을 선택할 수 있도록 회의에 참여한 모든 법률 전문가들에 의해 왕에게 전달되어야 한다. 그러고 나서 법률 전문가들은 다시 회의로 돌아가 그곳에서 다른 사람들과 함께 그들이 제출한 의견들 가운데 왕이 어떤 것을 선택하는지, 그리고 무엇이 실행되어야 한다고 왕이 결정하는지를 듣기 위해 왕이 정한 때까지 기다려야 한다.[32]

§26. 사법(司法)의 집행을 위해 오직 법률 전문가들로만 구성된 다른 회의가 만들어져야 한다. 이들의 임무는 다툼을 중지시키고 범법자들

---

31 스피노자는 왕이 그저 자문관에 불과한 사람들로 구성된 이 회의의 조언을 받는 것의 중요성을 강조한다. 왜냐하면 이 회의가 서로 일치할 때 그것이 왕에게서 자문관 회의에 의존하지 않고 자기 마음대로 결정할 힘을 빼앗기 때문이다. 『정치론』 제6장 제17절 참조.

32 홀란트 주의회에서 각 도시는, 물론 복수의 대표자를 의회에 보냈지만, 오직 한 표만 행사했고(Sir William Temple, *Observations*, 제2장, pp. 63, 65 참조), 법률비서가 자신이 속한 도시의 대표자들의 대변인 역할을 했다(J. J. de la Bassecour Caan, *Schets van den Regeringsvorm van Nederland*, p. 142 참조). 또한 의회는 대표자들이 추가적인 조언을 얻으러 집으로 돌아가는 것을 허용하기 위해 휴회될 수 있었다(Sir William Temple, *Observations*, 제2장, p. 66 참조). 여기에서 스피노자는 대표 체계를 도시가 아닌 씨족에 기초해 구성함으로써 작은 도시보다 큰 도시에 사실상 더 많은 표를 주고 있다.

poenas ex delinquentibus sumere; sed ita ut omnes sententiae, quas tulerint, ab iis, qui concilii magni vicem supplent, probari debeant, num scilicet servato rite in judicando ordine prolatae fuerint et absque partium studio. Quod si quae pars, quae causa cecidit, ostendere poterit, aliquem ex judicibus munere aliquo corruptum fuisse ab adversario, vel aliam communem causam amicitiae erga eundem, vel odii erga ipsum habere, vel denique quod communis judicandi ordo non fuerit servatus, ea in integrum restituatur. Sed haec forsan observari non possent ab iis, qui, quando quaestio de crimine est, non tam argumentis quam tormentis reum convincere solent. Verum nec ego hic alium in judicando ordinem concipio praeter eum, qui cum optimo civitatis regimine convenit.

§ 27. Hi judices magno etiam et impari numero esse debent, nempe sexaginta et unus aut quinquaginta et unus ad minimum; et ex una familia non nisi unus eligendus, nec tamen ad vitam, sed ut quotannis etiam aliqua ejus pars cedat, et alii totidem eligantur, qui ex aliis sint familiis, quique ad quadragesimum aetatis annum pervenerint.

§ 28. In hoc concilio nulla sententia pronuncianda nisi praesentibus omnibus judicibus. Quod si aliquis morbi aut alterius rei causa diu concilio interesse non poterit, alius ad id tempus eligendus, qui ipsius locum suppleat. In suffragiis autem ferendis debebit unusquisque sententiam suam non palam dicere, sed calculis indicare.

§ 29. Hujus et praecedentis concilii vicariorum emolumenta sint primo bona eorum qui mortis damnati sunt ab ipsis, et etiam eorum, qui summa

에게 형벌을 가하는 것이다. 이들이 내린 모든 판결은 대(大)회의를 평시에 대신하는 사람들에 의해 그 판결이 올바른 절차에 따라 내려진 것인지, 편파성 없이 내려진 것인지 심사되어야 한다. 만약 소송에서 패한 쪽이 판사들 가운데 누군가가 상대편이 준 선물을 받고 매수되었음을, 또는 상대편에게 우호적인 마음을 가지거나 자기편에게 미워하는 마음을 가질 어떤 일반적인 이유를 가지고 있음을, 또는 마지막으로 재판의 일반적 절차가 제대로 지켜지지 않았음을 증명해 보일 수 있다면 재판 절차는 전부 되돌려져야 한다. 그런데 범죄에 대해 심문할 때 논증보다 고문을 이용해 피고인을 자백하도록 만들곤 하는 사람들에 의해 어쩌면 이 재판 절차가 제대로 지켜지지 않을 수 있다. 그러나 여기에서 나는 재판과 관련해 정치공동체의 최선의 정부에 어울리는 것 외에 다른 절차는 생각하지 않는다.

§27. 재판관의 수는 많아야 할 뿐만 아니라 또한 홀수여야 한다. 그러니까 61명이나 최소 51명이어야 한다. 그리고 한 씨족에서 한 사람보다 더 많이 선출되어서는 안 된다. 재판관은 종신직이 아니어야 하고 해마다 전체 재판관의 일정 부분이 또한 떠나야 하며, 그 수만큼의 사람이 다른 씨족의 만 40세가 넘은 사람들 중에서 선출되어야 한다.

§28. 이 회의에서는 어떤 판결도 모든 재판관이 참석한 상태가 아니면 내려져서는 안 된다. 어떤 사람이 질병이나 다른 일 때문에 오랫동안 회의에 참석할 수 없다면, 이 기간 동안 그 사람의 자리를 대신할 다른 사람이 선출되어야 한다. 그리고 투표를 할 때 각 사람은 자기의 의견을 공개적으로 말해서는 안 되며, 투표용 조약돌을 이용해 표시해야 한다.

§29. 이 재판관 회의와 앞서 언급한 상임 대리인 회의의 수입은 첫째로 그들에 의해 사형을 선고받은 자들과 일정한 금액의 벌금형을 선고

quadam argenti plectuntur. Deinde ex unaquaque sententia, quam de rebus civilibus tulerint, ab eo, qui causa cecidit, pro ratione totius summae partem aliquotam accipiant, qua utrumque concilium gaudeat.

§ 30. His conciliis alia subordinentur in unaquaque urbe, quorum etiam membra ad vitam eligi non debent; sed etiam quotannis pars aliqua eligenda ex solis familiis, quae in eadem habitant. Sed opus non est haec latius persequi.

§ 31. Militiae stipendia nulla solvenda tempore pacis, tempore autem belli iis tantummodo quotidiana stipendia danda, qui quotidiano opere vitam sustentant. At duces et reliqui officiarii cohortium nulla alia emolumenta ex bello exspectanda habeant praeter hostium praedam.

§ 32. Si quis peregrinus alicujus civis filiam in uxorem duxerit, ejus liberi sunt cives censendi et in catalogo familiae matris inscribendi. Qui autem ex peregrinis parentibus in ipso imperio nati et educati sunt, iis constituto aliquo pretio jus civis ex chiliarchis alicujus familiae emere liceat, et in catalogum ejusdem familiae referantur. Nec imperio, tametsi chiliarchae lucri causa aliquem peregrinum infra constitutum pretium in numerum suorum civium receperint, aliquod inde detrimentum oriri potest; sed contra media excogitanda, quibus facilius civium augeri possit numerus, et magna hominum detur

받은 자들의 재산에서 나온다. 다음으로 그들은 민사에 대해 판결할 때마다 소송에서 진 쪽에게서 전체 소송 금액의 일정 비율을 받는다. 이 수입들을 두 회의가 향유해야 한다.

§30. 이 재판관 회의에 각 도시에 있는 다른 재판관 회의들이 복속해야 한다. 도시별 회의의 구성원도 종신으로 선출되어서는 안 되고 마찬가지로 해마다 일정 부분이 새로 선출되어야 하며, 오직 그 도시에 거주하는 씨족들 가운데에서 선출되어야 한다. 이에 대해 계속 설명할 필요는 없을 것이다.[33]

§31. 평시에는 군 복무의 대가가 지불되어서는 안 된다. 전시에는 오직 그날그날의 노동으로 생계를 유지하는 사람들에게만 그날그날의 급료가 지불되어야 한다. 그러나 장군들과 그 밖의 대대(大隊) 장교들은 적의 전리품 외에 전쟁에서 기대할 수 있는 다른 어떤 수입도 가져서는 안 된다.

§32. 만약 어떤 외국 남자가 시민의 딸을 아내로 맞았다면, 그의 자식들은 시민으로 여겨져야 하고 어머니 씨족의 명부에 기록되어야 한다. 외국인 부모에게서 태어났지만 국내에서 태어나고 자란 자들에게는 일정한 값을 치르고 어떤 씨족의 장(長)에게서 시민의 권리를 사는 것이 허용되어야 한다. 그리고 그들은 그 씨족의 명부에 등록되어야 한다. 씨족장이 이익을 얻기 위해 어떤 외국인을 정해진 가격 이하에 자기 씨족의 시민으로 받아들이더라도 괜찮다. 그 일로부터는 국가에 어떤 해도 발생할 수 없다. 역으로 시민의 수를 더 쉽게 늘리고 많은 사람들을 국

33　홀란트 주의 각 도시에는 의회와 법원이 있었다. Sir William Temple, *Observations*, 제2장, pp. 57~60 참조.

confluentia. At qui in catalogum civium non referuntur, aequum est, ut tempore saltem belli otium suum labore aut exactione aliqua compensent.

§ 33. Legati, qui tempore pacis ad alias civitates pacis contrahendae vel conservandae causa mitti debent, ex solis nobilibus eligendi sunt, et ex civitatis aerario sumptus iisdem suppeditandi, non autem ex regis domestico aerario. [Maar men moet zodanige bespieders verkiezen, die aan de Koning bequaam zullen schijnen.]

§ 34. Qui aulam frequentant et regis domestici sunt, quibusque ex suo aerario domestico stipendia solvit, ab omni civitatis ministerio seu officio secludendi sunt. Dico expresse *quibus rex ex aerario suo domestico stipendia solvit,* ut corporis custodes ab iisdem secludam. Nam corporis custodes nulli praeter cives ejusdem urbis in aula, servatis vicibus, vigilare pro rege ante fores debent.

§ 35. Bellum non nisi pacis causa inferendum, ut eo finito arma cessent. Urbibus igitur jure belli captis, et hoste subacto, pacis conditiones instituendae sunt, ut captae urbes nullo praesidio servari debeant, sed vel ut hosti, pacis foedere accepto, potestas concedatur

가에 모여들게 할 방법을 고안해야 한다.[34] 시민의 명부에 등록되어 있지 않은 사람들이 적어도 전시에 자기의 병역면제를 노동이나 세금의 납부를 통해 상쇄하는 것은 옳은 일이다.

§33. 평시에 화의(和議)를 모으거나 보존하기 위해 다른 정치공동체에 파견되어야 하는 사절들은 오직 귀족 가운데에서 선발되어야 한다. 그리고 그들에게 정치공동체의 금고에서 비용이 제공되어야 하고 왕실 금고에서 제공되어서는 안 된다. 그러나 비밀요원은 [귀족 여부와 상관없이] 왕이 유능하다고 여기는 자가 선발되어야 한다.[35]

§34. 궁궐을 자주 방문하는 자들과 왕실에 속해 있는 자들은 왕실 금고에서 급료를 지불받으므로 정치공동체의 모든 행정직이나 공직에서 배제되어야 한다. 공직에서 배제되어야 하는 사람들에서 왕의 근위대를 제외하기 위해 "왕실 금고에서 급료를 지불받는 자들"이라고 나는 분명히 말한다. 왜냐하면 왕의 근위대는 오직 왕이 사는 도시의 시민들로만 구성되어야 하며, 이들이 궁궐에서 교대 체계를 유지하며 왕을 위해 그의 방문 앞을 지켜야 하기 때문이다.

§35. 전쟁은 평화를 위해서가 아니면 수행해서는 안 된다. 즉 전쟁을 끝내고 무기들을 제거하기 위해서만 전쟁을 수행해야 한다. 그러므로 전쟁의 권리를 가지고 도시들을 정복하고 적들을 굴복시킨 후에는 다음과 같이 평화로운 상태를 만들어야 한다. 즉 정복한 도시를 계속 점령해서는 안 되며, 적이 평화조약을 수용한다면 배상금을 지불하고 그 도

---

34 니콜로 마키아벨리, 『로마사 논고』 제1권 제6장, 제2권 제3장; 프랜시스 베이컨, 『수필집』 29번 참조.
35 이 마지막 문장은 라틴어 유고집(OP)에는 없고, 네덜란드어 유고집(NS)에만 있다.

easdem pretio redimendi, vel (si ea ratione timor semper a tergo maneat formidine loci) prorsus delendae sunt, et incolae alio locorum ducendi.

§ 36. Regi nullam extraneam matrimonio sibi jungere, sed tantum ex consanguineis vel civibus aliquam in uxorem ducere liceat; ea tamen conditione, si scilicet civem aliquam duxerit, ut qui uxori sanguine sint proximi nullum civitatis officium administrare possint.

§ 37. Imperium indivisibile esse debet. Si igitur rex plures liberos procreaverit, illorum major natu jure succedat; minime autem concedendum, ut imperium inter ipsos dividatur, nec ut indivisum omnibus vel aliquibus tradatur, et multo minus, ut partem imperii dotem filiae dare liceat. Nam filias in haereditatem imperii venire, nulla ratione concedendum.

§ 38. Si rex liberis masculis orbus obierit, ille, qui ipsi sanguine proximus, haeres imperii habendus, nisi forte uxorem extraneam

시를 되살 수 있도록 하거나, (만약 그 도시가 두려워할 만한 위치에 있어서 두려움이 언제나 등 뒤에 머무른다면) 그 도시를 철저히 파괴하고 거주민들을 다른 장소로 옮겨야 한다.[36]

§36. 왕이 혼인을 통해 외국 여자와 결합하는 것은 결코 허용되어서는 안 된다. 혈족이나 시민들 중에서 어떤 여자를 아내로 맞아들이는 것만 허용되어야 한다.[37] 그런데 만약 왕이 시민을 아내로 맞아들이려고 한다면, 그 여자와 혈통상 가까운 사람들이 정치공동체의 어떤 공직도 담당하지 않는다는 조건 아래에서만 혼인이 허용되어야 한다.

§37. 국가는 나누어질 수 없어야 한다. 그러므로 만약 왕이 여러 명의 자식을 낳았다면, 그들 가운데 맏아들이 출생의 권리에 의해 왕위를 계승해야 한다. 국가가 그 자식들 사이에서 나누어지는 것은 결코 허용되어서는 안 된다. 국가가 나누어지지 않은 채로 모두에게 또는 그 어떤 이들에게 양도되어서도 안 된다. 국가의 일부를 딸에게 지참금으로 주는 것은 더더욱 허용될 수 없다. 왜냐하면 딸이 국가의 상속에 들어오는 일은 무슨 이유로도 허용되어서는 안 되기 때문이다.

§38. 만약 왕이 아들 없이 죽었다면 그와 혈통상 가장 가까운 사람이, 그가 어쩌다가 외국인 아내를 맞아들였는데 그 아내를 되돌려보내기를

---

36 니콜로 마키아벨리, 『군주론』 제3장; 『로마사 논고』 제2권 제23장 참조.

37 베네치아 공화국의 총독들도 유사한 제약을 받았다. Léopold Curti, *Mémoires historiques et politiques sur la République de Venise*, Paris 1795, vol. 2, 제5장, p. 197 참조. 그러나 여기에서 스피노자는 아마도 오라녜 가문과 영국의 스튜어트 가문 사이의 연계를 염두에 두고 있었을 것이다. 왜냐하면 스튜어트 왕가가 영국 찰스 1세의 딸 메리와 결혼한 빌럼 2세 치하에서 네덜란드에 독재를 가져왔고, 이후 1676년에 제임스 2세의 딸 메리 2세에게 청혼한 빌럼 3세 치하에서 어쩌면 가톨릭 지배를 가져올 수도 있었기 때문이다.

duxerit, quam repudiare nolit.

§ 39. Ad cives quod attinet, patet ex art. 5 cap. III eorum unumquemque ad omnia regis mandata sive edicta a concilio magno promulgata (vide de hac conditione art. 18 et 19 hujus capitis) obtemperare debere, tametsi eadem absurdissima credat, vel jure ad id cogi. Atque haec imperii monarchici fundamenta sunt, quibus superstrui debet, ut stabile sit, quemadmodum in seq. cap. demonstrabimus.

§ 40. Ad religionem quod attinet, nulla plane templa urbium sumptibus aedificanda, nec jura de opinionibus statuenda, nisi seditiosae sint et civitatis fundamenta evertant. Ii igitur, quibus religionem publice exercere conceditur, templum, si velint, suis sumptibus aedificent. At rex ad religionem, cui addictus est, exercendam templum in aula sibi proprium habeat.

원하지 않는 경우가 아니라면, 국가의 상속자로 여겨져야 한다.

§39. 시민과 관련해 언급하자면, 제3장 제5절에 따라 분명해지듯이, 모든 시민은 대(大)회의에 의해 선포된 왕의 모든 명령이나 칙령에 복종해야 한다(왕이 어떤 상태에서 결정을 내리는지에 관해서는 이 장의 제18절과 제19절을 보라). 설령 그것을 지극히 불합리한 것으로 여기더라도 복종해야 한다. 그렇게 하지 않으면 법으로써 그렇게 하도록 강제되어야 한다. 이것들이 군주국가의 기초이다. 군주국가가 안정적이기 위해서는 다음 장에서 우리가 증명해 보일 것처럼 이 기초 위에 건설되어야 한다.

§40. 종교와 관련해 언급하자면, 어떤 성전도 결코 도시의 비용으로 건설되어서는 안 되며, 종교적 견해에 관한 어떤 법도 그 견해가 분란을 일으키고 정치공동체의 기초를 흔들지 않는 한 제정되어서는 안 된다.[38] 그러므로 종교를 공개적으로 실천하는 일을 허가받은 사람들은 그들이 원한다면 자기들의 비용으로 성전을 세울 수 있다.[39] 그러나 왕은 자기가 고백하는 종교를 실천하기 위해 궁전 안에 자기를 위한 전용 성전을 가져야 한다.

---

38 『신학정치론』 제20장 제8절 참조.
39 Sir William Temple, *Observations*, 제5장, p. 124 참조.

CAPUT VII

§ 1. Imperii monarchici fundamentis explicatis, eadem hic ordine demonstrare suscepi; ad quod apprime notandum est, praxi nullo modo repugnare, quod jura adeo firma constituantur, quae nec ab ipso rege aboleri queant. Persae enim reges suos inter deos colere solebant, et tamen ipsi reges potestatem non habebant jura semel instituta revocandi, ut ex Dan. cap. 6 patet; et nullibi, quod sciam, monarcha absolute eligitur, nullis expressis conditionibus. Imo nec rationi nec obedientiae absolutae, quae regi debetur, repugnat; nam fundamenta imperii veluti regis aeterna decreta habenda sunt, adeo ut ejus ministri ei omnino obediant, si, quando aliquid imperat, quod imperii fundamentis repugnat, mandata exequi velle negent. Quod exemplo Ulissis clare explicare possumus, Socii enim Ulissis ipsius

제7장

군주국가의 기초에 대한 정당화

§1. 군주국가의 기초에 대해 설명했으므로, 이제 그 기초를 차례대로 증명하는 일이 남았다. 이와 관련해 무엇보다도 먼저 주의해야 할 것은 법이 왕 자신에 의해서도 폐지될 수 없게끔 확고하게 제정되어야 한다는 것이다. 그리고 그것은 실제와 결코 모순되지 않는다. 예컨대, 페르시아인들은 자신들의 왕을 신처럼 섬기곤 했지만,[1] 히브리 성서 「다니엘」 제6장을 통해 알 수 있듯이, 왕 자신조차 한번 세워진 법을 폐지할 권한을 가지지 않았다. 그리고 내가 아는 한 어느 곳에서도 왕들이 그 어떤 명시적 조건 없이 절대적으로 선출되지는 않는다.[2] 더욱이 그것은 이성과도 모순되지 않고 왕에게 바쳐야 마땅한 절대적 복종과도 모순되지 않는다. 왜냐하면 국가의 기초는 마치 왕의 영원한 결정처럼 여겨져야 하며, 그러므로 만약 왕이 국가의 기초에 반대되는 어떤 것을 지시할 때 그 명령을 실행하기를 왕의 신하들이 거부하더라도 그들은 사실 왕에게 전적으로 복종하는 것이기 때문이다. 이것을 우리는 오뒷세우스의 예를 통해 분명하게 설명할 수 있다. 즉 세이렌의 노래에 정신이

---

1 『신학정치론』 제17장 제6절 참조.
2 『정치론』 제4장 제6절 참조.

mandatum exequebantur, quando navis malo alligatum et cantu Syrenum mente captum religare noluerunt, tametsi id modis multis minitando imperabat; et prudentiae ejusdem imputatur, quod postea sociis gratias egerit, quod ex prima ipsius mente ipsi obtemperaverint. Et ad hoc Ulissis exemplum solent etiam reges judices instruere, ut scilicet justitiam exerceant, nec quenquam respiciant, nec ipsum regem, si quid singulari aliquo casu imperaverit, quod contra institutum jus esse noverint. Reges enim non dii, sed homines sunt, qui Syrenum capiuntur saepe cantu. Si igitur omnia ab inconstanti unius voluntate penderent, nihil fixum esset. Atque adeo imperium monarchicum, ut stabile sit, instituendum est, ut omnia quidem ex solo regis decreto fiant, hoc est, ut omne jus sit regis explicata voluntas; at non ut omnis regis voluntas jus sit; de quo vide art. 3, 5, et 6 praec. cap.

§ 2. Deinde notandum, quod in jaciendis fundamentis maxime humanos affectus observare necesse est, nec ostendisse sufficit quid oporteat fieri, sed apprime qui fieri possit, ut homines, sive affectu sive ratione ducantur, jura tamen rata fixaque habeant. Nam si imperii jura, sive libertas publica, solo invalido legum auxilio nitatur, non tantum nulla ejus obtinendae erit civibus securitas, ut art. 3 cap.

184

사로잡힌 오뒷세우스가 배의 돛대에 묶여 있을 때 동료들에게 자신을 풀어달라고 다양한 방식으로 협박하며 명령했지만, 그의 동료들은 그를 풀어주지 않음으로써 그의 명령을 따랐다.[3] 그래서 나중에 그가 동료들에게 그들이 자기의 처음 생각을 따라 자기에게 순종한 것에 대해 사려 깊게 감사했던 것이다. 오뒷세우스의 이 예를 따라 왕들도 재판관들을 훈련하곤 한다. 즉 확립된 법에 어긋남을 재판관들이 아는 것을 누군가가 명령한다면, 설령 그가 왕일지라도 그의 신분을 고려하지 않고 법무를 집행하도록 훈련하는 것이다. 왜냐하면 왕은 신이 아니라 종종 세이렌의 노래에 사로잡히는 인간이기 때문이다. 만약 모든 것이 한 사람의 변덕스러운 의지에 달려 있다면, 어떤 고정된 것도 없을 것이다.[4] 그러므로 군주국가가 안정적이려면 당연히 모든 것이 오직 왕의 결정에 따라 이루어지도록, 즉 모든 법이 왕이 표명한 의지가 되도록 해야 한다. 그러나 왕의 모든 의지가 법이 되어서는 안 된다.[5] 이에 관해서는 앞 장의 제3절, 제5절, 제6절을 보라.

§2. 다음으로 주의해야 할 것은 군주국가의 기초를 놓을 때 인간의 정서를 면밀히 관찰할 필요가 있다는 것이다. 무엇이 이루어져야 마땅한지를 보이는 것으로는 충분하지 않다. 다른 무엇보다도 인간이 정서에 의해 인도되거나 이성에 의해 인도되거나 간에, 일정한 고정된 법을 가지는 일이 어떻게 가능한지를 보여야 한다.[6] 왜냐하면 만약 국가의 법, 곧 공적인 자유가 오직 법률의 효력 없는 도움에만 의지한다면, 앞 장의 제3절에서 우리가 보인 바와 같이, 공적인 자유가 지켜진다는 보장

---

3 호메로스, 『오뒷세이아』 제12권, 265쪽 이하 참조.
4 『정치론』 제1장 제6절 참조.
5 제도로서의 왕과 인신(人身)으로서의 왕을 구별하는 것은 인신에 집중된 군주정에 대한 암묵적 비판이다.
6 『신학정치론』 제17장 제4절 참조.

praec. ostendimus, sed etiam exitio erit. Nam hoc certum est, nullam civitatis conditionem miseriorem esse quam optimae, quae labascere incipit, nisi uno actu et ictu cadat et in servitutem ruat (quod sane impossibile videtur esse); ac proinde subditis multo satius esset suum jus absolute in unum transferre, quam incertas et vanas sive irritas libertatis conditiones stipulari, atque ita posteris iter ad servitutem crudelissimam parare. At si imperii monarchici fundamenta, quae in praec. cap. retuli, firma esse ostendero, nec divelli posse nisi cum indignatione maximae partis armatae multitudinis, et ex iis regi et multitudini pacem et securitatem sequi, atque haec ex communi hominum natura deduxero, dubitare nemo poterit eadem optima esse et vera, ut patet ex art. 9 cap. III et art. 3 et 8 praec. cap. Quod autem hujus illa naturae sint, quam paucis potero, ostendam.

§ 3. Quod officium ejus, qui imperium tenet, sit imperii statum et conditionem semper noscere, et communi omnium saluti vigilare, et id omne, quod majori subditorum parti utile est, efficere, apud omnes in confesso est. Cum autem unus solus omnia perlustrare nequeat, nec semper animum praesentem habere, et ad cogitandum instituere, et saepe morbo aut senectute aut aliis de causis rebus vacare publicis prohibeatur, necesse ergo est, ut monarcha consiliarios habeat, qui rerum statum noscant, et regem consilio juvent, et ipsius locum saepe suppleant; atque adeo fiat, ut imperium seu civitas una semper

이 시민들에게 없을 뿐만 아니라 아예 공적인 자유가 사라질 것이기 때문이다. 최선의 정치공동체가 한 번의 행동과 타격에 의해 무너져 예속 상태로 전락하지는 않더라도 일단 무너지기 시작하면 그 상황은 확실히 정치공동체의 그 어떤 상황보다 더 비참할 것이다. 그러므로 신민들은 자유라는 불확실하고 공허한, 즉 효력 없는 상황을 요구하고 그럼으로써 예속으로 가는 매우 끔찍한 길을 후손에게 마련해주는 것보다 자신들의 권리를 전적으로 한 사람에게 양도하는 것을 훨씬 더 낫게 여길 것이다. 만약 앞 장에 기록한 군주국가의 기초가 튼튼하고 대다수의 무장한 다중이 분노하지 않는 한 파괴될 수 없으며, 이 기초 위에서 왕과 다중에게 평화와 안전이 주어진다는 것을 내가 밝힌다면,[7] 그리고 이 기초를 인간 공통의 본성에서 연역한다면, 제3장 제9절 및 앞 장의 제3절과 제8절에 따라 확실하듯이, 어느 누구도 이것이 최선의 기초이고 참된 기초임을 의심할 수 없을 것이다. 이 기초가 정말 그렇다는 것을 이제 가능한 한 짧게 제시하겠다.

§3. 주권을 보유한 사람의 임무가 국가의 상태와 조건을 항상 아는 것이고, 모든 사람의 공동의 안녕에 깨어 있는 것이며, 신민의 다수에게 유익한 모든 것을 실행하는 것임은 모두가 인정하는 바이다. 그러나 한 사람이 홀로 모든 것을 두루 살펴볼 수는 없고 늘 생생한 영혼을 가지고 생각하도록 자신을 가르칠 수는 없기 때문에, 그리고 종종 질병이나 노화 또는 다른 원인으로 인해 공적인 일에 전념하는 것을 방해받기 때문에 군주에게는 공적인 일의 상태를 잘 알고 조언으로써 왕을 도우며 때때로 왕의 자리를 대신할 자문관들이 필요하다.[8] 그럴 때에 국가, 곧 정

---

7 지배권을 보유한 왕과 지배되는 다중이 이 상호성 속에서 여전히 대립해 있고, 그러므로 최선의 경우에 동맹을 형성한다.
8 아리스토텔레스, 『정치학』 1287b 8-14 참조.

eademque mente constet.

§ 4. Sed quia cum humana natura ita comparatum est, ut unusquisque suum privatum utile summo cum affectu quaerat, et illa jura aequissima esse judicet, quae rei suae conservandae et augendae necessaria esse, et alterius causam eatenus defendat, quatenus rem suam eo ipso stabilire credit, hinc sequitur consiliarios necessario debere eligi, quorum privatae res et utilitas a communi omnium salute et pace pendeant. Atque adeo patet quod, si ex unoquoque civium genere sive classe aliquot eligantur, id majori subditorum parti utile erit, quod in hoc concilio plurima habuerit suffragia. Et quamvis hoc concilium, quod ex adeo magno civium numero componitur, frequentari necessario debeat a multis rudi admodum ingenio, hoc tamen certum est, unumquemque in negotiis, quae diu magno cum affectu exercuit, satis callidum atque astutum esse. Quapropter si nulli alii eligantur nisi ii, qui ad quinquagesimum aetatis annum usque negotia sua sine ignominia exercuerunt, satis apti erunt, ut consilia res suas concernentia dare possint, praesertim si in rebus majoris ponderis tempus ad meditandum concedatur. Adde quod longe abest, ut concilium, quod paucis constat, a similibus non frequentetur. Nam contra maxima ejus pars ex hominibus ejusmodi constat, quandoquidem unusquisque ibi maxime conatur socios habere bardos, qui ab ipsius ore pendeant, quod in magnis conciliis locum non habet.

치공동체가 언제나 하나의 동일한 정신을 지니게 된다.

　§4. 그러나 인간의 본성은 각자 자기의 사적인 유익을 최고의 열정을 가지고 추구하고, 자기 재산의 보존과 증식에 필요한 법을 가장 공정한 법이라고 판단하며, 자기의 재산을 확실히 지킬 수 있다고 믿는 한에서 다른 사람의 입장을 옹호하도록 만들어져 있으므로, 여기에서 다음과 같은 결론이 도출된다. 즉 왕의 자문관들은 반드시 그들의 사적인 재산과 이익이 모든 사람의 공동의 안녕과 평화에 달려 있는 사람으로 선출되어야 한다. 그러므로 각 집단 또는 계급에서 시민들 몇 사람씩을 선발한다면, 이 회의에서 충분히 많은 표를 얻은 의견이 신민의 다수에게 유익할 것이 분명하다. 이처럼 많은 수의 시민으로 구성된 회의는 필연적으로 재능이 지극히 계발되지 않은 많은 사람들로 가득할 수밖에 없지만, 그래도 확실한 것은 각 사람이 자신이 오랫동안 큰 열정을 가지고 실행해온 업무에서만큼은 충분히 현명하고 영리하다는 것이다. 그러므로 만약 만 50세가 될 때까지 자기 업무를 불명예스러운 일 없이 수행해온 사람들이 선출된다면, 이들이 자기의 일과 관련해서는 더구나 매우 중요한 사안을 다룰 때 깊이 생각할 시간마저 주어진다면, 왕에게 조언을 하기에 충분히 적합할 것이다. 한마디 덧붙이자면, 소수의 사람들로 이루어진 회의가 그와 같은 계발되지 않은 사람들로 가득하지 않으리라는 것도 실제와는 상당히 동떨어진 이야기이다. 왜냐하면 작은 회의에서는 각 사람이 자기의 입에 의존할 우둔한 동료를 가지려고 가장 열심히 노력하기 때문에 오히려 그곳에서 구성원 대부분이 그런 우둔한 사람들로 구성될 것이다. 그러나 큰 회의에서는 그럴 여지가 없다.[9]

---

[9] 이것은 홉스에 대한 답변이다. 홉스는 큰 규모의 회의에는 전문 지식을 가진 사람이 부족할 것이라고 생각한다. 토머스 홉스, 『시민론』 제10장 제10절 참조.

§ 5. Praeterea certum est, unumquemque malle regere quam regi. Nemo enim volens imperium alteri concedit, ut habet Sallustius in prima ad Caesarem oratione. Ac proinde patet, quod multitudo integra nunquam jus suum in paucos aut unum transferet, si inter ipsam convenire possit, nec ex controversiis, quae plerumque in magnis conciliis excitantur, in seditiones ire; atque adeo multitudo id libere tantummodo in regem transfert, quod absolute in potestate ipsa habere nequit, hoc est, controversiarum diremptionem et in decernendo expeditionem. Nam quod saepe etiam fit, ut rex belli causa eligatur, quia scilicet bellum a regibus multo felicius geritur, inscitia sane est, nimirum quod, ut bellum felicius gerant, in pace servire velint; si quidem pax eo in imperio potest concipi, cujus summa potestas sola belli causa in unum translata est, qui propterea virtutem suam et quid omnes in ipso uno habeant, maxime in bello ostendere potest; cum contra imperium democraticum hoc praecipuum habeat, quod ejus virtus multo magis in pace quam in bello valet. Sed quacunque de causa rex eligatur, ipse solus, ut jam diximus, quid imperio utile sit, scire nequit; sed ad hoc, ut in praec. art. ostendimus, necesse est, ut plures cives consiliarios habeat. Et quia concipere nequaquam possumus, quod aliquid de re consulenda

§5. 그 밖에 또한 확실한 것은 모든 사람이 다스림을 받기보다는 다스리기를 더 좋아한다는 사실이다. 왜냐하면 살루스티우스(Sallustius)가 율리우스 카이사르(Julius Caesar)에게 행한 첫 번째 연설에서 주장하듯이, 어느 누구도 자기가 원해서 명령권을 다른 사람에게 넘기지는 않기 때문이다.[10] 그러므로 또한 분명한 사실은 다중 전체가, 만약 그들 사이에서 합의가 이루어질 수 있고 큰 회의에서 종종 벌어지는 논쟁들로 인해 분열하지 않는다면, 자기의 권리를 소수의 사람들이나 한 사람에게 결코 양도하지 않으리라는 것이다. 그러므로 다중은 오직 자기가 절대적 권력을 가질 수 없는 일, 즉 다투는 사람들을 떼어놓는 것과 대외 출정을 결정하는 것만을 자유롭게 왕에게 양도한다. 전쟁이 왕에 의해 훨씬 더 성공적으로 치러지기 때문에 전쟁을 이유로 왕을 선출하는 일이 또한 종종 벌어진다. 그러나 그것은 분명 무지의 소치이다. 국가의 최고권력이 오직 전쟁을 이유로 한 사람에게 양도되어 있는 국가에서는 그가 자기의 덕과 모든 사람이 자기에게서 기대하는 바를 전쟁에서 가장 잘 보여줄 수 있는데 과연 평화가 수용될 수 있을지 모르겠지만, 그것은 어쨌거나 전쟁을 더 성공적으로 치르기 위해 평시에 노예처럼 살기를 원하는 것이다.[11] 반대로 민주국가는 그 덕이 전시보다 평시에 훨씬 더 가치가 있다는 장점을 가진다. 그러나 어떤 이유에서 왕을 선출하건 간에, 이미 우리가 말한 바와 같이, 왕 혼자서는 무엇이 국가에 유익한지를 알 수가 없다. 이를 위해 우리가 앞 절에서 보인 바와 같이, 왕이 많은 시민들을 자문관으로 삼는 것이 필요하다. 그리고 조언해야 할 일과 관련해

---

10 위(僞)살루스티우스, 『카이사르에게 행한 국가에 대한 연설』 제1장 제4절 참조(이 구절은 이 책의 제8장 제12절에서 다시 인용된다).

11 『신학정치론』 제18장 제5절 참조. 스피노자는 홉스의 생각, 즉 군주정이 모든 통치 형태 가운데 전쟁터에서 가장 좋은 것이라는 주장이 군주정을 옹호하기 위한 것이 아니라 평화를 옹호하기 위한 것이라는 생각을 부정한다. 토머스 홉스, 『시민론』 제10장 제17절 참조.

potest concipi, quod tam magnum hominum numerum effugerit, sequitur, quod praeter omnes hujus concilii sententias, quae ad regem deferuntur, nulla poterit concipi ad populi salutem idonea. Atque adeo, quia populi salus suprema lex, seu regis summum jus est, sequitur jus regis esse, unam ex latis concilii sententiis eligere, non autem contra totius concilii mentem quicquam decernere vel sententiam ferre (vide art. 25 praeced. cap.). Sed si omnes sententiae in concilio latae ad regem deferendae essent, fieri posset, ut rex parvis urbibus, quae pauciora habent suffragia, semper faveret. Nam quamvis ex lege concilii statutum sit, ut sententiae non indicatis earum authoribus deferantur, nunquam tamen tam bene cavere poterunt, ut non aliqua effluat; ac proinde necessario statuendum est, ut illa sententia, quae centum ad minimum suffragia non habuerit, irrita habeatur; quod quidem jus majores urbes summa vi defendere debebunt.

§ 6. Atque hic, nisi brevitati studerem, magnas hujus concilii utilitates alias ostenderem; unam tamen, quae maximi videtur esse momenti, adducam, nempe quod nullum majus ad virtutem incitamentum dari potest, hac communi spe summum hunc honorem adipiscendi: nam gloria maxime ducimur omnes, ut in nostra Ethica fuse ostendimus.

그처럼 많은 수의 사람들이 놓치는 것이 있을 수 있다고는 결코 생각할 수 없으므로, 왕에게 제출되는 이 회의의 모든 판단 외에는 어느 것도 인민의 안녕에 부합하는 것으로 여겨질 수 없을 것이다. 또한 인민의 안녕은 최고의 법률, 곧 왕의 최고 권리이므로 자문회의에서 제출한 의견들 가운데 하나를 선택하는 것은 왕의 권리이지만, 회의 전체의 뜻에 어긋나게 어떤 것을 결정하거나 판결을 내리는 것은 왕의 권리가 아니다. (앞 장의 제25절을 보라.) 그러나 만약 회의에서 제시된 모든 의견이 왕에게 제출되어야 한다면, 왕이 적은 표를 가진 작은 도시들을 늘 선호하는 일이 발생할 수 있다.[12] 왜냐하면 의견이 누구의 것인지를 표시하지 않고 왕에게 제출하도록 회의의 규칙을 정하더라도, 그 어떤 것도 새어나오지 않을 정도로 규칙이 잘 지켜질 수는 없기 때문이다. 그러므로 최소 100표를 얻지 못한 의견은 무효로 간주하는 법을 제정하는 것이 필요하다. 당연히 큰 도시들은 그 법을 온 힘을 다해 지켜야 할 것이다.

§6. 내가 지금 짧게 쓰려고 노력하지만 않는다면 여기에서 이 회의의 또 다른 유익한 점들을 보였을 것이다. 그래도 가장 중요해 보이는 것 한 가지만 추가로 언급하자면, 그것은 최고의 공직을 얻으려는 공통의 희망보다 사람을 덕스럽게 행동하도록 이끄는 더 큰 유인(誘因)이 있을 수 없다는 것이다.[13] 왜냐하면 『윤리학』에서 자세히 보인 바와 같이, 우리는 모두 명예욕에 의해 가장 많이 이끌리기 때문이다.[14]

---

12 네덜란드의 총독은 홀란트 주의 큰 도시들이 가진 표의 힘을 작은 도시들을 결집함으로써 상쇄할 수 있었다(Sir William Temple, *Observations*, 제2장, pp. 63~64). 스피노자의 군주정에서는 큰 도시가 작은 도시보다 더 많은 표를 가지지만, 왕이 소수의 제안을 받아들이지 않도록 막는 것이 여전히 필요하다.
13 『정치론』제7장 제10절, 제8장 제30절 참조.
14 『윤리학』제3부 부록(정서의 정의) 44 참조.

§ 7. Quin majori hujus concilii parti nunquam animus gerendi bellum, sed magnum pacis studium et amor semper futurus sit, dubitari non potest. Nam praeterquam quod ex bello ipsis timor semper erit bona sua cum libertate amittendi, accedit, quod ad bellum novi sumptus requirantur, quos suppeditare debent, ac etiam quod ipsorum liberi et affines, curis domesticis intenti, studium ad arma in bello applicare et militatum ire cogentur, unde domum nihil praeter gratuitas cicatrices referre poterunt. Nam, uti art. 31 praeced. cap. diximus, militiae stipendia nulla solvenda, et art. 10 ejusdem cap. ipsa ex solis civibus et ex nullis aliis formanda.

§ 8. Ad pacem et concordiam aliud praeterea, quod etiam magni est momenti, accedit, nempe quod nullus civis bona fixa habeat (vid. art. 12 praeced. cap.). Unde omnibus ex bello par propemodum periculum est: nam omnes lucri causa mercaturam exercere, vel argentum suum invicem credere, si, ut olim ab Atheniensibus, lex lata sit, qua prohibeatur unicuique argentum suum foenere aliis quam incolis dare; atque adeo negotia tractare debebunt, quae vel invicem intricata sunt, vel quae eadem media, ut promoveantur, requirunt.

§7. 이 회의의 대다수 구성원들은 의심할 바 없이 전쟁을 치를 생각을 전혀 하지 않을 것이고, 반대로 평화에 대한 커다란 열심과 사랑을 늘 품을 것이다. 왜냐하면 전쟁 자체가 그들로 하여금 자유와 재산을 잃을 것을 늘 두려워하도록 만들겠지만, 이에 더해 전쟁을 위해 제공해야 할 새로운 비용이 그들에게 요구될 것이고, 또 집안일을 돌보는 데에 열중하던 자식들과 친척들이 전쟁 무기를 마련하는 일에 열심을 쏟고 병사로서 싸우러 나가도록 강제될 것이기 때문이다. 그러나 그들은 거저 얻은 상처 외에 아무것도 전장에서 집으로 가지고 올 수 없을 것이다.[15] 왜냐하면 앞 장의 제31절에서 우리가 말한 바와 같이 군대에 어떤 보수도 지급되어서는 안 되고, 그 장의 제10절에서 말한 바와 같이 군대는 오직 시민들로만 구성되어야 하며 다른 어떤 사람들로도 구성되어서는 안 되기 때문이다.

§8. 평화와 화합을 위해 또한 중요한 의미를 가지는 그 밖의 다른 것을 추가하자면, 그것은 어떤 시민도 부동산을 가지지 않도록 하는 것이다(앞 장의 제12절을 보라). 그러면 전쟁에서 비롯하는 위험이 모든 사람에게 거의 같아진다. 왜냐하면 만약 사람들로 하여금 한때 아테네인들이 그랬던 것처럼[16] 자기 돈을 주민이 아닌 다른 사람에게는 이자를 받고 빌려주지 못하도록 법으로 금지한다면, 모든 사람이 이익을 얻기 위해서는 외국과 상업을 행하거나[17] 자기 돈을 주민들에게 빌려줄 것이기 때문이다. 그러므로 시민들은 서로 얽혀 있는 일 또는 자신들이 발전하기 위해 동일한 수단을 필요로 하는 일을 취급해야 할 것이다.[18] 그러면

---

15 쿠르티우스, 『알렉산드로스 대왕 전기』 제8권 제7장 제11절 참조.

16 Johan de la Court, *Polityke Weegschaal*, vol. 3, 제2장 제1절, p. 505 참조.

17 스피노자는 그의 모델 군주정을 네덜란드 공화국처럼 상업국가로 만들어 그 국가에 평화 지향성을 추가한다. 『정치론』 제7장 제28절 참조.

18 잠바티스타 비코(Giambattista Vico)는 사회적 조화를 유지하기 위해 경제적 동기를

Atque adeo hujus concilii maximae parti circa res communes et pacis artes una plerumque eademque erit mens; nam, ut art. 4 hujus cap. diximus, unusquisque alterius causam eatenus defendit, quatenus eo ipso rem suam stabilire credit.

§ 9. Quod nemo unquam in animum inducet hoc concilium muneribus corrumpere, dubitari non potest. Si enim aliquis ex tam magno hominum numero unum aut alterum ad se trahat, sane nihil promovebit; nam, uti diximus, sententia, quae centum ad minimum suffragia non habuerit, irrita est.

§ 10. Quod praeterea hujus concilii semel stabiliti membra ad minorem numerum redigi non poterunt, facile videbimus, si hominum communes affectus consideremus. Omnes enim gloria maxime ducuntur, et nullus est, qui sano corpore vivit, qui non speret in longam senectutem vitam trahere. Si itaque calculum ineamus eorum, qui revera annum quinquagesimum aut sexagesimum aetatis attigerunt, et rationem praeterea habeamus magni istius concilii numeri, qui quotannis eligitur, videbimus vix aliquem eorum, qui arma ferunt, dari posse, qui non magna spe teneatur, huc dignitatis ascendere; atque adeo omnes hoc concilii jus, quantum poterunt, defendent. Nam notandum, quod corruptio, nisi paulatim irrepat, facile praevenitur; at quia facilius concipi potest, et minori

이 회의의 대다수 구성원들이 공통의 사안과 평화의 방책에 관해 대체로 같은 생각을 가질 것이다. 왜냐하면 이 장의 제4절에서 우리가 말한 바와 같이, 모든 사람은 자기 재산을 확실히 지킬 수 있다고 믿는 한에서 다른 사람의 입장을 옹호하기 때문이다.

§9. 어느 누구도 이 회의를 선물로 부패시키기로 감히 마음먹지 않으리라는 것에는 의심의 여지가 없다. 만약 어떤 사람이 그처럼 많은 수의 사람 가운데 한두 사람을 자기편으로 끌어들일 수 있더라도, 확실히 아무것도 이루지 못할 것이다. 왜냐하면 우리가 이미 말한 바와 같이, 최소 100표를 얻지 못한 의견은 무효이기 때문이다.

§10. 그 밖에 한번 확정된 이 회의의 구성원 수가 줄어들 수 없다는 것은 인간의 공통 정서를 고려하면 쉽게 알 수 있다. 왜냐하면 모든 사람은 명예심에 의해 가장 많이 이끌리며, 건강한 몸을 가진 사람이 오랜 노년의 삶을 영위하기를 바라지 않는 경우는 없기 때문이다. 만약 실제 만 50세나 60세에 이른 사람의 수를 헤아려보고, 또 이 회의에 해마다 선출되는 사람의 수를 생각해본다면, 무기를 드는 사람 가운데 이 지위에까지 오를 큰 희망에 사로잡히지 않는 사람이 있을 수 있다고는 좀처럼 생각할 수 없을 것이다. 그러므로 모든 사람이 회의의 구성원을 교체하고 충원하는 일과 관련된 이 법을 최대한 지킬 것이다.[19] 주의할 것은 부패가 서서히 스며들지 않는다면 쉽게 예방될 수 있다는 것이다. 모든 씨족에서 똑같이 더 적은 수의 자문관을 선발하는 것이 몇몇 씨족에

이용하려는 스피노자의 생각을 비웃었다. "스피노자는 국가에 대해 마치 그것이 소상인들의 모임인 것처럼 말하고 있다"(『새로운 학문』 제1권 제3부 제335절). 스피노자의 상업적 관점은 군주국가에만 특별히 적용되는 것이 아니라 군주국가도 그 관점에 묶일 정도로 포괄적이다.

19 『정치론』 제8장 제30절 참조.

invidia fieri, ut ex unaquaque familia quam ut ex paucis minor numerus eligatur, aut ut una aut alia secludatur, ergo (per art. 15 praeced. cap.) consiliariorum numerus non potest ad alium minorem redigi, nisi simul ab eo una tertia, quarta aut quinta pars auferatur, quae sane mutatio admodum magna est et consequenter a communi praxi omnino abhorrens. Nec mora praeterea sive in eligendo negligentia timenda est, quia haec ab ipso concilio suppletur. Vid. art. 16 praeced. cap.

§ 11. Rex igitur, sive multitudinis metu ductus, vel ut sibi armatae multitudinis majorem partem devinciat, sive animi generositate ductus, ut scilicet utilitati publicae consulat, illam semper sententiam, quae plurima suffragia habuerit, hoc est (per art. 5 hujus cap.), quae imperii majori parti est utilior, firmabit, aut discrepantes sententias, quae ad ipsum delatae sunt, si fieri potest, conciliare studebit, ut omnes ad se trahat, qua in re nervos intendet suos, et ut tam in pace quam in bello experiantur, quid in ipso uno habeant; atque adeo tum maxime sui juris erit et imperium maxime habebit, quando maxime communi multitudinis saluti consulit.

§ 12. Nam rex solus omnes metu continere nequit; sed ipsius potentia, ut diximus, nititur militum numero, et praecipue eorundem virtute et fide, quae semper inter homines tamdiu constans erit, quamdiu indigentia, sive haec honesta, sive turpis sit, copulantur. Unde fit, ut reges incitare saepius milites quam coercere, et magis

서만 그렇게 하거나 한두 씨족을 아예 배제하는 것보다 더 쉽게 받아들여질 수 있고 더 적은 사람에게서 질투를 유발한다. 그러므로 (앞 장의 제15절에 따라) 자문관의 수는 그 수에서 3분의 1, 4분의 1, 또는 5분의 1을 동시에 덜어내지 않는 한, 다른 더 적은 수로 줄어들 수 없다. 그러나 그것은 분명히 아주 큰 변화이고, 그러므로 일반적인 관행에 전혀 맞지 않다. 그 밖에 왕에 의한 선발이 지체되거나 부주의하게 이루어질 것을 두려워할 필요는 없다. 왜냐하면 그때에는 회의가 임시로 그 일을 대신하기 때문이다. 앞 장의 제16절을 보라.

§11. 그러므로 왕은 다중에 대한 공포에 이끌려서건, 무장한 다중의 더 큰 부분을 자기에게 복종시키기 위해서건, 아니면 공공의 이익을 돌보려는 관대한 영혼에 이끌려서건 간에 가장 많은 표를 얻은 의견, 즉 (이 장의 제5절에 따라) 국가의 더 큰 부분에 더 유익한 의견을 언제나 승인할 것이다. 또는 자기에게 제출된 상충하는 의견들을 할 수 있는 한 중재하려고 노력할 것이다. 이 일에 자기의 신경을 쏟아 모든 사람을 자기편으로 만들기 위해,[20] 그리고 그들이 전시(戰時)에 그 한 사람에게서 기대하는 것을 평시에도 경험하도록 하기 위해 그렇게 노력할 것이다. 그러므로 왕은 다중의 공동의 안녕을 가장 많이 염려할 때 가장 많이 자기 권리 아래 있게 될 것이고 가장 많이 주권을 보유하게 될 것이다.

§12. 왜냐하면 왕이 홀로 모든 사람을 공포를 이용해 붙잡아둘 수는 없기 때문이다. 왕의 힘은 우리가 이미 말한 바와 같이 병사들의 수에 기반하며, 특히 그들의 덕과 신의에 기반한다. 덕과 신의는 필요가 사람들을 결합하는 동안, 그 필요가 떳떳한 것이건 부끄러운 것이건 간에, 언제나 사람들 사이에 있을 것이다.[21] 그래서 왕들은 병사들을 억제하기

---

20 테렌티우스, 『환관』 312행: "si adeo digna res[es]t ubi tu nervos intendas tuos."

eorum vitia quam virtutes dissimulare soleant, et plerumque, ut optimos premant, inertes et luxu perditos inquirere, agnoscere, pecunia aut gratia juvare, prehensare manus, jacere oscula, et omnia servilia pro dominatione agere. Ut itaque cives a rege prae omnibus agnoscantur, et quantum status civilis sive aequitas concedit sui juris maneant, necesse est, ut militia ex solis civibus componatur, et ut ipsi a consiliis sint; et contra eos omnino subactos esse, et aeterni belli fundamenta jacere, simulatque milites auxiliares duci patiuntur, quorum mercatura bellum est et quibus in discordiis et seditionibus plurima vis.

§ 13. Quod regis consiliarii ad vitam eligi non debeant, sed in tres, quatuor, vel quinque ad summum annos, patet tam ex art. 10 hujus capitis quam ex iis, quae in art. 9 hujus etiam capitis diximus. Nam si ad vitam eligerentur, praeterquam quod maxima civium pars vix ullam spem posset concipere eum honorem adipiscendi; atque adeo magna inde inter cives inaequalitas, unde invidia et continui rumores et tandem seditiones orirentur, quae sane regibus dominandi avidis non ingratae essent; magnam praeterea ad omnia licentiam (sublato scilicet succedentium metu) sumerent, rege minime adversante.

보다 더 자주 자극하고 병사들의 악행을 더 많이 감춰주곤 한다.[22] 그리고 최선자들을 억누르기 위해 자주 무능한 자들과 사치로 인해 타락한 자들을 찾아 인정하고, 그들에게 돈이나 은혜를 베풀어 돕고, 그들의 손을 잡고, 그들에게 입맞춤을 보내고, 지배를 위해 온갖 노예 같은 짓들을 행하곤 한다.[23] 그러므로 왕이 시민들을 다른 어떤 사람들보다 더 중요하게 인식하기 위해서는, 그리고 정치적 상태나 평등이 허락하는 한에서 시민들이 자기 권리 아래 머무르기 위해서는 군대가 오직 시민들로만 구성되고 시민들이 자문관이 되는 것이 필수적이다. 반대로 왕이 용병을 고용하는 것이 용인되는 즉시 필연적으로 시민들은 예속되고 영구적 전쟁에는 기초가 놓인다. 왜냐하면 전쟁은 용병들의 사업이며, 불화와 반란이 있을 때 그들이 가진 무력이 더 쓸모 있기 때문이다.[24]

§13. 왕의 자문관이 종신으로 선발되어서는 안 되고 3년이나 4년, 또는 최대 5년의 임기로 선발되어야 한다는 것은 이 장의 제10절뿐만 아니라 이 장의 제9절에서 우리가 말한 것에 의해서도 분명하다. 왜냐하면 만약 그들이 종신으로 선발된다면 시민의 대부분이 이 명예로운 자리에 오를 희망을 아예 품을 수 없다는 것은 말할 필요도 없고,[25] 이 때문에 시민들 사이에 큰 불평등이, 그것에서 또한 질투와 끊임없는 소문들이, 그리고 끝내 분란이 생겨날 것이기 때문이다. 물론 주인처럼 지배하기를 갈망하는 왕에게는 이 분란이 전혀 불편한 일이 아닐 것이다. 그 밖에 자문관들이 (종신으로 선발되어 후임 자문관에 대한 두려움에서 벗어난다면 당연히)[26] 모든 일을 제멋대로 결정할 것이다. 그런데도 왕은 거

---

21 『신학정치론』 제16장 제7절; 『정치론』 제3장 제14절 참조.
22 타키투스, 『역사』 제2권 제82장 제1절 참조.
23 타키투스, 『역사』 제1권 제36장 제2~3절 참조.
24 타키투스, 『역사』 제4권 제1장 제3절 참조.
25 『정치론』 제8장 제30절 참조.

Nam quo civibus magis invisi, eo magis regi adhaerebunt eique ad adulandum magis proni erunt. Imo quinque annorum intervallum nimium adhuc videtur, quia eo temporis spatio non adeo impossibile factu videtur, ut magna admodum concilii (quam etiam magnum sit) pars muneribus aut gratia corrumpatur. Atque adeo longe securius res sese habebit, si quotannis ex unaquaque familia duo cedant et totidem iisdem succedant (si nimirum ex unaquaque familia quinque consiliarii habendi sunt), praeterquam eo anno, quo juris prudens alicujus familiae cedit et novus ejus loco eligitur.

§ 14. Rex praeterea nullus majorem sibi securitatem polliceri potest, quam qui in hujusmodi civitate regnat. Nam praeterquam quod cito perit, quem sui milites salvum esse nolunt, certum est regibus summum semper periculum esse ab iis, qui eis proximi sunt. Quo igitur consiliarii numero pauciores et consequenter potentiores sunt, eo regi majus ab ipsis periculum est, ne imperium in alium transferant. Nihil sane Davidem magis terruit, quam quod ipsius consiliarius Achitophel partes Absolomi elegerat. Huc accedit, si omnis potestas in unum absolute translata fuerit, quae tum longe facilius ex uno in alium transferri potest. Suscepere enim duo manipulares imperium Romanum transferre, et transtulerunt (Tacit. Hist. lib. I). Omitto artes et astus callidos consiliariorum, quibus sibi

의 아무런 반대도 하지 않을 것이다. 왜냐하면 자문관들이 시민들에게서 미움을 더 많이 받을수록 그만큼 자문관들이 왕의 편에 더 많이 붙을 것이고 왕에게 아첨하려는 경향을 더 많이 보일 것이기 때문이다. 사실 5년의 시간조차도 아주 길어 보인다. 왜냐하면 이 기간 동안 회의의 가장 큰 부분이 (그 부분이 얼마나 크건 간에) 선물이나 호의에 의해 매수되는 일이 발생하는 것이 전적으로 불가능해 보이지는 않기 때문이다. 그러므로 (각각의 씨족에서 어쨌거나 다섯 명의 자문관이 선발되어야 한다면) 어느 씨족의 법률 전문가가 떠나고 새로운 법률 전문가가 그 자리에 선발되는 해를 제외하고 해마다 각 씨족에서 두 사람이 떠나고 두 사람이 새롭게 그 뒤를 잇는다면 훨씬 더 안전할 것이다.

§14. 어떤 왕도 이렇게 세워진 정치공동체에서 다스리는 자보다 더 큰 안전을 누릴 수 없다. 왜냐하면 그가 무사하기를 자기 병사들이 바라지 않는 왕이 신속히 망한다는 사실을 제외하더라도, 확실히 왕과 가장 가까이 있는 사람들에게서 언제나 가장 큰 위험이 오기 때문이다. 그러므로 자문관이 수적으로 더 적을수록, 그래서 [각자의] 힘이 더 강할수록 그들이 국가를 다른 사람에게 넘겨줄 더 큰 위험이 왕에게 있다. 정말로 어느 것도 자문관 아히도벨이 압살롬의 편을 선택한 것보다 다윗을 더 두렵게 하지는 않았다.[27] 여기에 더해 만약 모든 권력이 한 사람에게 전적으로 양도되어 있다면, 그때 권력은 훨씬 더 쉽게 한 사람에게서 다른 사람에게 양도될 수 있다. 예컨대, 사병 두 사람이 로마 인민에 대한 통수권을 옮기려고 시도했고 실제로 옮기는 데 성공했다.[28] 자문관들이 왕의 시기와 질투에 희생되지 않기 위해 어떤 기술과 교활한 간계

---

26 『정치론』 제7장 제21절 참조.
27 「사무엘 하」 제15장 제31절 참조.
28 통수권이 갈바(Galba)에게서 오토(Otho)에게 이양됐다. 타키투스, 『역사』 제1권 제25장 제1절 참조. 이 구절은 『신학정치론』 주석 35에서도 인용된다.

cavere debent, ne invidiae immolentur, quia nimis noti sunt, et nemo, qui Historias legit, ignorare potest consiliariis fidem plerumque exitio fuisse; atque adeo, ut sibi caveant, eosdem callidos, non fidos esse oportet. Sed si consiliarii plures numero, quam ut in eodem scelere convenire possint, et omnes inter se aequales sint, nec ultra quadriennium eo officio fungantur, regi nequaquam formidolosi esse queunt, nisi libertatem iis adimere tentet, quo omnes cives pariter offendet. Nam (ut Ant. Perezius optime notat) imperio absoluto uti principi admodum periculosum, subditis admodum odiosum, et institutis tam divinis quam humanis adversum, ut innumera ostendunt exempla.

§ 15. Praeter haec alia fundamenta in praec. cap. jecimus, ex quibus regi magna imperii, et civibus libertatis ac pacis obtinendae securitas oritur, quae suis locis ostendemus. Nam quae ad supremum concilium spectant, quaeque maximi ponderis sunt; ante omnia demonstrare volui; jam reliqua eo, quo ipsa proposui, ordine persequar.

를 이용해 자기 자신을 지켜야 하는지에 관해서는 말하지 않겠다. 왜냐하면 그것은 너무 많이 알려져 있고, 타키투스(Tacitus)의 『역사』를 읽은 사람이면 어느 누구도 충성이 자문관들에게 종종 파멸이었음을 간과할 수 없기 때문이다. 그러므로 자문관들은 자기를 지키기 위해 충성스럽기보다 교활할 필요가 있다. 그러나 만약 자문관들이 그와 같은 범죄에 참여하기에 수적으로 너무 많다면, 그리고 모든 사람이 서로 평등하고 4년 넘게 그 공직에서 집무하지 않는다면, 왕이 그들에게서 자유를 빼앗으려고 시도하지 않는 한, 그럼으로써 동시에 모든 시민을 공격하지 않는 한, 그들은 왕에게 결코 두려움의 대상이 되지 않을 것이다.[29] (안토니오 페레스가 매우 탁월하게 지적하듯이)[30] 절대적 지배권을 행사하는 것은 셀 수 없이 많은 예들이 보여주듯이 군주에게는 매우 위험한 일이고 신민들에게는 매우 불쾌한 일이며 신이 만든 제도에나 인간이 만든 제도에나 모두 어긋나는 일이다.

§15. 이것들 외에 우리는 앞 장에서 왕에게는 국가의 위대함을 가져다주고 시민들에게는 자유와 평화의 안전한 보유를 가져다주는 다른 기초들을 제시했다. 이 기초들에 대해서는 우리가 다른 적절한 곳에서 설명할 것이다. 왜냐하면 여기에서는 최고 자문관 회의와 관련된 것들, 그중에서도 중요성이 가장 큰 것들을 먼저 증명하려고 했기 때문이다. 이제 내가 제안한 순서대로 나머지 기초들을 살펴보겠다.

---

29 스피노자는 어쩌면 빌럼 2세가 1650년에 홀란트 주의회의 의원 6명을 체포한 사건을 염두에 두고 있을 것이다.

30 Antonio Pérez, *Relaçiones*, Paris 1598, p. 133. 한때 스페인 펠리페 2세의 비서였던 안토니오 페레스(1539~1610)는 이 책에서 자신의 과거 주인의 행동을 폭로함으로써 자신의 행동을 정당화했다. 스피노자의 유품 가운데 *Las Obras y Relaciones de Antonio Perez Secretario de Estado*(1644)가 있었다. 이에 대해서는 Carl Gebhardt (ed.), *Opera*, vol. 5, pp. 156ff. 참조.

§ 16. Quod cives eo potentiores et consequenter magis sui juris sint, quo majores urbes et magis munitas habent, dubio caret: quo enim locus in quo sunt tutior est, eo libertatem suam melius tueri, sive hostem externum vel internum minus timere possunt; et certum est, homines naturaliter securitati suae eo magis consulere, quo divitiis potentiores sunt. Quae autem urbes alterius potentia, ut conserventur, indigent, aequale jus cum eo non habent; sed eatenus alterius sunt juris, quatenus alterius potentia indigent. Jus enim sola potentia definiri in cap. II ostendimus.

§ 17. Hac eadem etiam de causa, ut cives scilicet sui juris maneant et libertatem tueantur, militia ex solis civibus nullo excepto constare debet. Etenim homo armatus magis quam inermis sui juris (vide art. 12 hujus cap.), et ii cives suum jus in alterum absolute transferunt ejusdemque fidei omnino committunt, cui arma dederunt et urbium munimenta crediderunt. Huc accedit humana avaritia, qua plerique maxime ducuntur: fieri enim non potest, ut auxiliarius miles sine magnis sumptibus conducatur, et cives vix pati possunt exactiones, quae sustentandae otiosae militiae requiruntur. Quod autem nullus, qui integrae militiae vel magnae ejus parti imperet, nisi cogente necessitate in annum ad summum eligendus sit, norunt omnes, qui historias tam sacras quam profanas legerunt. Ratio autem nihil hoc clarius docet. Nam sane imperii robur ei omnino creditur, cui

§16. 시민들이 더 큰 도시, 그리고 더 잘 방어된 도시를 가질수록 그만큼 더 강하고, 그러므로 더 많이 자기 권리 아래 있다는 것에는 의심의 여지가 없다. 왜냐하면 거주하는 장소가 더 안전할수록 시민들이 외부의 적이나 내부의 적을 덜 두려워할 수 있고 또 그만큼 자기 자유를 더 잘 지킬 수 있기 때문이다. 그리고 본성적으로 인간이 더 부유할수록 자기의 안전을 더 많이 염려하는 것이 분명하다. 그러나 자기를 보존하기 위해 다른 존재의 힘을 필요로 하는 도시는 그와 동등한 권리를 가지지 않고, 다른 존재의 힘을 필요로 하는 만큼 그의 권리 아래 있다. 왜냐하면 우리가 제2장에서 보인 바와 같이, 권리는 오직 힘에 의해 정의되기 때문이다.

§17. 또한 같은 이유에서 군대는 시민들이 자기 권리 아래 머무르고 자유를 지키기 위해 어떤 예외도 없이 오직 시민들로만 구성되어야 한다.[31] 왜냐하면 무장한 사람은 무장하지 않은 사람보다 더 많이 자기 권리 아래 있고(이 장의 제12절을 보라), 다른 사람에게 무기를 주고 도시의 방어 수단을 믿고 맡기는 시민들은 자기의 권리를 그에게 완전히 양도하는 것이며, 그의 신의에 자기를 전적으로 내맡기는 것이기 때문이다. 여기에 많은 사람들을 가장 강력하게 이끄는 정서인 재산에 대한 욕심이 더해진다. 왜냐하면 용병은 큰 비용 없이 모집될 수 없고, 하는 일 없는 군대의 유지를 위한 세금 징수를 시민들은 좀처럼 견디지 못하기 때문이다. 그리고 군대의 전체 또는 큰 부분에 명령하는 사람이 선출되어서는 안 된다는 것을, 다만 불가피한 사정이 있을 때에만 최대 1년의 임기로 선출되어야 한다는 것을, 성서의 역사나 세속의 역사를 읽은 사람이면 모두 알았다. 이성이 이보다 더 분명하게 가르치는 것은 없다. 왜냐하면 [그렇게 하지 않으면] 군사적 영광을 차지하고 자기 이름을 왕

---

31 『신학정치론』 제17장 제18절 참조.

satis temporis conceditur, ut militarem gloriam occupet, ipsiusque nomen supra regis attollatur, vel fidum sibi exercitum faciat obsequio, liberalitate et reliquis artibus ducibus assuetis, quibus alienum servitium et sibi dominationem quaerunt. Denique ad majorem totius imperii securitatem addidi, quod hi militiae imperatores eligendi sunt ex regis consiliariis, vel qui eodem officio functi sunt, hoc est, viris, qui eo aetatis pervenerunt, qua homines plerumque vetera et tuta quam nova et periculosa malint.

§ 18. Cives inter se familiis distinguendos esse dixi, et ex unaquaque aequalem consiliariorum numerum eligendum, ut majores urbes plures haberent pro numero civium consiliarios, et plura, ut aequum est, adferre possent suffragia. Nam imperii potentia et consequenter jus ex civium numero aestimanda est; nec credo, quod ad hanc inter cives aequalitatem servandam aliud medium aptius excogitari potest, qui omnes natura ita comparati sunt, ut unusquisque generi suo adscribi velit et stirpe a reliquis internosci.

§ 19. Praeterea in statu naturali unusquisque nihil minus sibi vindicare et sui juris facere potest quam solum, et quicquid solo ita adhaeret, ut id nusquam abscondere nec portare, quo velit, potest. Solum igitur, et quicquid ei ea, qua diximus, conditione adhaeret, apprime communis

의 이름 위로 드높이기에 충분한 시간을 가진 사람에게, 또는 상냥함과 관대함을 이용해, 그리고 타인의 예속과 자기의 지배를 추구하는 지휘관들에게 익숙한 다른 기술들을 이용해 자기에게 충실한 군대를 만들기에 충분한 시간을 가진 사람에게 국가의 군사력이 전적으로 맡겨지기 때문이다.[32] 마지막으로 국가 전체의 더 큰 안전을 위해 추가된 것은 군대의 지휘관들이 왕의 자문관들 중에서 선출되거나 그 공직에서 활동했던 사람들, 즉 대부분 새롭고 위험한 것보다 오래되고 확실한 것을 더 선호할 나이에 도달한 사람들 가운데에서 선출되어야 한다는 것이다.[33]

§18. 더 큰 도시들이 시민의 수에 상응해 더 많은 수의 자문관을 가지고 공정하게 더 많은 표를 던질 수 있기 위해서는 시민들이 씨족들로 구분되어야 하며, 각 씨족에서 동일한 수의 자문관이 선발되어야 한다고 나는 말했다. 국가의 힘은, 그러므로 또한 권리는 시민의 수를 통해 측정될 수 있기 때문이다. 시민들 사이의 평등을 지키기 위한 다른 더 적합한 수단이 생각될 수 있다고 나는 믿지 않는다. 왜냐하면 모든 사람은 본성적으로 이렇게 자기 종족에 귀속되고 출신에 따라 다른 사람들과 구별되어 인식되기를 원하도록 만들어져 있기 때문이다.[34]

§19. 그 밖에 자연 상태에서 각 사람이 자기의 소유임을 주장하고 자기 권리에 속한 것으로 만들 수 없는 것은 다른 무엇보다도 땅과 거기에 붙어 있어서 어디에도 감출 수 없고 원하는 곳으로 옮길 수도 없는 것이다. 그러므로 땅과 우리가 말한 조건에 의해 땅에 붙어 있는 것은 우선

---

32 니콜로 마키아벨리, 『로마사 논고』 제3권 제24장 참조.
33 『정치론』 제10장 제2절 참조. 이 문장은 타키투스, 『연대기』 제1권 제2절에서 차용한 것이다.
34 이에 대한 근거를 스피노자는 제시하지 않으며, 『윤리학』의 정서 이론에서도 제시하지 않는다.

civitatis juris est, nempe eorum omnium, qui junctis viribus, vel ejus, cui omnes potestatem dederunt, qua id sibi vindicare possit. Et consequenter solum, et quicquid ei adhaeret, tanti valere apud cives debet, quantum necesse est, ut pedem eo in loco figere et commune jus seu libertatem tueri possint. Caeterum utilitates, quas civitas hinc necesse est, ut capiat, ostendimus art. 8 hujus capitis.

§ 20. Ut cives, quantum fieri potest, aequales sint, quod in civitate apprime necessarium est, nulli nisi a rege oriundi nobiles censendi sunt. At si omnibus ex rege oriundis uxorem ducere seu liberos procreare liceret, successu temporis in magnum admodum numerum crescerent, et regi et omnibus non tantum oneri, sed formidolosissimi insuper essent. Homines enim, qui otio abundant, scelera plerumque meditantur; unde fit, ut reges maxime nobilium causa inducantur bellum gerere, quia regibus nobilibus stipatis major ex bello quam ex pace securitas et quies. Sed haec, utpote satis nota, relinquo, ut et quae ex art. 15 usque ad 27 in praec. capite dixi: nam praecipua in hoc cap. demonstrata, et reliqua per se manifesta sunt.

정치공동체의 공동의 권리에, 즉 힘을 합쳐 땅을 지키는 모든 사람에게 또는 모든 사람이 권한을 주어 자신들을 위해 땅을 지킬 수 있도록 한 사람에게 속한다. 그러므로 땅과 거기에 붙어 있는 것은 시민들이 그곳에 발을 붙이고 공동의 권리, 곧 자유를 지킬 수 있기 위해 필요한 만큼의 가치를 가져야 한다. 정치공동체가 이 기초에서 필연적으로 얻어낼 유익들을 우리는 또한 이 장의 제8절에서 제시했다.

§20. 시민들 사이의 평등은 정치공동체에서 무엇보다도 필요한 것이므로[35] 시민들이 가능한 한 평등하기 위해 왕에게서 생겨난 자가 아니면 어느 누구도 귀족으로 여겨져서는 안 된다.[36] 그러나 그렇게 하더라도 만약 왕의 모든 자식에게 배우자를 취하거나 자식을 만드는 것이 허락된다면 시간이 지남에 따라 귀족들이 엄청나게 많은 수로 증가할 것이고, 그러면 왕에게나 모든 사람에게 짐이 될 뿐만 아니라 더 나아가 지극히 두려운 존재가 될 것이다.[37] 왜냐하면 사람이 한가하면 대개 나쁜 짓을 할 생각을 하기 때문이다. 많은 경우에 왕들은 귀족들 때문에 전쟁을 하도록 이끌린다. 귀족들에게 둘러싸여 있는 왕은 평화보다 전쟁에서 더 큰 안전과 평온함을 느끼기 때문이다. 그러나 이것은 충분히 알려져 있으므로 더 이야기하지 않고 넘어가겠다. 앞 장의 제15절부터 제27절까지에서 말한 것들도 마찬가지로 더 이야기하지 않고 넘어가겠다. 특별한 것들은 이미 이 장에서 증명했고, 나머지 것들은 그 자체로 명확하기 때문이다.

---

35 스피노자의 군주정에서 모든 토지는 군주의 소유물이다. 그러나 거기에 봉건적 위계 구조는 없다. 스피노자는 군주정에서조차 봉건적 사회구조를 분명히 거부한다.

36 홀란트에는 매우 적은 수의 귀족만 있었다(Sir William Temple, *Observations*, 제2장, p. 64 참조). 마키아벨리는 봉건귀족을 모든 자유로운 정부의 적으로 간주한다(『로마사 논고』 제1권 제55장 참조).

37 프랜시스 베이컨, 『수필집』 14번 참조.

§ 21. Quod judices plures numero esse debeant, quam ut a viro privato magna ejus pars possit muneribus corrumpi, ut et quod suffragia non palam, sed clam ferre debeant, et quod vacationis praemium mereantur, omnibus etiam notum. Sed solent ubique annuum habere stipendium; unde fit, ut non admodum festinent lites dirimere, et saepe ut quaestionibus nullus sit finis. Deinde ubi bonorum publicatio regum emolumenta sunt, ibi saepe *non jus aut verum in cognitionibus, sed magnitudo opum spectatur; passim delationes, et locupletissimus quisque in praedam correpti; quae gravia et intoleranda, sed necessitate armorum excusata etiam in pace manent.* At judicum avaritia, qui scilicet in duos aut tres annos ad summum constituuntur, metu succedentium temperatur, ut jam taceam, quod judices bona fixa nulla habere possunt, sed quod argentum suum lucri causa concivibus credere debeant; atque adeo iis magis consulere quam insidiari coguntur, praesertim si ipsi judices magno, uti diximus, numero sint.

§ 22. At militiae nullum decernendum esse stipendium diximus: nam summum militiae praemium libertas est. In statu enim naturali nititur unusquisque sola libertatis causa sese quantum potest

§21. 재판관의 다수가 사인(私人)에 의해 선물로써 매수될 수 없을 정도로 재판관의 수가 많아야 한다는 것, 투표가 공개적으로 이루어져서는 안 되고 은밀하게 이루어져야 한다는 것, 그리고 그들이 시간을 할애하는 것에 대한 보상이 주어져야 한다는 것은 모든 사람에게 또한 알려져 있다. 그러나 그들이 어느 곳에서든지 1년치 봉급을 받곤 해서 다툼을 중지시키는 일을 그리 서두르지 않는 경우가, 때로는 사건의 조사가 아예 끝나지 않는 경우가 발생한다. 더 나아가 몰수된 재산이 왕의 수입인 곳에서는 "종종 심리(審理)에 법이나 진실 대신 재산의 많음이 고려된다. 그 결과, 곳곳에서 고발이 이루어지고 가장 부유한 자가 먹잇감이 되어 붙잡힌다. 무겁고 참을 수 없는 이런 행태들이 군사적 필요에 의해 양해되다가 평상시까지 지속된다."[38] 그러나 재판관이 2년이나 최대 3년의 임기로 임명된다면, 그들의 소유욕은 후임자에 대한 두려움에 의해 절제된다. 재판관이 부동산을 소유할 수 없다는 것, 그래서 이익을 위해서는 자기의 돈을 동료 시민에게 빌려줘야 한다는 것은 당연히 설명할 필요가 없다. 그러므로 재판관들은, 특히 그들이 우리가 말한 것처럼 수적으로 많다면, 동료 시민에게 불이익을 주기보다 시민의 이익을 고려하도록 강제된다.

§22. 그리고 병사들에게 아무런 봉급도 주어서는 안 된다고 말했다.[39] 왜냐하면 병사들에게 최고의 보상은 자유이기 때문이다.[40] 자연적 상태에서 각 사람은 오직 자유를 위해 할 수 있는 한 자기 자신을 방어하려

---

38 타키투스, 『역사』 제2권 제84장 제1~2절 참조.
39 어디까지나 평시에만 해당된다. 『정치론』 제6장 제31절에서 스피노자는 분명히 장교를 제외한 일반 병사에 대한 보수 지급을 고려한다. 그러나 전시에만, 그것도 봉급으로서가 아니라 생계유지를 위한 수단으로서 지급하려고 한다.
40 전쟁은 자유를 위한 것이므로 보상을 필요로 하지 않는 사람들에게 종속되어야 한다. 스피노자는 『윤리학』에서 인식과 결합된 인간의 자유에 관해 비슷한 논의를 전개한다. 『윤리학』 제5부 정리 42 참조.

defendere, nec aliud bellicae virtutis praemium exspectat, quam ut suus sit. In statu autem civili omnes simul cives considerandi perinde ac homo in statu naturali, qui propterea, dum omnes pro eo statu militant, sibi cavent sibique vacant. At consiliarii, judices, praetores, etc. plus aliis quam sibi vacant, quare iis vacationis praemium decerni aequum est. Accedit quod in bello nullum honestius nec majus victoriae incitamentum esse potest quam libertatis imago. Sed si contra civium aliqua pars militiae designetur, qua de causa necesse etiam erit iisdem certum stipendium decernere, rex necessario eosdem prae reliquis agnoscet (ut art. 12 hujus cap. ostendimus), homines scilicet, qui belli artes tantummodo norunt, et in pace propter nimium otium luxu corrumpuntur, et tandem propter inopiam rei familiaris nihil praeter rapinas, discordias civiles et bella meditantur. Atque adeo affirmare possumus, imperium monarchicum hujusmodi revera statum belli esse, et solam militiam libertate gaudere, reliquos autem servire.

§ 23. Quae de peregrinis in civium numerum recipiendis art. 32 praeced. cap. diximus, per se nota esse credo. Praeterea neminem dubitare existimo, quod ii, qui regi sanguine propinqui sunt, procul ab eo esse debeant, et non belli, sed pacis negotiis distrahi, ex quibus ipsis decus et imperio quies sequatur. Quamvis nec hoc quidem

고 노력하며, 전쟁에서 보인 덕성에 대해 자기의 주인이 되는 것 외에 다른 어떤 보상을 기대하지 않는다. 정치적 상태에서 시민 전체는 자연적 상태에서의 한 사람과 마찬가지로 여겨져야 한다. 그러므로 모든 시민이 정치적 상태를 지키기 위해 병사로서 복무할 때, 그들은 자기를 지키고 자기를 위해 일하는 것이다. 그러나 자문관, 재판관, 총사령관 등은 자기보다 타인을 위해 더 많이 일하므로 그들에게 그 일에 대한 보상이 주어지는 것이 공평하다. 덧붙여 전쟁 때에는 자유를 떠올리는 것보다 승리에 대한 더 정직하고 더 큰 어떤 자극도 있을 수 없다. 그러나 만약 시민의 일부만이 군대에 배정된다면 그들에게 일정한 봉급을 주는 것이 또한 필요해질 것이고, 그러면 (이 장의 제12절에서 우리가 보인 바와 같이) 왕이 필연적으로 그들을 다른 사람들보다 우선해 인정할 것이다. 당연히 그들은 오직 전쟁의 기술만 알고 평화로운 때에 너무 많은 여가시간이 있어서 사치를 일삼고 부패하며, 결국 할 줄 아는 일이 없어서 약탈과 시민의 분열, 전쟁 외에 다른 어떤 것도 생각하지 않는다.[41] 그러므로 우리는 이런 방식으로 유지되는 군주국가가 사실상 전쟁 상태에 있으며, 오직 병사들만 자유를 누리고 다른 사람들은 노예가 된다는 것을 확인할 수 있다.

§23. 외국인을 시민의 수에 포함시키는 문제에 관해 앞 장의 제32절에서 우리가 말한 것들은 그 자체로 잘 알려져 있다고 나는 믿는다. 그밖에 혈통상 왕과 가까운 사람들이 왕으로부터 멀리 떨어져 있어야 하며,[42] 전쟁의 업무에 종사하지 않고[43] 자신에게는 명성을 가져다주고 국가에는 평온을 가져다주는 평화의 업무에 종사하며 흩어져 있어야 함

---

41 이 구절은 부분적으로 살루스티우스, 『카틸리나 전쟁』 제5장에 빚지고 있다.
42 『정치론』 제6장 제33절 참조.
43 『정치론』 제6장 제10절 참조.

Turcarum tyrannis satis tutum visum fuerit, quibus propterea religio est fratres omnes necare. Nec mirum; nam quo magis absolute imperii jus in unum translatum est, eo facilius ipsum (ut art. 14 hujus cap. exemplo ostendimus) ex uno in alium transferri potest. At imperium monarchicum, quale hic concipimus, in quo scilicet mercenarius miles nullus est, satis hoc, quo diximus, modo regis saluti cautum fore, extra dubium est.

§ 24. De iis etiam, quae art. 34 et 35 praeced. cap. diximus, ambigere nemo potest. Quod autem rex extraneam in uxorem ducere non debet, facile demonstratur. Nam praeterquam quod duae civitates, quanquam foedere inter se seciatae, in statu tamen hostilitatis sunt (per art. 14 cap. III), apprime cavendum est, ne bellum propter regis res domesticas concitetur; et quia controversiae et dissensiones ex societate praecipue, quae ex matrimonio fit, oriuntur, et quae inter duas civitates quaestiones sunt, jure belli plerumque dirimuntur, hinc sequitur imperio exitiale esse arctam societatem cum alio inire. Hujus rei fatale exemplum in Scriptura legimus: mortuo enim Salomone, qui filiam regis Aegypti sibi matrimonio junxerat, filius ejus Rehabeam bellum cum Susaco Aegyptiorum rege infelicissime gessit, a quo omnino subactus est. Matrimonium praeterea Ludovici XIV, Regis Galliarum, cum filia Philippi IV novi belli semen fuit; et praeter haec plurima exempla in

을 어느 누구도 의심하지 않는다고 나는 생각한다. 이것이 설령 튀르크인들의 참주에게는 충분히 안전한 조치로 보이지 않았고, 그래서 그들에게는 모든 형제를 죽이는 것이 신성한 의무일지라도, 나는 그렇게 생각한다.[44] 사실 튀르크인들이 그렇게 하는 것이 놀랍지는 않다. 왜냐하면 지배의 권리가 절대적으로 한 사람에게 양도되어 있을수록 그만큼 더 쉽게 그 권리가 (이 장의 제14절에서 예를 통해 우리가 보인 것처럼) 그 한 사람에게서 다른 한 사람에게 양도될 수 있기 때문이다. 그러나 우리가 여기에서 그리고 있는 군주국가에는 용병이 한 사람도 없으므로 우리가 말한 이 방식으로 왕의 안녕이 충분히 지켜질 것임을 의심할 수 없다.

§24. 앞 장의 제34절과 제35절에서 우리가 말한 것들에 관해서도 의심의 여지는 없다. 왕이 외국인을 아내로 들여서는 안 된다는 것은 쉽게 증명된다. 두 정치공동체는 설령 계약을 통해 서로 연합해 있더라도 (제3장 제14절에 따라) 여전히 적대적 상태에 있으므로 왕실의 일 때문에 전쟁이 일어나지 않도록 특별히 주의해야 한다. 그리고 논쟁과 분쟁은 혼인을 통해 맺어진 연합에서 먼저 일어나고 두 정치공동체 사이의 다툼은 대부분의 경우 전쟁의 권리에 의해 중지되므로 다른 국가와 긴밀한 연합을 맺는 것은 국가에 위험하다. 이와 관련한 불운한 사례를 우리는 성서에서 찾아볼 수 있다. 이집트 왕의 딸을 혼인을 통해 자기에게 맞아들였던 솔로몬이 죽은 후에 그의 아들 르호보암은 이집트의 왕 시삭과의 전쟁을 지극히 불행하게 치렀고, 결국 그에게 완전히 복속되었다.[45] 또한 프랑스 왕 루이 14세가 스페인 왕 펠리페 4세의 딸과 혼인한 것이 새로운 전쟁의 씨앗이 되었다.[46] 이 밖에도 훨씬 더 많은 예들을 역

---

44 Johan de la Court, *Polityke Weegschal*, vol. 1, 제2장 제4절, p. 147 참조.
45 「역대 하」 제3장 제11절, 제12장 제2~9절 참조. 시삭 왕은 기원전 10세기에 이집트의 제22대 왕조를 세운 쇼솅크(Shoshenq) 또는 셰숑크(Sheshonq) 1세를 가리킨다.
46 스페인령 네덜란드를 차지하기 위한 계승 전쟁(1667~68)을 가리킨다.

historiis leguntur.

§ 25. Imperii facies una eademque servari, et consequenter rex unus et ejusdem sexus, et imperium indivisibile esse debet. Quod autem dixerim, ut filius regis natu major patri jure succedat, vel (si nulli sint liberi) qui regi sanguine proximus est, patet tam ex artic. 13 praeced. cap., quam quia regis electio, quae a multitudine fit, aeterna, si fieri potest, esse debet; alias necessario fiet, ut summa imperii potestas saepe ad multitudinem transeat, quae mutatio summa est et consequenter periculosissima. Qui autem statuunt regem, ex eo quod imperii dominus est, idque jure absoluto tenet, posse, cui vellet, idem tradere, et successorem, quem velit, eligere, atque adeo regis filium imperii haeredem jure esse, falluntur sane. Nam regis voluntas tamdiu vim juris habet, quamdiu civitatis gladium tenet; imperii namque jus sola potentia definitur. Rex igitur regno cedere quidem potest, sed non imperium alteri tradere nisi connivente multitudine vel parte ejus validiore. Quod ut clarius intelligatur, venit notandum, quod liberi

사에서 찾아볼 수 있다.

§25. 국가의 겉모습은 단일하고 동일하게 보존되어야 한다. 그러므로 왕은 하나여야 하고, 왕의 혈통도 하나여야 하며, 국가는 나누어질 수 없어야 한다. 그러나 출생에 따라 왕의 맏아들이 정당하게 아버지의 지위를 이어받거나 (만약 자식이 아무도 없을 경우) 혈통에 따라 왕과 가장 가까운 사람이 이어받는다고 내가 말한 것은 앞 장의 제13절에 따라서도 분명하지만, 다중에 의해 이루어지는 왕의 선출이 가능하다면 영원해야 하기 때문에도 분명하다. 그렇게 되지 않을 때 국가의 최고권력이 종종 다중에게 넘어가는 일이 필연적으로 발생하는데, 그것은 최대의 변화이고 그러므로 가장 위험한 변화이다. 그러나 왕이 국가의 주인이고 국가를 절대적 권리를 가지고 소유하므로 왕이 자기가 원하는 누구에게나 국가를 넘겨줄 수 있고 자기가 원하는 사람을 계승자로 삼을 수 있으며, 그래서 왕의 아들이 정당하게 국가의 상속자인 것이라고 생각하는 사람이 있다면, 그는 참으로 속고 있는 것이다.[47] 왜냐하면 왕의 의지는 그가 정치공동체의 검을 보유하는 동안에만 법적 강제력을 가지며, 국가의 법은 오직 힘에 의해 정의되기 때문이다. 그러므로 왕이 설령 왕위를 포기할 수는 있어도, 다중이나 다중의 더 강한 부분이 묵인하지 않는 한 국가를 다른 사람에게 양도할 수는 없다. 이것을 더 분명하

---

47 홉스를 뜻한다. 홉스는 신민이 그들의 왕의 상속 재산이 되는 것이 최선이고(『시민론』 제10장 제18절) 왕이 자신의 주권을 타인에게 주거나 팔 수 있으며(『시민론』 제9장 제13절), 왕이 원하는 어느 누구에게나 주권을 유증할 수 있다고(『시민론』 제7장 제15절, 제9장 제12절) 주장했다. 스피노자에 의하면, 주권자는 사실상 다중의 더 강한 부분이다. 이 부분이 군주정적 지배 형태의 안정을 위해 분명한 계승 규칙에 관심을 가지고, 그래서 왕을 선택할 자기의 권리를 포기한다. 그러나 이와 병행해 스피노자는 왕이 죽었을 때 다중이 새로운 법률을 제정하고 낡은 법률을 폐지할 수 있다는, 분명한 반군주정적 요소를 포함하는, 그리고 군주정의 근본적 토대를 의문시하는 명제를 제시한다.

non jure naturali sed civili parentum haeredes sunt: nam sola civitatis potentia fit, ut unusquisque quorundam bonorum sit dominus. Quare eadem potentia sive jure, quo fit, ut voluntas alicujus, qua de suis bonis statuit, rata sit, eodem fit, ut eadem voluntas etiam post ipsius mortem rata maneat, quamdiu civitas permanet; et hac ratione unusquisque in statu civili idem jus, quod dum in vivis est, etiam post mortem obtinet, quia, uti diximus, non tam sua quam civitatis potentia, quae aeterna est, de suis bonis quicquam statuere potest. At regis alia prorsus est ratio: nam regis voluntas ipsum jus civile est et rex ipsa civitas; mortuo igitur rege obiit quodammodo civitas, et status civilis ad naturalem et consequenter summa potestas ad multitudinem naturaliter redit, quae propterea jure potest leges novas condere et veteres abrogare. Atque adeo apparet, neminem regi jure succedere nisi quem multitudo successorem vult, vel in theocratia, qualis Hebraeorum civitas olim fuit, quem Deus per prophetam elegerit. Possemus praeterea haec inde deducere, quod regis gladius sive jus sit revera ipsius multitudinis sive validioris ejus partis voluntas, vel etiam ex eo, quod homines ratione praediti nunquam suo jure ita cedunt, ut homines esse desinant et perinde ac pecudes

게 이해하기 위해서는 자식들이 자연적 권리에 의해서가 아니라 정치적 권리에 의해서 부모의 상속자라는 사실에 주목해야 한다. 왜냐하면 오직 정치공동체의 힘에 의해서만 각 사람은 어떤 재산의 주인이 될 수 있기 때문이다. 그러므로 자기의 재산에 관해 결정하는 어떤 사람의 의지를 유효하게 만드는 힘과 동일한 힘, 곧 권리가 마찬가지로 그 의지를 그가 죽은 뒤에도 정치공동체가 존속하는 한 지속적으로 유효하게 만든다. 이 원리에 따라 정치적 상태에 있는 각 사람은 그가 살아 있는 동안에 지녔던 것과 같은 권리를 죽은 뒤에도 보유한다. 왜냐하면 우리가 말한 것처럼 자기 재산에 관해 어떤 사람이 결정할 수 있는 것은 자기의 힘에 의해서가 아니라 정치공동체의 영구적인 힘에 의해서이기 때문이다. 그러나 왕의 경우는 전적으로 다르다. 왜냐하면 왕의 의지가 바로 국법이고, 왕이 바로 정치공동체이기 때문이다.[48] 그러므로 왕이 죽으면 어떤 식으로든 정치공동체는 해체되고 정치적 상태는 자연적 상태로 되돌아가며, 따라서 최고권력은 자연스럽게 다중에게 되돌아가고 다중은 정당하게 새로운 법률을 제정하고 낡은 법률을 폐지할 수 있다.[49] 그러므로 어느 누구도 다중이 그를 계승자로 원하지 않는 한, 또는 히브리인들의 정치공동체가 한때 그랬던 것처럼 신정(神政)에서 신이 예언자를 통해 그를 선택하지 않는 한[50] 정당하게 왕의 지위를 이어받지 못한다는 것이 드러난다. 또한 우리는 이것을 왕의 검, 곧 권리가 실제로는 다중 자체의 또는 다중의 더 강한 부분의 의지라는 사실에서 연역할 수 있다. 또는 이성을 지닌 인간이 인간이기를 멈추고 가축처럼 여겨질 정도로 자기 권리를 포기하지는 않는다는 사실에서도 연역할 수 있다.[51]

---

48 홉스의 '정치공동체'(civitas) 개념의 정의(『시민론』 제5장 제9절)와 비교해보라.

49 이것은 왕의 '영원한 선출'이 언제나 어느 정도 허구적임을(제8장 제3절 참조), 그리고 근원적 민주정이 언제나 배후에 숨어 있음을 의미한다. 이 시각은 홉스보다 로크의 시각과 더 유사하다.

50 『신학정치론』 제17장 제29절 참조.

habeantur. Sed haec ulterius persequi non est opus.

§ 26. Caeterum religionis sive Deum colendi jus nemo in alium transferre potest. Sed de hoc in duobus ultimis capitibus Tractatus Theologico-Politici prolixe egimus, quae hic repetere superfluum est. Atque his me optimi imperii monarchici fundamenta satis clare, quamvis breviter, demonstrasse autumo. Eorum autem cohaerentiam sive imperii analogiam facile unusquisque observabit, qui eadem simul aliqua cum attentione contemplari velit. Superest tantum monere, me hic imperium monarchicum concipere, quod a libera multitudine instituitur, cui solummodo haec ex usu esse possunt; nam multitudo, quae alii imperii formae assuevit, non poterit sine magno eversionis periculo totius imperii recepta fundamenta evellere et totius imperii fabricam mutare.

§ 27. Atqui haec, quae scripsimus, risu forsan excipientur ab iis, qui vitia, quae omnibus mortalibus insunt, ad solam plebem restringunt; nempe quod in vulgo nihil modicum, terrere ni paveant, et quod plebs aut humiliter servit aut superbe dominatur, nec ei veritas aut judicium, etc. At natura una et communis omnium est.

그러나 이 작업을 더 수행하는 것은 불필요하다.

§26. 그 밖에 종교적인 권리, 즉 신을 섬길 권리는 어느 누구도 다른 사람에게 양도할 수 없다. 이에 대해서는 『신학정치론』의 마지막 두 장에서 길게 다루었으므로 그것을 여기에서 반복하는 것은 불필요할 것이다. 이것으로써 최선의 군주국가의 기초들을 비록 짧지만 충분히 분명하게 증명했다고 나는 생각한다. 그 기초들의 상호 관계나 국가를 구성하는 힘들의 비율은 조금만 주의해서 고찰하려고 한다면 누구나 쉽게 관찰할 수 있을 것이다.[52] 남은 것은 내가 여기에서 자유로운 다중에 의해 세워진 군주국가를 생각한다는 것을 상기시키는 일뿐이다.[53] 이 기초들은 오직 자유로운 다중에게만 유용할 수 있다. 왜냐하면 국가의 다른 형태에 익숙해진 다중이 국가 전체를 완전히 붕괴시키는 커다란 위험 없이 자신들이 받아들였던 기초들을 제거하고 국가 전체의 구조물을 변경할 수는 없을 것이기 때문이다.

§27. 그러나 모든 필사(必死)의 존재에 내재해 있는 악덕을 오직 평민에게만 국한하는 사람들은 우리가 쓴 이것들을 어쩌면 웃음으로 받아넘길지 모른다. 즉 그들은 천민에게는 어떤 절제도 없어서 그들이 통치자를 무서워하지 않으면 오히려 통치자를 두렵게 한다거나,[54] 평민은 비굴하게 복종하거나 그렇지 않으면 오만하게 지배한다거나,[55] 평민에게는 진리나 판단력이 없다고 말한다.[56] 그러나 모든 사람의 본성은 하나

---

51 『신학정치론』 제17장 제1절 참조.
52 『정치론』 제1장 제3절 참조.
53 『정치론』 제5장 제6절 참조.
54 타키투스, 『연대기』 제1권 제29절 참조.
55 티투스 리비우스, 『로마사』 제24권 제25절 참조.
56 타키투스, 『역사』 제1권 제32장 제1절 참조.

Sed potentia et cultu decipimur, unde est, ut duo cum idem faciunt, saepe dicamus, hoc licet impune facere huic, illi non licet, non quod dissimilis res sit, sed qui facit. Dominantibus propria est superbia. Superbiunt homines annua designatione: quid nobiles, qui honores in aeternum agitant. Sed eorum arrogantia fastu, luxu, prodigalitate, certoque vitiorum concentu et docta quadam insipientia et turpitudinis elegantia adornatur, ita ut vitia, quorum singula seorsim spectata, quia tum maxime eminent, faeda et turpia sunt, honesta et decora imperitis et ignaris videantur. Nihil praeterea in vulgo modicum, terrere nisi paveant: nam libertas et servitium haud facile miscentur. Denique quod plebi nulla veritas neque judicium sit, mirum non est, quando praecipua imperii negotia clam ipsa agitantur, et non nisi ex paucis, quae celari nequeunt, conjecturam facit. Judicium enim suspendere rara est virtus. Velle igitur clam civibus omnia agere, et ne de iisdem prava judicia ferant, neque ut res omnes sinistre interpretentur, summa est inscitia. Nam si plebs sese temperare et de rebus parum cognitis judicium suspendere vel ex paucis praecognitis recte de rebus judicare posset, dignior sane esset,

이고 공통적이다. 다만 우리가 힘과 관습에 의해 속는 것이다. 두 사람이 동일한 일을 행하더라도 우리는 종종 이 사람은 처벌받지 않고 그 일을 해도 되지만 저 사람은 그 일을 해서는 안 된다고 말하는데, 그것은 그들이 행하는 일이 달라서가 아니라 행하는 사람이 달라서이다.[57] 오만함은 지배하는 자들에게 고유한 속성이다. 1년 임기로 임명된 사람도 오만하게 구는데 명예를 영구히 누리는 귀족들은 오죽할까.[58] 이 귀족들의 거만함은 오만불손, 사치, 낭비 같은 악덕들의 일정한 혼합과 뭔가를 배운 척하는 무식함, 고상한 척하는 흉함으로 장식되어 있다. 그것들 각각이 따로 관찰되면 두드러져 보여서 지극히 초라하고 흉하지만, 경험 없는 자들과 무지한 자들에게는 멋있고 아름다워 보인다. 또한 천민에게는 어떤 절제도 없어서 천민들이 통치자를 무서워하지 않으면 오히려 통치자를 두렵게 한다고 말하는데, 그것은 자유와 예속이 결코 쉽게 섞이지 않기 때문이다. 마지막으로 평민에게는 진리나 판단력이 없다고 말하는데, 국가의 주요 업무가 평민 몰래 추진되고 평민들이 감춰질 수 없는 적은 정보만 가지고 추측할 수밖에 없다는 것을 생각하면 전혀 놀랄 일이 아니다. 왜냐하면 판단을 유보하는 것은 드문 덕이기 때문이다. 그러므로 시민들 몰래 모든 일을 행하면서 그에 대해 시민들이 잘못된 판단을 내리지 않고 모든 일이 나쁘게 해석되지 않기를 바라는 것은 지극히 무식한 태도이다.[59] 만약 평민이 자기 자신을 절제할 수 있고 너무 적게 알려진 일에 대해서는 판단을 유보할 수 있다면, 또는 미리 알고 있는 적은 것들을 가지고 사안을 올바르게 판단할 수 있다면, 진정

---

57 테렌티우스, 『아델포이』 823~25행.

58 타키투스, 『연대기』 제2권 제36절 참조. 인용문의 조합은 들라쿠르에게서도 발견된다. 비슷한 내용을 리비우스에 근거해 인용한 것은 니콜로 마키아벨리, 『로마사 논고』 제1권 제58장에서도 발견된다.

59 『신학정치론』 제20장 제1~2절 참조. 이 구절은 매우 중요한 함의를 가진다. 이에 따르면, 단순한 사람들과 영리한 사람들 사이의 기존의 차이들이 정보의 제공과 그에 근거한 판단 훈련을 통해 메워질 수 있다.

ut regeret quam ut regeretur. Sed, uti diximus, natura omnibus eadem est; superbiunt omnes dominatione, terrent nisi paveant, et ubique veritas plerumque infringitur ab infensis vel obnoxiis, praesertim ubi unus vel pauci dominantur, qui non jus aut verum in cognitionibus, sed magnitudinem opum spectant.

§ 28. Milites deinde stipendiarii, militari scilicet disciplinae assueti, algoris et inediae patientes, civium turbam contemnere solent, utpote ad expugnationes vel aperto marte dimicandum longe inferiorem. Sed quod imperium ea de causa infelicius sit aut minus constans, nullus, cui mens sana est, affirmabit. Sed contra unusquisque aequus rerum aestimator illud imperium omnium constantius esse non negabit, quod parta tantum tueri nec aliena appetere potest, quodque propterea bellum omnibus modis declinare et pacem tueri summo studio conatur.

§ 29. Caeterum fateor hujus imperii consilia celari vix posse. Sed unusquisque mecum etiam fatebitur multo satius esse, ut recta

평민은 다스림을 받기보다 다스리기에 더 적합할 것이다. 그러나 이미 우리가 말한 바와 같이, 모든 사람의 본성은 똑같다. 모든 사람은 지배할 때 교만해지고 누군가를 무서워하지 않으면 두렵게 하며, 어디에서나 진리는 대개 적개심을 품은 사람들 또는 예속된 사람들에 의해 파괴된다.[60] 특히 심리(審理)에서 법이나 진실을 고려하지 않고 재산의 많음을 고려하는 한 사람 또는 소수의 사람들이 지배하는 곳에서 그렇다.

§28. 다음으로 군사적 훈련에 익숙하고 추위와 굶주림을 잘 인내하는 용병들은 시민들의 무리를 낮춰보곤 한다. 시민들이 성을 함락하는 일이나 열린 전장에서 싸우는 일에서 자신들보다 한참 열등하기 때문이다. 그러나 국가가 이런 이유에서 불행하거나 덜 안정적이라고는 건강한 정신을 가진 사람이라면 어느 누구도 인정하지 않을 것이다. 오히려 그 반대로 사안을 공정하게 평가하는 사람이라면 어느 누구나 저 국가, 즉 남의 재산을 탐하지 않으면서 자기가 획득한 것을 지킬 수 있고, 그러므로 모든 방법을 동원해 전쟁을 피하고 최고의 열심으로써 평화를 지키려고 노력하는 국가가 다른 어떤 국가보다 더 안정적이라는 것을 부정하지 않을 것이다.[61]

§29. 그 밖에 이 국가의 전략이 좀처럼 감춰질 수 없다는 것을 나는 인정한다.[62] 그러나 국가의 올바른 전략이 적들에게 드러나 있는 것이,

---

60 타키투스, 『역사』 제1권 제1장 제1절 참조.

61 스피노자는 국가들이 서로 적이라는 사실을 받아들이지만(제3장 제13절), 그 사실에서 국가가 정복을 위해 조직되어야 한다는 결론을 이끌어내지는 않는다. 그 반대로 스피노자는 최선을 다해 그의 모델 국가에 평화 지향적 성격을 부여하려고 한다(제7장 제7절, 제8장 제31절 참조). 스피노자는 분명히 마키아벨리가 『로마사 논고』 제1권 제6장에서 묘사한 국가 간 힘의 균형 속에 있는 비공격적 국가를 선호한다.

62 토머스 홉스, 『시민론』 제10장 제14~15절 참조. 홉스는 큰 회의가 비밀을 제대로 유지할 수 없다고 비판하지만, 스피노자는 이것이 단점이 아니라 오히려 자유의 조건

imperii consilia hostibus pateant, quam ut prava tyrannorum arcana clam civibus habeantur. Qui imperii negotia secreto agitare possunt, idem absolute in potestate habent, et ut hosti in bello, ita civibus in pace insidiantur. Quod silentium imperio saepe ex usu sit, negare nemo potest; sed quod absque eodem idem imperium subsistere nequeat, nemo unquam probabit. At contra rempublicam alicui absolute credere et simul libertatem obtinere, fieri nequaquam potest; atque adeo inscitia est, parvum damnum summo malo vitare velle. Verum eorum, qui sibi imperium absolutum concupiscunt, haec unica fuit cantilena, civitatis omnino interesse, ut ipsius negotia secreto agitentur, et alia hujusmodi, quae quanto magis utilitatis imagine teguntur, tanto ad infensius servitium erumpunt.

§ 30. Denique quamvis nullum, quod sciam, imperium his omnibus, quas diximus, conditionibus institutum fuerit, poterimus tamen ipsa etiam experientia ostendere, hanc monarchici imperii formam optimam esse, si causas conservationis cujuscunque imperii non barbari et ejusdem eversionis considerare velimus. Sed hoc non sine magno lectoris taedio hic facere possem. Attamen unum exemplum, quod memoria dignum videtur, silentio praeterire nolo; nempe Arragonensium imperium, qui singulari erga suos reges fide

참주들의 사악한 비밀이 시민들 몰래 지켜지는 것보다 훨씬 더 낫다는 것을 또한 모든 사람이 나와 함께 인정할 것이다. 국가의 업무를 비밀스럽게 추진할 수 있는 사람은 그것에 대한 절대적 권한을 가지며, 전시에 적에게 하듯이 평시에 시민들을 상대로 흉계를 꾸민다. 비밀이 국가에 종종 이롭다는 것은 어느 누구도 부정할 수 없다. 그러나 비밀 없이 국가를 유지할 수 없다는 것은 어느 누구도 증명하지 못할 것이다. 공공의 재산을 어떤 사람에게 절대적으로 믿고 맡기면서 동시에 자유를 보유하는 일은 결코 이루어질 수 없다. 그러므로 작은 손해를 커다란 악으로써 피하려고 하는 것은 무식한 짓이다. 물론 절대적 지배를 열망하는 사람들이 읊어대는 진부한 주제곡이 하나 있다. 즉 정치공동체의 업무가 비밀스럽게 추진되는 것이 국가에 전적으로 중요하다는 것이다. 그리고 비슷한 다른 주제곡들도 있다. 그러나 그것들이 국익이라는 외피에 의해 더 많이 포장될수록 그만큼 시민들은 더 적대적인 예속에 이르게 된다.[63]

§30. 마지막으로 내가 아는 어느 국가도 우리가 말한 이 모든 조건에 따라 세워지지는 않았지만, 만약 우리가 야만적이지 않은 어느 국가가 보존되거나 멸망하는 원인을 고찰하기를 원한다면, 우리는 또한 경험 자체를 통해 군주국가의 이 형태가 최선의 것임을 증명해 보일 수 있을 것이다. 그러나 독자들을 심하게 괴롭히지 않고서는 그 작업을 여기에서 할 수 없을 것이다. 그래도 기억할 가치가 있어 보이는 한 가지 사례는 말없이 지나치고 싶지 않은데, 그것은 아라곤 사람들의 국가이다.[64]

이라고 주장한다.

63 타키투스, 『연대기』 제1권 제81절 참조.

64 아라곤의 역사와 제도에 대한 스피노자의 설명은 Antonio Pérez, *Relaçiones*, Paris 1598, pp. 90ff.에서 가져온 것이다. 페레스는 펠리페 2세의 진노를 피하기 위해 아라곤으로 달아났고, 그 왕국의 파멸에 관여했다.

affecti et pari constantia regni instituta inviolata servaverunt. Nam hi, simulatque servile Maurorum jugum a cervicibus dejecerant, regem sibi eligere statuerunt; quibus autem conditionibus non satis inter eosdem conveniebat, et hac de causa summum Pontificem Romanum de ea re consulere constituerunt. Hic, Christi profecto vicarium hac in re se gerens, eos castigavit, quod non satis Hebraeorum exemplo moniti regem adeo obfirmato animo petere voluerint; sed si sententiam mutare nollent, suasit, ne regem eligerent nisi institutis prius ritibus satis aequis et ingenio gentis consentaneis, et apprime ut supremum aliquod concilium crearent, quod regibus, ut Lacedaemoniorum Ephori, opponeretur, et jus absolutum haberet lites dirimendi, quae inter regem et cives orirentur. Hoc igitur consilium sequuti jura, quae ipsis omnium aequissima visa sunt, instituerunt, quorum summus interpres et consequenter supremus judex non rex, sed concilium esset, quod septendecim vocant, et cujus praeses justitia appellatur. Hic igitur justitia et hi septendecim, nullis suffragiis sed sorte ad vitam electi, jus absolutum habent omnes sententias in civem quemcunque ab aliis conciliis, tam politicis quam ecclesiasticis, vel ab ipso rege latas revocandi et damnandi, ita ut quilibet civis jus haberet ipsum etiam regem coram hoc judicio vocandi. Praeterea olim jus etiam habuerunt regem eligendi et

그들은 자기들의 왕을 향한 특별한 충성심으로 가득했고 한결같은 확고함을 가지고서 왕국의 제도들을 훼손되지 않게 지켰다. 그들은 무어인들이 부과했던 노예적 멍에를 자신들의 어깨에서 벗어버린 순간 스스로 왕을 선택하기로 결정했다. 그러나 선택의 조건들에 관해 그들 사이에 충분한 합의가 이루어지지 못했고, 그래서 이 일에 관해 로마의 최고 주교인 교황에게 조언을 구하기로 했다.[65] 이 일에서도 자신이 진정 그리스도의 대리인임을 자부하는 이 사람은 그들이 확고한 마음을 가지고 왕을 찾기를 원할 정도로 히브리인들의 사례를 통해 충분한 경고를 얻지 못했다고 책망했다.[66] 그러나 만약 그들이 결정을 바꾸기를 원하지 않는다면, 충분히 공정하고 종족의 천성에 적합한 관습법을 확립하기 전까지는 왕을 선출하지 말라고, 그리고 반드시 최고 자문관 회의를 만들라고 조언했다. 이 회의가 라케다이모니아[스파르타]인들의 에포르[행정관]처럼 왕에 맞서야 하고 왕과 시민들 사이에서 일어나는 싸움을 중단시킬 절대적 권리를 가져야 한다는 것이었다. 그래서 이 조언을 따른 아라곤 사람들은 자신들이 보기에 그 어떤 법보다도 더 공정해 보이는 법을 제정했다. 이 법의 최고 해석자와 그러므로 최고 재판관은 왕이 아니라 회의였으며, 그것을 그들은 '17인 회의'라고 불렀고 그 의장을 '유스티치아'라고 불렀다. 이 '유스티치아'와 '17인 회의'는 투표를 통해 선출되지 않고 추첨을 통해 종신으로 선출되었는데, 그들은 시민을 대상으로 하여 내려진 모든 판결을, 그것이 다른 정치적 또는 종교적 회의에 의해 내려진 것이건 아니면 왕 자신에 의해 내려진 것이건 간에, 무효화하고 거부할 절대적 권리를 가졌다. 그러므로 시민이면 누구나, 심지어 왕까지도 이 법정 앞에 불러 세울 권리를 가졌다. 그 밖에 그들은 한때 왕을 선출할 권리와 왕에게서 권력을 박탈할 권리도 가졌었

---

65 교황 그레고리우스 7세를 가리킨다.
66 『신학정치론』제18장 제6절 참조.

potestate privandi; sed multis post elapsis annis rex Don Pedro, qui dicitur Pugio, ambiendo, largiendo, pollicitando, omniumque officiorum genere tandem effecit, ut hoc jus rescinderetur (quod simulac obtinuit, manum pugione coram omnibus amputavit, vel, quod facilius crediderim, laesit, addens, non sine sanguinis regii impendio licere subditis regem eligere), ea tamen conditione: *ut potuerint et possint arma capere contra vim quamcunque, qua aliquis imperium ingredi in ipsorum damnum velit, imo contra ipsum regem et principem futurum haeredem, si hoc modo (imperium) ingrediatur.* Qua sane conditione praecedens illud jus non tam aboleverunt quam correxerunt. Nam, ut art. 5 et 6 cap. IV ostendimus, rex non jure civili, sed jure belli dominandi potentia privari potest, vel ipsius vim vi solummodo repellere subditis licet. Praeter hanc alias stipulati sunt conditiones, quae ad nostrum scopum non faciunt. Hi ritus

다. 그러나 여러 해가 지난 후에 '단검'이라고 불리는 국왕 돈 페드로[67]가 부탁도 하고, 선물도 하고, 약속도 하고, 온갖 종류의 친절을 베풀어서 마침내 이 권리가 폐지되기에 이르렀다. (그는 목표를 이룬 순간 모든 사람들 앞에서 자기 손을 단검으로 잘라냈다고,[68] 또는 내가 더 그럴듯하다고 믿는 바로는 자기 손에 상처를 냈다고 한다. 그러고 나서 왕의 피를 대가로 치르지 않고서는 신민들에게 왕을 선출하는 것이 허용되지 않는다고 덧붙였다.)[69] 그러나 다음과 같은 조건 아래 폐지되었다. "그 누군가가 신민들에게 해를 끼치기 위해 무력으로 국가를 침범하려고 한다면, 더욱이 왕 자신과 장차 그의 자리를 이어받을 왕자가 이런 방식으로 (주권을) 침해하려고 한다면, 신민들은 그 무력에 맞서 과거에도 무기를 쥘 수 있었고 앞으로도 무기를 쥘 수 있다." 이 조건을 통해 그들은 저 권리를 폐지한 것이 아니라 오히려 바로잡은 것이었다. 왜냐하면 우리가 제4장 제5절과 제6절을 통해 보인 바와 같이, 왕은 정치적 권리에 의해서가 아니라 전쟁의 권리에 의해서 지배할 힘을 빼앗길 수 있기 때문이다. 다시 말해 신민은 왕의 무력을 오직 무력으로만 물리칠 수 있기 때문이다. 이외에 또 다른 조건들이 약속되었지만,[70] 그것들은 우리의 목적과 무관하다. 모든 사람

---

67 페드로 4세(1336~87)를 가리킨다.

68 워넘은 스피노자가 페레스의 글 속의 "se cortò la mano"(*Relaçiones*, p. 95)를 "자기 손을 잘라냈다"라는 의미로 잘못 이해하고 있다고 해석한다.

69 페레스는 "Que tal fuero, y fuero de poder eligir Rey los vassalos, sangre de Rey avia de costar"라고 쓰고 있다. 이 구절을 1715년에 익명의 영어 번역자는 "That the abolishing of such a privilege, as for Subjects to be allowed to choose a King, ought to cost the blood of a King"(왕을 선택하는 신민의 특권을 폐지하는 일은 왕의 피를 그 대가로 치러야 할 것이다)이라고 옮겼다. 이것은 마치 페드로가 왕을 선출하는 신민의 특권을 폐지하기 위해 자신의 피를 대가로 치른다고 선언하는 것처럼 묘사하는 것이다. 그러나 여기에서 스피노자는 페드로를 다르게, 그리고 더 정확하게 해석하고 있다. 스피노자는 그런 특권이 왕에게 위험하다고 여긴다. 『정치론』 제7장 제25절 참조.

70 특별히 왕은 왕관을 쓰기 전에 법과 자유, 아라곤의 관습을 유지하겠다는 선서를 해야 했다.

ex omnium sententia instructi incredibili temporis spatio inviolati manserunt, pari semper fide regum erga subditos ac subditorum erga regem. Sed postquam regnum Castellae Ferdinando, qui omnium primus Catholicus nuncupatus fuit, haereditate cessit, incepit haec Arragonensium libertas Castellanis esse invisa, qui propterea ipsum Ferdinandum suadere non cessabant, ut jura illa rescinderet. At ille, nondum imperio absoluto assuetus, nihil tentare ausus consiliariis haec respondit: *praeterquam quod Arragonensium regnum iis, quas noverant, conditionibus acceperit, quodque easdem servare sanctissime juraverit, et praeterquam quod inhumanum sit fidem datam solvere, se in animum induxisse suum regnum stabile fore, quamdiu securitatis ratio non major regi quam subditis esset, ita ut nec rex subditis, nec contra subditi regi praeponderarent; nam si alterutra pars potentior evadat, pars debilior non tantum pristinam aequalitatem recuperare, sed dolore accepti damni in alteram contra referre conabitur, unde vel alterutrius vel utriusque ruina sequeretur.* Quae sane sapientia verba non satis mirari possem, si prolata fuissent a rege, qui servis, non liberis hominibus imperare consuevisset. Retinuerunt igitur Arragonenses post Ferdinandum libertatem, non jam jure, sed regum potentiorum gratia usque ad Philippum II, qui eosdem feliciori quidem fato, sed non minori saevitia quam Confoederatorum Provincias oppressit. Et quamvis

의 판단에 따라 세워진 이 관습법은 신민에 대한 왕의, 그리고 왕에 대한 신민의 늘 확고한 충성심에 의해 믿을 수 없이 오랜 시간 동안 훼손되지 않고 유지되었다. 그러나 모든 왕들 가운데 첫 번째 가톨릭 왕이라고 일컬어진 페르디난도가 카스티야 왕국을 상속받은 후,[71] 아라곤 사람들의 이 자유가 카스티야 사람들의 시샘의 대상이 되기 시작했다. 그래서 카스티야 사람들은 저 권리를 폐지하라고 요구하며 페르디난도 왕을 설득하기를 멈추지 않았다. 그러나 절대적 지배에 아직 익숙하지 않은 페르디난도는 아무것도 감히 손대려고 하지 않으면서 조언자들에게 이렇게 대답했다. "나는 아라곤 왕국을 아라곤 사람들이 알았던 조건들 아래 얻었고 그 조건들을 지극히 거룩하게 지기키로 맹세했다. 그리고 약속을 하고서 어기는 것은 비인간적이다. 이 모든 것을 떠나 왕이 신민보다 안전한 이유를 더 많이 가지지 않는 동안, 그래서 왕이 신민보다 더 우세하지도 않고 그 반대로 신민이 왕보다 더 우세하지도 않은 동안 왕국이 안정적일 것임을 나는 확신한다. 왜냐하면 만약 한 부분이나 다른 부분이 더 강해지면, 더 약한 부분이 이전의 균형을 회복하려고 노력할 뿐만 아니라 더 나아가 자신이 당한 피해의 고통을 다른 부분에 되돌려주려고 노력할 것이고, 결과적으로 둘 중 하나가 멸망하거나 아니면 둘 다 멸망할 것이기 때문이다." 참으로 이 현명한 말을 자유로운 사람들이 아닌 예속된 사람들에게 명령하는 것에 익숙한 왕이 했다는 사실에 더욱 놀라지 않을 수 없다. 그래서 아라곤 사람들은 페르디난도가 죽은 후에도, 그러나 권리에 의해서가 아니라 더 강한 왕들의 호의에 의해서 펠리페 2세 전까지는 자유를 보유했다. 펠리페 2세는 아라곤 사람들을 더 쉽게, 그러나 네덜란드의 연합 주를 억압할 때 못지않게 잔혹하게 억압했다. 비록 펠리페 3세가 모든 것을 이전 상태로 회복한 것처럼 보

---

71 아라곤의 페르디난도(1479~1516)는 1504년에 죽은 아내 이사벨라의 유언에 따라 카스티야의 통치자가 되었다.

Philippus III omnia in integrum restituisse videatur, Arragonenses tamen, quorum plerique cupidine potentioribus assentandi (nam inscitia est contra stimulos calces mittere), et reliqui metu territi, nihil praeter libertatis speciosa vocabula et inanes ritus retinuerunt.

§ 31. Concludimus itaque multitudinem satis amplam libertatem sub rege servare posse, modo efficiat, ut regis potentia sola ipsius multitudinis potentia determinetur, et ipsius multitudinis praesidio servetur. Atque haec unica fuit regula, quam in jaciendis imperii monarchici fundamentis sequutus sum.

이지만 아라곤 사람들은, 그들 대부분은 더 강한 사람에게 아첨하려는 욕망에 이끌려서(왜냐하면 삐져 나온 못을 발로 차는 것은 무식한 짓이므로),[72] 나머지 사람들은 공포에 사로잡혀서, 자유의 아름다운 이름과 공허한 관습 외에 아무것도 보유하지 못했다.[73]

§31. 그러므로 우리는 다음과 같이 결론을 내린다. 왕의 힘이 오직 다중의 힘에 의해 결정되고 다중의 도움에 의해 보존될 때, 다중은 왕 아래에서 충분히 큰 자유를 간직할 수 있다. 이것이 내가 군주국가의 기초를 놓을 때 따른 유일한 규칙이었다.

---

72   테렌티우스, 『포르미오』 77~78행: "namque inscitiast advorsu' stimulum calces."
73   타키투스, 『연대기』 제1권 제81절 참조.

CAPUT VIII

Quod imperium aristocraticum magno patriciorum numero constare debet: de ejus praestantia, et quod ad absolutum magis quam monarchicum accedat, et hac de causa libertati conservandae aptius sit

§ 1. Huc usque de imperio monarchico. Qua autem ratione aristocraticum instituendum sit, ut permanere possit, hic jam dicemus. Aristocraticum imperium illud esse diximus, quod non unus, sed quidam ex multitudine selecti tenent, quos imposterum patricios appellabimus. Dico expresse, *quod quidam selecti tenent.* Nam haec praecipua est differentia inter hoc et democraticum imperium, quod scilicet in imperio aristocratico gubernandi jus a sola electione

제8장

하나의 도시가 중심이 되는 귀족국가의 기초

이 장은 귀족국가가 많은 수의 귀족에 의지해 존립해야 한다는 것과 이 국가가 우월하다는 것, 즉 군주국가보다 절대적 국가에 더 가까우며 그러므로 자유의 보존에 더 적합하다는 것을 다룬다.[1]

§1. 지금까지는 군주국가에 대해 이야기했다. 이제 이 장에서는 귀족국가가 지속할 수 있기 위해 어떤 방식으로 세워져야 하는지를 이야기할 것이다. 귀족국가를 우리는 한 사람이 아니라 다중 가운데에서 선별된 몇몇 사람들이 주권을 보유하는 것이라고 말했다. 이 사람들을 우리는 앞으로 귀족이라고 부를 것이다. 나는 "선별된 몇몇 사람들이 주권을 보유하는"이라고 분명히 말한다. 왜냐하면 이것이 귀족국가와 민주국가 사이의 우선하는 차이이기 때문이다. 확실히 귀족국가에서는 통

---

1 프랑스어판 전집의 편집자인 마들렌 프랑세스(Madeleine Francès)는 이 머리글이 스피노자의 라틴어 유고집(OP)의 편집자 가운데 한 사람이 의도적으로 덧붙인 것이라고 추측한다(Roland Caillois, Madeleine Francès, Robert Misrahi (편역), *Œuvres Complètes de Spinoza*, Gallimard 1954, pp. 1486~87 참조). 다른 장들에는 이와 같은 머리글이 없는데 유독 이 장에만 머리글이 붙어 있기 때문이다. 그러나 일부 학자들은, 예컨대 워넘은 그런 해석에 동의하지 않는다.

pendeat, in democratico autem maxime a jure quodam innato vel fortuna adepto (ut suo loco dicemus), atque adeo, tametsi imperii alicujus integra multitudo in numerum patriciorum recipiatur, modo illud jus haereditarium non sit nec lege aliqua communi ad alios descendat, imperium tamen aristocraticum omnino erit, quandoquidem nulli nisi expresse electi in numerum patriciorum recipiuntur. At si hi duo tantummodo fuerint, alter altero potior esse conabitur, et imperium facile ob nimiam uniuscujusque potentiam in duas partes dividetur, et in tres, aut quatuor, aut quinque, si tres, aut quatuor, aut quinque id tenuerint: sed partes eo debiliores erunt, quo in plures ipsum imperium delatum fuerit. Ex quo sequitur in imperio aristocratico, ut stabile sit, ad minimum patriciorum numerum determinandum necessario habendam esse rationem magnitudinis ipsius imperii.

§ 2. Ponatur itaque pro mediocris imperii magnitudine satis esse,

치할 권리가 오직 선출에 달려 있지만,[2] 민주국가에서는 통치할 권리가 일종의 타고난 권리 또는 운에 의해 취득된 권리에 대부분 달려 있다(이에 관해서는 적당한 자리에서 다시 말할 것이다).[3] 그러므로 그 어떤 국가에 속한 전체 다중이 귀족의 수에 포함되더라도, 저 권리가 생득적인 것이 아니고 어떤 공통의 법률에 의해 또한 다른 사람들에게 부여되지 않는다면 그 국가는 전적으로 귀족적인 것이다. 왜냐하면 명확하게 선출된 사람이 아니면 어느 누구도 귀족의 수에 포함되지 않기 때문이다.[4] 그런데 만약 귀족이 고작 두 사람이라면, 둘 중 한 사람이 다른 한 사람보다 더 위에 서려고 노력할 것이고, 그러면 국가는 각각이 가진 너무 큰 힘 때문에 쉽게 두 부분으로 나누어질 것이다. 만약 셋이나 넷 또는 다섯 사람이 주권을 보유한다면, 국가는 셋이나 넷 또는 다섯 부분으로 나누어질 것이다.[5] 주권이 더 많은 수의 사람들에게 양도되어 있을수록 부분들은 그만큼 더 약해질 것이다. 그러므로 귀족국가가 안정적이기 위해서는 그 국가의 규모를 기준으로 삼아 최소한의 귀족의 수를 결정하는 것이 필요하다.

§2. 중간 정도 규모의 국가에 100명의 최선자가 있으면 충분하다고

---

2 암스테르담 시의회는 선출(co-optation) 방식으로, 즉 결원이 생겼을 때 이미 구성원인 사람들이 후임을 선발하는 방식으로 충원되었다. "그것이 정부를 일종의 과두정으로 만들고, 인민에 의한 정부와 매우 다르게 만든다"(Sir William Temple, *Observations*, 제2장, p. 58).

3 『정치론』제11장 제1절, 제2절 참조. "나는 '선별된 몇몇 사람들이 주권을 보유하는'이라고 분명히 말한다"부터 여기까지의 구절은 네덜란드어 유고집(NS)에 빠져 있다. 이 구절은 스피노자가 민주국가에 관한 부분을 쓰기 시작했을 때 추가했을 것으로 추정된다.

4 귀족 지위의 핵심은 선발됨에 있지만, 그것은 내부인에 의해 선출되었다는 의미이지, 탁월한 능력이 있다는 의미가 아니다.

5 들라쿠르는 분파를 귀족정의 가장 큰 결함으로 지적한다(*Polityke Weegschaal*, vol. 2, 제2장 제5절, p. 286 참조).

ut centum optimi viri dentur, in quos summa imperii potestas delata sit, et quibus consequenter jus competat collegas patricios eligendi, quando eorum aliquis vita excessit. Hi sane omni modo conabuntur, ut eorum liberi vel qui iis sanguine proximi sunt sibi succedant: unde fiet, ut summa imperii potestas semper penes eos erit, quos fortuna patriciis liberos aut consanguineos dedit. Et quia ex centum hominibus, qui fortunae causa ad honores ascendunt, vix tres reperiuntur, qui arte et consilio pollent vigentque, fiet ergo, ut imperii potestas non penes centum, sed penes duos tantummodo aut tres sit, qui animi virtute pollent quique facile omnia ad se trahere; et unusquisque more humanae cupidinis viam ad monarchiam sternere poterit. Atque adeo, si recte calculum ineamus, necesse est, ut summa potestas imperii, cujus magnitudinis ratio centum optimatum ad minimum exigit, in quinquies mille ad minimum patricios deferatur. Hac enim ratione nunquam deerit, quin centum reperiantur animi virtute excellentes, posito scilicet quod ex quinquaginta, qui honores ambiunt eosque adipiscuntur, unus semper reperiatur optimis non inferior, praeter alios, qui optimorum virtutes aemulantur quique propterea digni etiam sunt, qui regant.

§ 3. Solent frequentius patricii cives esse unius urbis, quae caput totius imperii est, ita ut civitas sive respublica ex eadem habeat vocabulum, ut olim Romana, hodie Veneta, Genuensis, etc. At

가정해보자. 그리고 이들에게 국가의 최고권력이 양도되어 있고, 그에 따라 귀족들 가운데 누군가가 목숨을 잃었을 때 동료 귀족을 선출할 권리가 또한 이들에게 양도되어 있다고 가정해보자. 이들은 당연히 그들의 자식이나 그들과 혈통상 가장 가까운 자들이 자신들의 뒤를 이을 수 있도록 온갖 방법을 사용해 노력할 것이다. 그러므로 당연히 국가의 최고권력은 행운이 귀족의 자식이나 혈족이 되도록 허락한 자들의 손에 늘 있게 될 것이다. 그런데 행운 덕에 명예로운 지위에 오를 100명의 사람 가운데 기예와 지혜의 측면에서 유능하고 강한 사람이 세 명 발견되기도 쉽지 않을 것이므로, 국가의 권력은 100명의 손에 놓이기는커녕 정신의 능력 면에서 유능하고 쉽게 모든 사람을 자기편으로 끌어당길 수 있는 두세 명의 손에 놓이게 된다. 그리고 각 사람은 인간의 욕망이 이끄는 대로 군주정을 향한 길을 닦을 수 있을 것이다. 그러므로 만약 우리가 올바르게 계산한다면, 국가의 최고권력은 국가의 규모에 따라 최소 100명 이상의 최선자가 요구되므로 최소 5,000명의 귀족에게 맡겨지는 것이 필요하다.[6] 최선자의 덕을 갖추기 위해 경쟁하고, 그래서 비록 지금 다스릴 자격은 없더라도 명예로운 지위를 얻기 위해 애써 결국 그 지위에 오르는 50명 가운데 최선자보다 열등하지 않은 사람 한 명은 언제나 발견된다고 가정하면, 이 비율에 따라 5,000명 가운데 정신적 능력 면에서 뛰어난 사람 100명이 결코 없지는 않을 것이다.

§3. 보통 귀족은 국가 전체의 중심인 어느 한 도시에 사는 시민이다. 그래서 시민 집단 또는 공화국은 한때 로마인들의 공화국이 그랬고 오늘날 베네치아인과 게누아인 등의 공화국이 그렇듯이, 그 도시에서 이

---

6 들라쿠르(*Polityke Weegschaal*, vol. 3, 제3장 제4절, p. 566)는 기원전 411년에 아테네의 민주정이 무너지고 나서 등장한 '5,000인 정부'라는 과두정체를 투퀴디데스(Thucydides)가 긍정한 사실을 적고 있다(투퀴디데스, 『펠로폰네소스 전쟁사』 제8권 제97장 참조).

Hollandorum respublica nomen ex integra provincia habet, ex quo oritur, ut hujus imperii subditi majori libertate gaudeant. Jam antequam fundamenta, quibus hoc imperium aristocraticum niti debet, determinare possimus, notanda est differentia inter imperium, quod in unum, et inter id, quod in satis magnum concilium transfertur, quae sane permagna est. Nam primo unius hominis potentia integro imperio sustinendo (ut art. 5 cap. VI diximus) longe impar est, quod sine manifesto aliquo absurdo de concilio satis magno enunciare nemo potest: qui enim concilium satis magnum esse affirmat, simul negat idem imperio sustinendo esse impar. Rex igitur consiliariis omnino indiget, concilium autem hujusmodi minime. Deinde reges mortales sunt, concilia contra aeterna: atque adeo imperii potentia, quae semel in concilium satis magnum translata est, nunquam ad multitudinem redit, quod in imperio monarchio locum non habet, ut art. 25 cap. praeced. ostendimus. Tertio regis imperium vel ob ejus pueritiam, aegritudinem, senectutem, vel aliis de causis saepe precarium est; hujusmodi autem concilii potentia econtra una eademque semper manet. Quarto unius hominis voluntas varia admodum et inconstans est: et hac de causa imperii monarchici omne quidem jus est regis explicata voluntas (ut in art. 1 cap. praeced. diximus), at non omnis regis voluntas jus esse debet, quod de voluntate concilii satis magni dici nequit. Nam quandoquidem ipsum concilium (ut modo ostendimus) nullis consiliariis indiget, debet necessario omnis ejus explicata voluntas jus esse. Ac proinde concludimus, imperium, quod in concilium

름을 얻는다. 그러나 홀란트인들의 공화국은 그 이름을 홀란트 주 전체에서 얻는다. 이 국가에 복속된 자들이 더 큰 자유를 향유하는 것이 여기에서 비롯한다.[7] 귀족국가가 의지해야 마땅한 기초를 결정할 수 있으려면 그보다 먼저 국가가 한 사람에게 맡겨져 있는 것과 충분히 큰 회의에 맡겨져 있는 것의 차이에 주목해야 한다. 왜냐하면 첫째로 한 사람의 힘은 (제6장 제5절에서 우리가 말한 바와 같이) 국가 전체를 감당하기에 한참 부족하기 때문이다. 그러나 충분히 큰 회의의 경우, 그 어떤 명백한 부조리가 없는 한 힘이 부족하다고 어느 누구도 단정하여 말할 수 없다. 왜냐하면 누군가가 그렇게 단정하여 말한다면 그는 회의가 충분히 크다는 것을 인정하면서 동시에 그 회의가 국가를 감당하기에 충분하다는 것을 부정하는 것이기 때문이다. 그러므로 왕은 자문관들을 반드시 필요로 하지만 이런 방식으로 구성된 회의는 전혀 그렇지 않다. 둘째로 왕은 죽을 수밖에 없지만 회의는 영원하다. 그러므로 국가의 힘은, 그 힘이 일단 충분히 큰 회의에 양도되어 있을 때, 결코 다중에게 되돌아가지 않는다. 그러나 우리가 앞 장의 제25절에서 보인 바와 같이, 군주국가에는 그런 안정성이 없다. 셋째로 왕의 지배는 그가 어려서, 병들어서, 늙어서도 그렇고, [제6장 제5절에서 제시한] 다른 원인에 의해서도 그렇고, 빈번하게 언제 어떻게 될지 모를 상태가 되지만, 이런 방식으로 구성된 회의의 힘은 그와 달리 언제나 하나로 동일하게 유지된다. 넷째로 한 사람의 의지는 매우 여러 가지이고 가변적이다. 그러므로 군주국가의 모든 법은 (앞 장의 제1절에서 우리가 말한 바와 같이) 물론 왕이 표명한 의지이지만, 왕의 모든 의지가 법이 되어서는 안 된다. 그러나 충분히 큰 회의의 의지에 관해서는 그렇다고 말할 수 없다. 그런 회의는 (방금 우리가 보인 것처럼) 어떤 자문관도 필요 없으므로 그 회의가 분명히 표명한 모든 의지가 반드시 법이 되어야 한다. 그러므로 우리는 충분

---

7 『정치론』제9장 제14~15절 참조.

satis magnum transfertur, absolutum esse, vel ad absolutum maxime accedere. Nam si quod imperium absolutum datur, illud revera est, quod integra multitudo tenet.

§ 4. Attamen quatenus hoc imperium aristocraticum nunquam (ut modo ostensum) ad multitudinem redit, nec ulla in eo multitudini consultatio, sed absolute omnis ejusdem concilii voluntas jus est, debet omnino ut absolutum considerari; et consequenter ejus fundamenta sola ejusdem concilii voluntate et judicio niti debent, non autem multitudinis vigilantia, quandoquidem ipsa tam a consiliis quam suffragiis ferendis arcetur. Causa igitur, cur in praxi imperium absolutum non sit, nulla alia esse potest, quam quia multitudo imperantibus formidolosa est, quae propterea aliquam sibi libertatem obtinet, quam, si non expressa lege, tacite tamen sibi vindicat obtinetque.

§ 5. Apparet itaque hujus imperii conditionem optimam fore, si ita institutum fuerit, ut ad absolutum maxime accedat, hoc est, ut multitudo, quantum fieri potest, minus timenda sit nullamque libertatem obtineat, nisi quae ex ipsius imperii constitutione ipsi necessario tribui debet, quaeque adeo non tam multitudinis quam totius imperii jus sit, quod soli optimates ut suum vindicant

히 큰 회의에 양도된 주권이 절대적이라는, 또는 절대적인 것에 가장 많이 근접한다는 결론을 내린다. 왜냐하면 어떤 절대적인 주권이 있다면 그것은 사실 전체 다중이 보유하는 것이기 때문이다.[8]

§4. 이 귀족국가가 (내가 방금 보인 것처럼) 결코 다중에게 다시 주어지지 않고 이 국가에 다중이 참여하는 어떤 심의도 없으며 저 회의의 모든 의지가 절대적으로 법이라면, 이 국가는 모든 면에서 절대적인 것처럼 여겨져 마땅하다. 그러므로 이 국가의 토대는 오직 저 회의의 의지와 판단에 의존해야 하며, 다중의 깨어 있음에 의존해서는 안 된다. 왜냐하면 다중에게는 심의하는 것도, 투표하는 것도 금지되어 있기 때문이다. 그러므로 실제로 귀족국가가 절대적이지 않다면 그 이유는 다중이 지배자들에게 두려운 존재라는 것 외에 다른 어떤 것일 수 없다. 그럴 때 다중은 스스로 상당한 정도의 자유를 보유하며, 명시적 법률을 통해서가 아니더라도 암묵적으로 자유를 요구하고 보유한다.[9]

§5. 그러므로 이 국가가 절대적 국가에 가장 근접하게 세워진다면, 즉 다중이 가능한 한 두려움의 대상이 되지 않도록 세워지고 다중이 바로 이 국가의 본질적 구성에 따라 필연적으로 보장받아야 하는 자유 외에 다른 어떤 자유도 보유하지 않도록 세워진다면, 이 국가의 상태가 최선의 상태일 것임이 분명하다. 저 자유는 그러므로 다중의 권리이기보다 국가 전체의 권리이며, 그것은 오직 최선자들만이 자기 권리처럼 주장

---

8 홉스에게는 모든 주권자가 비록 똑같이 강력하지는 않더라도 똑같이 절대적이다(『시민론』 제6장 제13절 주석 참조). 그러나 스피노자에게는 주권자들이 똑같이 강력하지 않기 때문에 똑같이 절대적이지 않다.

9 귀족회의의 자급자족적 성격은 군주정에서와 다르게 근본적인 법의 지속을 보증해준다. 그러나 귀족들의 지배는 오직 이론적으로만 절대적이며 실제로는 절대적이지 않다. 왜냐하면 다중이 그 지배 안에 통합되어 있지 않아서 지배가 법률상 규정되어 있지 않은 방식으로 다중의 자연적 권리를 고려해야 하기 때문이다.

conservantque. Hoc enim modo praxis cum theoria maxime conveniet, ut ex art. praeced. patet et per se etiam manifestum est: nam dubitare non possumus, imperium eo minus penes patricios esse, quo plura sibi plebs jura vindicat, qualia solent in inferiori Germania opificum collegia, *Gilden* vulgo dicta, habere.

§ 6. Neque hinc, quod scilicet imperium in concilium absolute delatum est, ullum ab eodem infensi servitii periculum plebi metuendum. Nam concilii adeo magni voluntas non tam a libidine quam a ratione determinari potest; quippe homines ex malo affectu diverse trahuntur, nec una veluti mente duci possunt, nisi quatenus honesta appetunt, vel saltem quae speciem honesti habent.

§ 7. In determinandis igitur imperii aristocratici fundamentis apprime observandum est, ut eadem sola voluntate et potentia supremi ejusdem concilii nitantur, ita ut ipsum concilium, quantum fieri potest, sui juris sit nullumque a multitudine periculum habeat. Ad haec fundamenta, quae scilicet sola supremi concilii voluntate et

하고 지킨다. 앞 절에 의해 분명하듯이, 그리고 또한 그 자체로 확실하듯이, 이런 방식으로 실제는 이론에 가장 근접하게 된다.[10] 왜냐하면 저지(低地) 독일에서[11] 흔히 사람들이 '길드'라고 부르는 수공업자 조합이 보유하는 것과 같은 권리들을[12] 평민이 더 많이 주장할수록 그만큼 국가가 귀족의 손에 덜 있게 된다는 것을 우리는 의심할 수 없기 때문이다.[13]

§6. 지배가 회의에 전적으로 맡겨진다고 해서 그 회의가 평민들을 적대적으로 예속시킬 두려워할 만한 위험이 있는 것은 아니다. 왜냐하면 그렇게 큰 회의의 의지는 욕망보다 이성에 의해 결정될 수 있기 때문이다. 사람들은 나쁜 정서에 의해 각각 서로 다른 방향으로 이끌린다. 그러므로 그들이 명예로운 것을 바라거나 적어도 명예로운 것처럼 보이는 것을 욕구하지 않는다면 마치 하나의 정신에 의한 것처럼 인도될 수 없다.[14]

§7. 그러므로 귀족국가의 기초를 결정하는 일에서 첫째로 주의해야 할 것은 그 기초를 오로지 저 최고회의의 의지와 힘에 의존하도록 하는 것, 그래서 그 회의가 할 수 있는 한 자기 권리 아래 있고 다중에 의한 어떤 위험도 가지지 않도록 하는 것이다. 오직 최고회의의 의지와 힘에만

---

10 『신학정치론』 제17장 제1절 참조.

11 고대에 '저지(低地) 독일'(Germania Inferior)은 라인 강 서쪽 기슭에 있는 로마 속주였다. 그것은 라인 강 어귀부터 오브링가(Obringa, Aar 또는 Moselle이라고도 불린다) 강어귀까지를 포함했다. 영토는 현대의 룩셈부르크, 네덜란드 남부, 그리고 벨기에 일부와 독일 일부를 포함했다.

12 길드는 경제적 힘뿐만 아니라 이 지역의 시의회에서 상당한 정치적 영향력도 가졌다.

13 이 국가에서 귀족들은 다중에게 그 어떤 보장된 권리도 허락하지 않으면서, 즉 길드의 예를 통해 설명하면 경제적 활동으로부터 정치적 활동을 떼어놓으면서 (배제된) 다중의 권리를 국가 전체의 상상적 권리로서만 옹호한다.

14 정신적 통일성의 '마치 ~ 처럼'의 성격에 상응하는 것이 실재와 외양의 등가성이다. 그러므로 정치가는 현명하기보다 교활해야 한다.

potentia nitantur, determinandum, fundamenta pacis, quae imperii monarchici propria et ab hoc imperio aliena sunt, videamus. Nam si his alia aequipollentia fundamenta imperio aristocratico idonea substituerimus et reliqua, ut jam jacta sunt, reliquerimus, omnes absque dubio seditionum causae sublatae erunt, vel saltem hoc imperium non minus securum quam monarchicum, sed contra eo magis securum, et ipsius conditio eo melior erit, quo magis quam monarchicum absque pacis et libertatis detrimento (vid. art. 3 et 6 hujus cap.) ad absolutum accedit; nam quo jus summae potestatis majus est, eo imperii forma cum rationis dictamine magis convenit (per art. 5 cap. III), et consequenter paci et libertati conservandae aptior est. Percurramus igitur, quae cap. VI ex art. 9 diximus, ut illa, quae ab hoc aliena sunt, rejiciamus, et quae ei congrua sunt, videamus.

§ 8. Quod primo necesse sit, urbem unam aut plures condere et munire, nemo dubitare potest. Sed illa praecipue munienda est, quae totius imperii est caput, et praeterea illae, quae in limitibus imperii sunt. Illa enim, quae totius imperii caput est jusque summum habet, omnibus potentior esse debet. Caeterum in hoc imperio superfluum omnino est, ut incolae omnes in familias dividantur.

§ 9. Ad militiam quod attinet, quoniam in hoc imperio non inter omnes, sed tantum inter patricios aequalitas quaerenda est, et praecipue patriciorum potentia major est quam plebis, certum est, ad leges seu jura fundamentalia hujus imperii non pertinere, ut militia ex nullis aliis quam ex subditis formetur. Sed hoc apprime

의지하는 이 귀족국가의 기초를 결정하기 위해 우리는 군주국가에는 적합하고 이 귀족국가에는 적합하지 않은 평화의 기초를 고찰하고자 한다. 왜냐하면 만약 우리가 이것을 귀족국가에 적합한 등가(等價)의 다른 기초로 대체하고 이미 세운 나머지 기초들을 남겨놓는다면, 의심할 여지 없이 분란의 모든 원인이 제거될 것이기 때문이다. 적어도 이 국가가 군주국가보다 덜 안전하지는 않을 것이다. 오히려 이 국가가 평화와 자유를 해치지 않으면서(이 장의 제3절과 제6절을 보라) 군주국가보다 더 많이 절대적 국가에 근접할수록 그만큼 그 국가는 더 많이 안전해질 것이고, 그만큼 국가의 상태는 더 좋아질 것이다. 왜냐하면 최고권력의 권리가 더 클수록 (제3장 제5절에 따르면) 그만큼 국가의 형태가 이성의 명령과 더 많이 일치하고 그에 따라 평화와 자유를 지키기에 더 적합하기 때문이다. 그러므로 우리는 이 국가에 적합하지 않은 것을 버리고 이것과 호응하는 것을 찾기 위해 제6장 제9절에서 언급한 것들을 죽 훑어볼 것이다.

§8. 첫 번째로 필요한 것은 의심할 바 없이 하나의 도시 또는 여러 도시를 세우고 지키는 것이다. 그러나 국가 전체의 머리가 되는 도시를 우선해서 지켜야 하고, 그다음에 국가의 경계에 있는 도시들을 지켜야 한다. 왜냐하면 국가 전체의 머리이고 최고의 권리를 가지는 도시는 다른 모든 도시들보다 더 강해야 하기 때문이다. 덧붙여 말하자면, 이 국가에서 모든 주민을 씨족별로 나누는 것은 전적으로 불필요한 일이다.

§9. 군대가 신민 외에 다른 어떤 사람으로도 구성되어서는 안 된다는 것이 이 국가의 법률이나 근본적인 법에 속하지 않는다는 것은 확실하다. 왜냐하면 이 국가에서는 모든 사람들 사이에서가 아니라 그저 귀족들 사이에서만 평등이 추구되어야 하고, 특히 귀족의 힘이 평민의 힘보다 더 커야 하기 때문이다. 그러나 군사기술을 제대로 배우지 않은 사람

necesse est, ut nullus in patriciorum numerum recipiatur, nisi qui artem militarem recte noverit. Subditos autem extra militiam esse, ut quidam volunt, inscitia sane est. Nam praeterquam quod militiae stipendium, quod subditis solvitur, in ipso regno manet, cum contra id, quod militi extraneo solvitur, omne pereat, accedit, quod maximum imperii robur debilitaretur. Nam certum est, illos singulari animi virtute certare, qui pro aris et focis certant. Unde etiam apparet, illos etiam non minus errare, qui belli duces, tribunos, centuriones, etc. ex solis patriciis eligendos statuunt. Nam qua virtute ii milites certabunt, quibus omnis gloriam et honores adipiscendi spes adimitur. Verum contra legem stabilire, ne patriciis militem extraneum liceat conducere, quando res postulat, vel ad sui defensionem et seditiones coercendas, vel ob alias quascunque causas, praeterquam quod inconsultum est, repugnaret etiam summo patriciorum juri, de quo vide art. 3, 4 et 5 huj. cap. Caeterum unius exercitus vel totius militiae dux in bello tantummodo et ex solis patriciis eligendus, qui annum ad summum imperium habeat, nec continuari in imperio nec postea eligi possit; quod jus cum in monarchico tum maxime in hoc imperio necessarium est. Nam quamvis multo facilius, ut supra jam diximus, imperium ex

은 어느 누구도 귀족의 수에 포함되지 않도록 하는 것이 필요하다. 그렇지만 신민을 군대 바깥에 있도록 하는 것은, 어떤 사람은 그렇게 하기를 바라는데,[15] 참으로 무지한 일이다. 왜냐하면 신민에게 지급하는 병사의 봉급이 영토 안에 머무르는 것과는 달리 외국인 병사에게 지급하는 봉급은 영토 밖으로 모두 빠져나간다는 사실을 제외하더라도, 국가의 최대 역량이 약해지는 일이 또한 벌어지기 때문이다. 확실히 자기의 제단 (祭壇)과 가정을 위해 싸우는 사람들이 단일한 영혼의 덕을 가지고 싸운다. 그러므로 [평민을 군대에 받아들이는 경우에도] 전쟁 사령관, 호민관, 백부장(百夫長) 등을 오직 귀족들 중에서만 선발하기로 결정한 사람들도 적지 않게 잘못 생각하고 있음이 분명하다. 영광과 명예를 얻을 모든 희망을 빼앗긴 이 평민 출신 병사들이 과연 어떤 덕을 가지고 싸우겠는가? 그러나 역으로 자기를 방어하고 분란을 억제하기 위해서건 그 어떤 다른 이유에서건 간에, 상황이 요구할 때[16] 외국인 병사를 모으는 것이 귀족에게 허용되지 않도록 법을 제정하는 것은 심의를 제대로 못한 것일 뿐만 아니라 귀족의 최고 권리에도 모순된다(이에 대해서는 이 장의 제3, 4, 5절을 보라). 하나의 보병대 또는 전체 군대의 사령관은 오직 전쟁 때에만, 그리고 오직 귀족 중에서만 선발되어야 한다. 그는 최대 1년만 명령권을 가져야 한다. 그의 임기는 연장될 수 없고 나중에 다시 선발될 수도 없다. 이것은 군주국가에서도 필요한 법이지만 이 국가에서는 특히 필요한 법이다. 왜냐하면 위에서 이미 우리가 언급했듯이,[17] 주권

---

15 베네치아의 귀족정은 평민을 군대에 받아들이지 않았다(니콜로 마키아벨리, 『로마사 논고』 제1권 제6장 참조). 이것이 그 정체를 안으로는 강력하게 만들었지만 외적에 대해서는 약하게 만들었다.

16 (예컨대 1617년과 같은) 위기 때에 네덜란드 도시들의 통치자들은 자신들의 도시를 지키기 위해 'Waardgelders'라고 불리는 전문 부대를 고용했다. 스피노자는 일반적으로는 용병을 싫어하지만(『정치론』 제6장 제10절 참조), 귀족정에서는 용병을 허용한다.

17 『정치론』 제7장 제14절 참조.

uno in alium quam ex libero concilio in unum hominem transferri possit, fit tamen saepe, ut patricii a suis ducibus opprimantur, idque multo majori reipublicae damno; quippe quando monarcha e medio tollitur, non imperii sed tantummodo tyranni mutatio fit. At in imperio aristocratico fieri id nequit absque eversione imperii et maximorum virorum clade. Cujus rei funestissima exempla Roma dedit. Caeterum ratio, cur in imperio monarchico diximus, quod militia sine stipendio servire debeat, locum in hujusmodi imperio non habet. Nam quandoquidem subditi tam a consiliis quam suffragiis ferendis arcentur, perinde ac peregrini censendi sunt, qui propterea non iniquiore conditione ac peregrini ad militandum conducendi sunt. Neque hic periculum est, ut a concilio prae reliquis agnoscantur. Quinimo ne unusquisque suorum factorum iniquus, ut fit, aestimator sit, consultius est, ut patricii certum praemium militibus pro servitio decernant.

§ 10. Praeterea hac etiam de causa, quod omnes praeter patricios peregrini sunt, fieri non potest absque totius imperii periculo, ut agri et domus et omne solum publici juris maneant et ut incolis annuo

이 자유로운 회의체에서 한 사람에게 넘어가는 것이 한 사람에게서 다른 한 사람에게 넘어가는 것보다는 어렵지만, 귀족들이 자기의 사령관들에 의해 압제당하는 일이 종종 일어나며 그런 일이 공화국에 훨씬 더 큰 손해를 끼치기 때문이다. 확실히 군주가 만인의 시야에서 제거될 때 일어나는 일은 국가 유형의 교체가 아니라 그저 참주의 교체이다.[18] 그러나 귀족국가에서는 국가를 전복하지 않고서는, 그리고 지극히 훌륭한 사람들을 잃지 않고서는 이런 일이 일어날 수 없다. 이런 일의 가장 슬픈 사례를 로마가 보여주었다.[19] 우리가 군주국가에서 병사가 보수를 받지 않고 복무해야 한다고 말한 이유는 이 유형의 국가에 적용되지 않는다. 왜냐하면 신민은 회의에 참여할 수도 없고 투표도 할 수 없으므로 외국인과 마찬가지로 여겨져야 하기 때문이다.[20] 그러므로 이들은 외국인보다 더 나쁘지 않은 조건으로 군복무를 위해 모집되어야 한다. 또한 이 국가에는 [군복무를 하는] 이 신민들을 [군복무를 하지 않는] 다른 신민들보다 회의가 더 인정할 위험이 없다. 흔히 그렇듯이 각 사람이 자기가 행한 일을 불공정하게 평가하지 않도록 복무에 대해 병사들에게 주어져야 할 일정한 보상을 귀족들이 결정하도록 하는 것은 또한 현명한 일이다.

§10. 그 밖에 귀족 외의 모든 사람이 [사실상] 외국인이라고 해서 농지와 가옥, 그리고 모든 땅을 공적인 권리 아래 두고서 주민들에게 해마

---

18 『신학정치론』제18장 제8절 참조. 들라쿠르는 "mutatio tyranni non tyrannidis ablatio"
    (참주정의 제거가 아닌, 참주 한 사람의 교체)라고 적고 있다(Polityke Weegschaal,
    vol. 1, 제3장 제1절, p. 188).
19 잘 알려진 예는 카이사르에 의한 로마 공화국의 전복일 것이다. 니콜로 마키아벨리,
    『로마사 논고』제3권 제24장 참조.
20 여기에 묘사된 군사 규정에서 귀족국가는 명백히 군주국가보다 뒤떨어진다. 자유를
    위해 싸우는 신민이 정치적으로 금치산자(禁治産者)여서 기껏해야 보수(報酬)를 위
    해 싸울 수밖에 없기 때문이다.

pretio locentur. Nam subditi, qui nullam in imperio partem habent, facile omnes in adversis urbes desererent, si bona, quae possident, portare quo vellent liceret. Quare agri et fundi hujus imperii subditis non locandi sed vendendi sunt, ea tamen conditione, ut etiam ex annuo proventu partem aliquotam singulis annis numerent etc., ut in Hollandia fit.

§ 11. His consideratis, ad fundamenta, quibus supremum concilium niti et firmari debet, pergo. Hujus concilii membra in mediocri imperio quinque circiter millia esse debere ostendimus art. 2 hujus cap. Atque adeo ratio quaerenda est, qua fiat, ne paulatim ad pauciores deveniat imperium, sed contra ut pro ratione incrementi ipsius imperii eorum augeatur numerus; deinde ut inter patricios aequalitas, quantum fieri potest, servetur; ut praeterea in conciliis celeris detur expeditio, ut communi bono consulatur; et denique ut patriciorum seu concilii major sit quam multitudinis potentia, sed ita ut nihil inde multitudo detrimenti patiatur.

§ 12. Ad primum autem obtinendum maxima oritur difficultas ex invidia. Sunt enim homines, ut diximus, natura hostes, ita ut, quamvis legibus copulentur adstringanturque, retineant tamen

다 세(貰)를 받고 임대하면 국가 전체가 오히려 위태로워진다. 왜냐하면 국가에서 어떤 몫도 가지지 않는 신민들은 만약 그들이 소유한 재산을 원하는 곳으로 옮기는 것이 허용된다면 역경에 처한 모든 도시를 쉽게 떠날 것이기 때문이다. 그러므로 이 국가에서 농지와 토지는 신민에게 임대되어서는 안 되며 홀란트에서처럼 해마다 소출에서 일정 부분을 납부하는 등의 조건으로 판매되어야 한다.[21]

§11. 이제 나는 최고회의가 의지해야 하고 그것으로써 자기를 확고히 해야 할 기초에 대한 고찰로 넘어간다.[22] 이 장의 제2절에서 우리는 이 회의의 구성원이 보통 규모의 국가에서 5,000명 정도여야 한다고 했다. 그러므로 [먼저] 국가가 점차 더 적은 수의 사람에게 맡겨지지 않도록 할, 오히려 그 반대로 국가의 규모가 커짐에 따라 회의의 구성원 수가 늘어날 수 있도록 할 방법이 강구되어야 한다. 다음으로 귀족들 사이에서 평등이 최대한 보존될 수 있도록 할 방법이 강구되어야 한다.[23] 또한 각종 회의에서 공동선을 위해 안건이 신속하게 처리될 수 있도록 할 방법이 강구되어야 한다. 마지막으로 귀족의 힘 또는 회의의 힘이 다중의 힘보다 더 클 수 있도록 할, 그러나 그럼으로써 다중이 어떤 피해도 입지 않을 수 있도록 할 방법이 강구되어야 한다.

§12. 첫 번째 과제와 관련해 가장 큰 어려움이 질투에서 생겨난다. 우리가 이미 말했듯이, 사람들은 본성상 서로 적이어서 아무리 법률이 그들을 묶고 구속할지라도 그 적대적 본성을 계속 보유한다. 민주국가가

---

21 Sir William Temple, *Observations*, 제7장, pp. 154~55 참조.

22 이 회의는 부분적으로 베네치아의 대평의회(Grand Council)를 모델로 삼고 있다.

23 들라쿠르는 '소수의 지배'(dominatio paucorum)를 귀족정의 가장 큰 잘못의 하나로 간주하고, 특히 홀란트 주의 도시들이 인구 증가에 따라 회의 규모를 키우는 데에 실패한 것을 비판한다(*Polityke Weegschaal*, vol. 2, 제2장 제6절, pp. 290~91).

naturam. Atque hinc fieri existimo, ut imperia democratica in aristocratica et haec tandem in monarchica mutentur. Nam plane mihi persuadeo, pleraque aristocratica imperia democratica prius fuisse, quod scilicet quaedam multitudo novas sedes quaerens, iisque inventis et cultis, imperandi aequale jus integra retinuit, quia nemo imperium alteri dat volens. Sed quamvis eorum unusquisque aequum esse censeat, ut idem jus, quod alteri in ipsum est, ipsi etiam in alterum sit, iniquum tamen esse putat, ut peregrinis, qui ad ipsos confluunt, aequale cum ipsis jus sit in imperio, quod sibi labore quaesierant et sui sanguinis impendio occupaverant. Quod nec ipsi peregrini renuunt, qui nimirum non ad imperandum, sed ad res suas privatas curandum eo migrant, et satis sibi concedi putant, si modo ipsis libertas concedatur res suas cum securitate agendi. Sed interim multitudo ex peregrinorum confluentia augetur, qui paulatim illius gentis mores induunt, donec demum nulla alia diversitate dignoscuntur quam hoc solo, quod adipiscendorum honorum jure careant; et dum horum numerus quotidie crescit, civium contra multis de causis minuitur; quippe saepe familiae extinguuntur, alii ob scelera exclusi, et plerique ob rei domesticae angustiam rempublicam negligunt, dum interea potentiores nihil studeant quam soli regnare; et sic paulatim imperium ad paucos et tandem ob factiones ad unum redigitur. Atque his alias causas, quae hujusmodi imperia destruunt,

귀족국가로, 그리고 이것이 결국 군주국가로 변하는 것이 인간의 이와 같은 본성 때문이라고 나는 추측한다. 왜냐하면 대부분의 귀족국가가 전에는 민주국가였다고 나는 전적으로 확신하기 때문이다. 즉 새로운 거주지를 찾는 다중이 그곳을 발견하고 경작했을 때, 다중은 그곳을 지배할 평등한 권리를 다 함께 보유했다. 어느 누구도 원해서 지배권을 다른 사람에게 주지는 않기 때문이다. 그러나 설령 그들 각각이 그 자신이 다른 사람에 대해 가지는 권리와 똑같은 권리를 다른 사람도 그 자신에 대해 가지는 것을 공평하다고 여기더라도, 그들은 자신들에게 모여드는 외국인들이 자신들이 애써 마련하고 피를 쏟아 차지한 영토에서 자신들과 동등한 권리를 가지는 것은 불공평하다고 생각한다. 이것을 외국인들도 부정하지 않는다. 그들은 지배하기 위해서가 아니라 자기의 사적인 일을 돌보기 위해 그곳으로 이주하고, 그저 자기의 일을 안전하게 행할 수 있는 자유가 허락되면 자신들에게 자유가 충분히 허락되었다고 생각하기 때문이다.[24] 그러나 그 사이에 외국인들이 쇄도하여 그들 가운데에는 오직 영예로운 자리에 도달할 권리를 가지지 않은 것 빼고는 다른 어떤 차이에 의해서도 끝내 구별되지 않을 정도로까지 점점 더 저 종족의 관습을 받아들이는 다중이 늘어나게 된다. 그리고 이들의 수가 날마다 증가하는 동안 시민의 수는 그 반대로 여러 원인에 의해 감소한다. 어떤 씨족들이 종종 소멸하고, 다른 이들이 범죄 때문에 배제되며, 많은 이들이 집안 사정이 어려워서 공무를 소홀히 하는데, 그 사이에 더 강한 이들은 오로지 홀로 다스릴 궁리만 하기 때문이다. 그리하여 점점 더 국가는 소수의 사람에게, 그리고 마침내 파벌들의 다툼 때문에 한 사람에게 속하게 된다.[25] 이런 유형의 국가를 무너뜨리는 다른 원인들을

---

24 니콜로 마키아벨리, 『로마사 논고』 제1권 제6장 참조.
25 그러므로 역사적 전개는 최적의 형태를 향하는 개념적 발전과 반대로 이루어진다. 베네치아 공화국과 관련된 몰락의 역사를 마키아벨리는 『로마사 논고』 제1권 제6장에서 제시한다.

adjungere possemus; sed quia satis notae sunt, iisdem supersedeo, et leges, quibus hoc imperium, de quo agimus, conservari debet, ordine jam ostendam.

§ 13. Primaria hujus imperii lex esse debet, qua determinatur ratio numeri patriciorum ad multitudinem. Ratio enim (per art. 1 hujus cap.) inter hanc et illos habenda est, ita ut pro incremento multitudinis patriciorum numerus augeatur. Atque haec (per illa, quae art. 2 hujus cap. diximus) debet esse circiter ut 1 ad 50, hoc est, ut inaequalitas numeri patriciorum ad multitudinem nunquam major sit. Nam (per art. 1 hujus cap.) servata imperii forma numerus patriciorum multo major esse potest numero multitudinis. Sed in sola eorum paucitate periculum est. Qua autem ratione cavendum sit, ut haec lex inviolata servetur, suo loco mox ostendam.

§ 14. Patricii ex quibusdam tantummodo familiis aliquibus in locis eliguntur. Sed hoc expresso jure statuere perniciosum est. Nam praeterquam quod familiae saepe extinguuntur et quod nunquam reliquae absque ignominia excluduntur, accedit, quod hujus imperii formae repugnat, ut patricia dignitas haereditaria sit (per art. 1 hujus cap.) Sed imperium hac ratione democraticum potius videtur, quale in art. 12 hujus cap. descripsimus, quod scilicet paucissimi tenent cives. Attamen contra cavere, ne patricii filios suos et consanguineos

여기에 더 추가할 수 있지만,[26] 그것들은 충분히 알려져 있으므로 이쯤에서 멈추고 이제 우리가 다루고 있는 이 국가를 보존하기 위해 어떤 규칙들을 따라야 하는지를 차례대로 제시하겠다.

§13. 이 국가의 으뜸가는 법률은 다중의 수에 대한 귀족의 수의 비율을 결정하는 것이어야 한다. 그 비율은 (이 장의 제1절에 따라) 다중의 수가 증가하는 것에 비례해 귀족의 수가 늘어나도록 결정되어야 한다. 그 비율은 (이 장의 제2절에서 우리가 말한 것에 따라) 대략 다중 50명당 귀족 1명이어야 한다. 다중의 수에 대한 귀족의 수의 부족함이 이보다 더 커서는 절대로 안 된다. 왜냐하면 (이 장의 제1절에 따라) 국가의 형태가 보존되기 위해 귀족의 수가 다중의 수보다 훨씬 더 많을 수는 있기 때문이다. 오로지 귀족의 수가 얼마 안 되는 경우에만 위험하다. 어떤 방법으로 이 법률이 훼손되지 않고 보존되도록 경계할 것인지는 적당한 곳에서 곧 제시하겠다.

§14. 어떤 곳에서는 귀족이 오직 일부 씨족들 중에서만 선출된다.[27] 그러나 이것을 분명하게 법으로 확정하는 것은 위험하다. 왜냐하면 씨족들이 종종 소멸한다는 사실과 배제되는 나머지 사람들이 스스로 불명예스럽게 느낀다는 사실을 제외하더라도, (이 장의 제1절에 따르면) 귀족의 지위가 상속되는 것이 이런 형태의 국가에 맞지 않기 때문이다. 상속 방식에 의한 국가는 오히려 우리가 이 장의 제12절에서 묘사한 민주국가, 즉 매우 적은 수의 시민이 주권을 보유하는 민주국가처럼 보인다. 그러나 역으로 귀족들로 하여금 자기 자식과 혈족을 선출하지 못하도

---

26 이 원인들은 아리스토텔레스, 『정치학』 1305b-1307b에서 논의된다.

27 베네치아와 게누아는 귀족 가문의 명부를 유지했다(각각 Libro d'Oro와 Liber Civitatis 참조). 그리고 이 명부에 이름이 올라 있는 남자들에 국한해 대평의회에 참여할 자격을 부여했다.

eligant et consequenter ne imperandi jus in quibusdam familiis maneat, impossibile est, imo absurdum, ut art. 39 hujus cap. ostendam. Verum, modo id nullo expresso jure obtineant, nec reliqui (qui scilicet in imperio nati sunt, et patrio sermone utuntur, nec uxorem peregrinam habent, nec infames sunt, nec serviunt, nec denique servili aliquo officio vitam sustentant, inter quos etiam oenopolae et cerevisiarii numerandi sunt) excludantur, retinebitur nihilominus imperii forma, et ratio interpatricios et multitudinem servari semperpoterit.

§ 15. Quod si praeterea lege statuatur, ut nulli juniores eligantur, nunquam fiet, ut paucae familiae jus imperandi retineant; atque adeo lege statuendum, ut nullus, nisi qui ad annum aetatis trigesimum pervenit, in catalogum eligendorum referri possit.

§ 16. Tertio deinde statuendum est, ut patricii omnes in quodam urbis loco statutis certis temporibus congregari debeant, et qui, nisi morbo aut publico aliquo negotio impeditus, concilio non interfuerit, sensibili aliqua pecuniae poena mulctetur. Nam ni hoc fieret, plurimi ob rei domesticae curam publicam negligerent.

록 하고, 그럼으로써 지배할 권리가 일부 씨족들에게만 있지 않도록 경계하는 것은 이 장의 제39절에서 내가 보일 것처럼 불가능할 뿐만 아니라 심지어 어리석기까지 하다. 귀족들이 지배할 권리를 분명하게 법으로 보유하지도 않고 다른 사람들이 배제되지도 않는다면, 지배의 형태는 똑같이 유지될 것이고 귀족과 다중 사이의 비율은 언제나 유지될 수 있을 것이다. (물론 귀족이 될 수 있는 사람은 이 나라에서 태어나야 하고, 조국의 언어를 사용해야 하고, 외국인을 아내로 취하지 않아야 하고, 평판이 나쁘지 않아야 하고, 다른 사람을 섬기지 않아야 하며, 마지막으로 여관 주인과 종업원처럼 그 어떤 사람에게 봉사하는 일을 해서 생계를 유지하지 않아야 한다.)[28]

§15. 둘째, 어린 사람이 선출되지 못하도록 법률로써 정한다면 소수의 씨족들이 지배할 권리를 보유하는 일은 결코 일어나지 않을 것이다. 그러므로 만 30세가 되지 않은 사람은 어느 누구도 선출될 수 있는 사람의 명단에 오를 수 없도록 법률로써 정해야 한다.[29]

§16. 셋째, 모든 귀족이 특정한 때에 도시의 어느 장소에 모이도록 정해야 하며, 그들이 질병이나 그 어떤 공적 업무에 의해 방해받지 않는 한 회의에 참석하지 않았을 때 상당한 액수의 벌금형으로 처벌받도록 정해야 한다. 이렇게 정하지 않으면 대부분의 사람들이 가정사 때문에 공적인 책임을 소홀히 할 것이다.

---

28 왜 여기에서 여관 주인이 언급되는지는 분명하지 않다. 중요한 것은 그들의 봉사하는 지위 자체가 아니라 (스피노자의 생각에) 명예롭지 않은 지위일 수 있다. 점잖은 스피노자는 어쩌면 그 시대의 (성적으로 문란한) 여관집 모습을 염두에 두었을 것이다. 들라쿠르도 이런 계층을 통치에서 배제한다(*Polityke Weegschaal*, vol. 3, 제3장 제4절, pp. 564~65 참조).
29 베네치아에서는 귀족이 25세에 이르러야 대평의회의 구성원이 되었다.

§ 17. Hujus concilii officium sit leges condere et abrogare, collegas patricios et omnes imperii ministros eligere. Non enim fieri potest, ut is, qui supremum jus habet, ut hoc concilium habere statuimus, alicui potestatem det leges condendi et abrogandi, quin simul jure suo cedat et in illum id transferat, cui illam potestatem dedit; quippe qui vel uno solo die potestatem habet leges condendi et abrogandi, ille totam imperii formam mutare potest. At quotidiana imperii negotia aliis ad tempus secundum constituta jura administranda tradere, retento supremo suo jure, potest. Praeterea, si imperii ministri ab alio quam ab hoc concilio eligerentur, tum hujus concilii membra pupilli potius quam patricii appellandi essent.

§ 18. Huic concilio solent quidam rectorem seu principem creare, vel ad vitam ut Veneti, vel ad tempus ut Genuenses, sed tanta cum cautione, ut satis appareat, id non sine magno imperii periculo fieri. Et sane dubitare non possumus, quin imperium hac

§17. 이 회의의 임무는 법률을 제정하고 폐지하는 것, 그리고 동료 귀족과 국가의 모든 관료를 선발하는 것이어야 한다.[30] 왜냐하면 최고의 권리를 가진 사람이, 이 최고의 권리를 우리는 이 회의가 가진다고 전제하는데, 법률을 제정하고 폐지할 권한을 그 누구에게 주는 일은 동시에 그가 자기 권리를 포기하고 그가 저 권한을 준 사람에게 그 권리를 넘겨주지 않고서는 일어날 수 없기 때문이다. 단 하루만이라도 법률을 제정하고 폐지할 권한을 가지는 사람은 국가의 형태 전체를 바꿀 수 있다. [그러므로 법률을 제정하고 폐지할 권한은 오직 최고의 권리를 가진 이 회의가 보유해야 한다.] 그러나 국가의 일상적 업무는 확립된 법에 따라 관리하도록 다른 사람에게 일시적으로 맡길 수 있다. 그 밖에 만약 국가의 관료들이 이 회의가 아닌 다른 어떤 회의에 의해 선발된다면, 이 회의의 구성원은 귀족이라기보다 차라리 [피후견자의 상태에 있는 미성년의] 소년이라고 불려야 마땅할 것이다. [그러므로 국가의 관료를 선발할 권한도 오직 이 회의가 보유해야 한다.]

§18. 이 회의에 사람들은 통솔자나 의장을 베네치아인들처럼 종신직으로, 아니면 게누아인들처럼 임기직으로 세우곤 한다.[31] 그러나 그 일을 매우 조심스럽게 한다는 사실에서 그 일이 국가에 큰 해를 끼치지 않고서는 이루어질 수 없음이 충분히 드러난다.[32] 의심할 바 없이 국가는

---

30 이것들이 또한 베네치아의 대평의회의 기능이었다. 이 회의는 귀족 칭호를 수여할 수 있었지만, 이 권리를 매우 아껴 행사했다. 입법권과 공직 임명권을 하나의 회의가 모두 행사하는 것은 권력의 분할에 대한 부정이다. 입법권을 보유하는 회의가 실행의 임무를 맡는 사람도 임명하는 형태인 것이다.

31 총독(Doge)이 베네치아에서는 종신으로, 게누아에서는 2년 임기로 임명되었다.

32 여기에서 스피노자는 부분적으로 베네치아에서 총독을 선발할 때 사용하던 방법, 즉 편애(favouritism)를 불가능하게 만들기 위해 고안한 정교한 절차를 생각하고 있다. 또 부분적으로는 "i cinque correttori alla promission ducale", 즉 총독이 죽을 때마다 그동안 공직의 권력이 공적 자유를 위해 사용되었는지를 심사하기 위해 지명되었던

ratione ad monarchicum accedat; et, quantum ex eorum historiis conjicere possumus, nulla alia de causa id factum est, quam quia ante constituta haec concilia sub rectore vel duce veluti sub rege fuerant; atque adeo rectoris creatio gentis quidem, sed non imperii aristocratici absolute considerati requisitum necessarium est.

§ 19. Attamen quia summa hujus imperii potestas penes universum hoc concilium, non autem penes unumquodque ejusdem membrum est (nam alias coetus esset inordinatae multitudinis), necesse ergo est, ut patricii omnes legibus ita astringantur, ut unum veluti corpus, quod una regitur mente, componant. At leges per se solae invalidae sunt et facile franguntur, ubi earum vindices ii ipsi sunt, qui peccare possunt, quique soli exemplum ex supplicio capere debent, et collegas ea de causa punire, ut suum appetitum ejusdem supplicii metu frenent, quod magnum est absurdum. Atque adeo medium quaerendum est, quo supremi hujus concilii ordo et imperii jura inviolata serventur, ita tamen, ut inter patricios aequalitas quanta dari potest sit.

§ 20. Cum autem ex uno rectore vel principe, qui etiam in conciliis suffragium ferre potest, magna necessario oriri debeat inaequalitas, praesertim ob potentiam, quae ipsi necessario concedi debet, ut suo officio securius fungi possit, nihil ergo, si omnia recte perpendamus,

이런 방식을 통해 군주국가에 더 가까워진다. 그런데 우리가 저 베네치아인들과 게누아인들의 역사를 통해 짐작할 수 있듯이, 저런 관행은 이 회의가 세워지기 전에 저들이 마치 왕 아래 있는 것처럼 통솔자나 지휘관 아래 있었기 때문이지 다른 어떤 이유에서가 아니다. 그러므로 통솔자를 세우는 일은 어떤 종족이 필연적으로 요구하는 것이지, 절대적으로 고찰된 귀족국가의 필수적인 요구 사항은 아니다.

§19. 아무튼 이 국가의 최고권력은 구성원 각자의 손에 있지 않고 이 회의 전체의 수중에 있다. (그렇지 않으면 이 회의는 무질서한 다중의 집합에 불과할 것이다.) 그러므로 모든 귀족이 마치 하나의 정신이 다스리는 하나의 신체를 구성하는 것처럼 법률에 의해 서로 묶이는 것이 필요하다. 그러나 법률의 옹호자가 죄를 범할 수 있는 바로 그 사람이고 처벌에서 교훈을 얻어야 마땅한 유일한 사람이며, 그러므로 동일한 처벌에 대한 두려움을 이용해 자기 욕구를 억제하기 위해 동료를 처벌해야 하는 사람인 지극히 불합리한 상황이 벌어지는 곳에서 법률은 그것만으로는 유효하지 않으며 쉽게 깨어진다. 그러므로 이 최고회의의 질서와 국가의 법이 침해되지 않고 지켜질 수 있는 수단이 강구되어야 한다. 그렇지만 또한 귀족들은 가능한 한 서로 평등해야 한다.

§20. 한 사람의 통솔자나 의장이 회의에서도 투표를 할 수 있다면 여기에서 필연적으로 큰 불평등이 생겨나게 마련이다. 특히 그가 자기 직무를 더 확실히 수행할 수 있기 위해 그에게 필수적으로 허락되어야 하는 바로 그 힘 때문에도 그렇다. 그러므로 만약 우리가 모든 것을 올바

5명의 위원회를 생각하고 있다. 이 위원회의 건의가 대평의회에서 수용되면 새 총독에 대해 구속력을 가졌으며, 이런 식으로 총독의 권력은 점점 더 엄격하게 제한되었다. Léopold Curti, *Mémoires*, vol. 1, 제5장, pp. 95~110 참조.

communi saluti utilius institui potest, quam quod huic supremo concilio aliud subordinetur ex quibusdam patriciis, quorum officium solummodo sit observare, ut imperii jura, quae concilia et imperii ministros concernunt, inviolata serventur, qui propterea potestatem habeant delinquentem quemcunque imperii ministrum, qui scilicet contra jura, quae ipsius ministerium concernunt, peccavit, coram suo judicio vocandi et secundum constituta jura damnandi; atque hos imposterum syndicos appellabimus.

§ 21. Atque hi ad vitam eligendi sunt. Nam si ad tempus eligerentur, ita ut postea ad alia imperii officia vocari possent, in absurdum, quod art. 19 hujus cap. modo ostendimus, incideremus. Sed ne longa admodum dominatione nimium superbiant, nulli ad hoc ministerium eligendi sunt, nisi qui ad annum aetatis sexagesimum aut ultra pervenerunt et senatorio officio (de quo infra) functi sunt.

§ 22. Horum praeterea numerum facile determinabimus, si consideremus hos syndicos ad patricios sese habere ut omnes simul patricii ad multitudinem, quam regere nequeunt, si justo numero pauciores sunt; ac proinde syndicorum numerus ad patriciorum

르게 판단한다면, 이 최고회의에 몇몇 귀족들로 구성되는 다른 회의를 부속시키는 것이 공동의 안녕에 더없이 유익할 것이다. 이 몇몇 귀족들의 임무는 오직 회의들과 국가의 관료들에 관한 법이 침해되지 않고 지켜지도록 감시하는 것이다. 그러므로 이 귀족들은 국가의 관료가 업무와 관련된 법을 어기고 죄를 범했다면 그를 해당 법정으로 불러 정해진 법에 따라 처벌할 수 있는 권력을 가져야 한다. 이 귀족들을 앞으로 검찰관이라고 부를 것이다.[33]

§21. 검찰관은 종신으로 선출되어야 한다. 왜냐하면 만약 이들이 일시적으로 선출된다면, 임기 후에 그들이 국가의 다른 공직에 불려갈 수 있어서 우리가 조금 전에 이 장의 제19절에서 설명한 불합리한 상황에 빠지기 때문이다. 그러나 이들이 너무 오래 재직하면 지나치게 오만해질 수 있으므로, 만 60세나 그 이상의 나이에 도달했고 원로의 직무(이에 대해서는 아래 참조)를 수행한 사람만 이 공직에 선출되어야 한다.

§22. 그 밖에 우리가 다음과 같은 사실을 고려한다면 이 검찰관의 수를 쉽게 결정할 수 있을 것이다. 즉 전체 귀족이 적정 수보다 적으면 다중을 다스리는 것이 불가능하므로 전체 귀족이 다중에 대해 일정한 수적 관계를 가져야 하듯이, 검찰관도 귀족에 대해 그와 같은 수적 관계를

---

33 고대 아테네 최고재판소(Areopagus)의 재판관(Areopagites)은 유사한 감독적·사법적 권력을 가지고 있었으며, 또한 종신으로 임명되었다. 그러나 여기에서 스피노자가 염두에 두고 있는 것은 아마도 들라쿠르가 묘사한 바 있는, 베네치아의 '10인 위원회'(Dieci)와 3명의 '시(市) 검사'(Avogadori di commun)일 것이다(Léopold Curti, *Mémoires*, vol. 1, 제4장, pp. 72~94과 제6장, pp. 118~22 참조). 스피노자의 검찰관은 독재적 권력(dictatoria potestas)을 가진다는 점에서는 10인 위원회와 비슷하고(『정치론』 제10장 제2절 참조), 다른 점에서는 시 검사와 비슷하다. 이하의 설명은 베네치아에서의 업무 규정과 부분적으로 다르다.

numerum debet esse ut horum numerus ad numerum multitudinis, hoc est (per art. 13 hujus cap.) ut 1 ad 50.

§ 23. Praeterea ut hoc concilium secure suo officio fungi possit, militiae pars aliqua eidem decernenda est, cui imperare, quid velit, possit.

§ 24. Syndicis vel cuicunque status ministro stipendium nullum, sed emolumenta decernenda sunt, talia ut non possint sine magno suo damno rempublicam prave administrare. Nam quod hujus imperii ministris aequum sit vacationis praemium decerni, dubitare non possumus, quia major hujus imperii pars plebs est, cujus securitati patricii invigilant, dum ipsa nullam rei publicae sed tantum privatae curam habet. Verum quia contra nemo (ut art. 4 cap. VII diximus) alterius causam defendit, nisi quatenus rem suam eo ipso stabilire credit, res necessario ita ordinandae sunt, ut ministri, qui reipublicae curam habent, tum maxime sibi consulant, cum maxime communi bono invigilant.

§ 25. Syndicis igitur, quorum officium, uti diximus, est observare, ut imperii jura inviolata serventur, haec emolumenta decernenda sunt: videlicet ut unusquisque paterfamilias, qui in aliquo imperii loco habitat, quotannis nummum parvi valoris, nempe argenti unciae quartam partem, solvere teneatur syndicis, ut inde numerum

가져야 한다. 그러므로 귀족의 수에 대한 검찰관의 수는 다중의 수에 대한 귀족의 수와 같아야 하며, 그것은 (이 장의 제13절에 따라) 50대 1이다.

§23. 그 밖에 이 회의가 자기의 직무를 확실히 수행할 수 있기 위해서는 군대의 일부가 이 회의에 맡겨져야 하며, 그래서 이 회의가 원하는 것을 그 군대에 명령할 수 있어야 한다.[34]

§24. 검찰관에게나 그 어떤 국가 관료에게도 고정된 급료가 주어져서는 안 된다. 그들에게는 공적인 것을 잘못 운영하면 자신들도 커다란 피해를 입게 되는 방식으로 수입이 주어져야 한다. 왜냐하면 이 국가 관료들에게 사적인 일을 하지 않는 것에 대한 보상이 주어지는 것이 공평하다는 것을 우리가 의심할 수 없기 때문이다. 또한 이 국가의 큰 부분이 평민이지만, 평민이 공적인 일에 아무런 관심을 가지지 않고 사적인 일에만 큰 관심을 가지는 동안 귀족들이 이 평민의 안전을 주의 깊게 돌보기 때문이다. 그러나 (제7장 제4절에서 우리가 말한 바와 같이) 어떤 사람도 다른 사람의 이익을 옹호함으로써 자기 이익을 확실히 지킬 수 있다고 믿지 않는 한 다른 사람의 이익을 옹호하지 않으므로, 공적인 일을 돌보아야 하는 관료들이 공동의 선을 최대한 주의 깊게 돌볼 때 또한 자신을 최대한 고려할 수 있는 방식으로 반드시 제도가 정비되어야 한다.

§25. 우리가 말한 바와 같이, 검찰관의 직무는 국가의 법이 침해되지 않고 보존되도록 지키는 것이다. 이들에게는 다음과 같은 수입이 주어져야 한다. 즉 국가의 어느 곳에 거주하든지 간에 모든 씨족장이 해마다 적은 가치의 주화를, 예컨대 은 1운키아의 4분의 1을 검찰관에게 지불하도록 해야 한다. 이를 통해 검찰관은 거주자의 수를 알 수 있고, 그

---

34 베네치아의 10인 위원회는 보초병을 가지고 있었다.

inhabitantium cognoscere possint atque adeo observare, quotam ejus partem patricii efficiant. Deinde ut unusquisque patricius tyro, ut electus est, syndicis numerare debeat summam aliquam magnam, ex. gr. viginti aut viginti quinque argenti libras. Praeterea pecunia illa, qua absentes patricii (qui scilicet convocato concilio non interfuerunt) condemnantur, syndicis etiam decernenda est, et insuper ut pars bonorum delinquentium ministrorum, qui eorum judicio stare tenentur et qui certa pecuniae summa mulctantur, vel quorum bona proscribuntur, iisdem dedicetur non quidem omnibus, sed iis tantummodo, qui quotidie sedent et quorum officium est syndicorum concilium convocare, de quibus vide art. 28 hujus cap. Ut autem syndicorum concilium suo semper numero constet, ante omnia in supremo concilio solito tempore convocato de eo quaestio habenda est. Quod si a syndicis neglectum fuerit, ut tum ei, qui senatui (de quo mox erit nobis dicendi locus) praeest, supremum concilium ea de re monere incumbat, et a syndicorum praeside silentii habiti causam exigere, et quid de ea supremi concilii sententia sit, inquirere. Quod si is etiam tacuerit, ut causa ab eo, qui supremo judicio praeest, vel eo etiam tacente ab alio quocunque patricio suscipiatur, qui tam a syndicorum quam senatus et judicum praeside silentii rationem exigat. Denique ut lex illa, qua juniores secluduntur, stricte etiam observetur, statuendum est, ut omnes, qui

러므로 귀족이 전체 인구에서 어느 정도의 비중을 차지하는지를 파악할 수 있다. 다음으로 모든 신참 귀족은 선출되자마자 검찰관에게 상당히 많은 금액을, 예컨대 은 20 또는 25리브라를 지불해야 한다.[35] 그 밖에 (당연히 참석해야 할 회의에 참석하지 않은) 결석한 귀족들에게 처벌로서 부과되는 벌금이 검찰관에게 또한 주어져야 한다. 더 나아가 관료들이 죄를 범하면 검찰관의 법정에 서야 하고, [유죄가 인정되면] 일정한 액수의 벌금을 내거나 그들의 재산 일부가 공매 처분되어야 하는데, 이들의 재산 일부가 검찰관에게,[36] 물론 모든 검찰관에게는 아니고 매일 회의에 참석하며[37] 전체 검찰관 회의를 소집할 직무를 맡은 사람들에게만 돌아가야 한다. 이들에 대해서는 이 장의 제28절을 보라. 검찰관 회의가 언제나 적정 수로 구성되기 위해서는 일상적인 시기에 소집되는 최고회의에서 다른 모든 일에 앞서 먼저 그에 대한 조사가 이루어져야 한다. 만약 그 일이 검찰관들에 의해 간과된다면, 그때에는 원로회의의 의장이 최고회의에 이 사안을 알려주어야 하고 검찰관 회의의 의장에게 침묵한 이유를 설명하도록 요구해야 하며, 검찰관의 적정 수에 대한 최고회의의 판단이 무엇인지를 물어야 한다(원로회의에 관해서는 곧 이야기할 기회가 있을 것이다). 만약 원로회의의 의장도 침묵한다면, 이 일을 최고법원의 의장, 또는 그 역시 침묵한다면, 다른 어떤 귀족이 맡아야 한다. 그가 검찰관 회의의 의장에게도, 원로회의와 최고법원의 의장에게도 침묵한 이유를 설명하도록 요구해야 한다. 마지막으로 젊은 사람을 배제하는 법률이 또한 엄격하게 지켜지기 위해서는 다음과 같은 것이

---

35 1 libra=12 uncia=약 327g이다. 베네치아에서 시 검사는 귀족 가문의 명단이 기록되어 있는 『황금의 책』(*Libro d'Oro*)을 관리했다(Léopold Curti, *Mémoires*, vol. 1, 제1장, p. 12 참조).

36 베네치아에서 시 검사는 범죄자에게 부과된 벌금의 일부를 수취했다(Léopold Curti, *Mémoires*, vol. 1, 제6장, p. 121 참조).

37 베네치아에서 10인 위원회 가운데 3명은 총독 궁에 있는 방에서 매일 만났다(Léopold Curti, *Mémoires*, vol. 1, 제4장, p. 77 참조).

ad annum aetatis trigesimum pervenerunt quique expresso jure a regimine non secluduntur, suum nomen in catalogo coram syndicis inscribi curent, et accepti honoris signum quoddam statuto aliquo pretio ab iisdem accipere, ut ipsis liceat certum ornatum iis tantummodo concessum induere, quo dignoscantur et in honore a reliquis habeantur. Et interim jure constitutum sit, ut in electionibus nulli patricio quenquam nominare liceat, nisi cujus nomen in communi catalogo inscriptum est, idque sub gravi poena; et praeterea ne cuiquam liceat officium sive munus, ad quod subeundum eligitur, recusare. Denique, ut omnia absolute fundamentalia imperii jura aeterna sint, statuendum est, si quis in supremo concilio quaestionem de jure aliquo fundamentali moverit, utpote de prolonganda alicujus ducis exercitus dominatione vel de numero patriciorum minuendo et similibus, ut reus majestatis sit, et non tantum mortis damnetur, ejusque bona proscribantur, sed ut supplicii aliquod signum in aeternam rei memoriam in publico emineat. Ad reliqua vero communia imperii jura stabiliendum sufficit, si modo statuatur, ut lex nulla abrogari nec nova condi possit, nisi prius syndicorum concilium et deinde supremi concilii tres quartae aut quatuor quintae partes in eo convenerint.

§ 26. Jus praeterea supremum concilium convocandi resque decernendas in eodem proponendi penes syndicos sit, quibus etiam

274

정해져 있어야 한다. 만 30세에 이르렀고 분명한 법으로 정부에서 배제되지 않은 모든 사람은 검찰관 앞에서 자기 이름이 명부에 기입되도록 해야 하고, 자신들이 얻은 명예의 표시를 일정한 값을 치르고 검찰관에게서 받아야 한다. 오직 그들에게만 인정되는 이 특별한 장식을 착용하는 것이 그들에게 허용되어야 한다. 이 장식을 통해 그들은 나머지 사람들과 구별되고 나머지 사람들에게서 존중을 받을 수 있다. 이와 동시에 귀족을 선출할 때 공동의 명부에 이름이 기입되어 있지 않은 사람을 지명하는 것이 어느 귀족에게도 허락되지 않으며, 또한 그것이 엄벌에 처해지도록 법으로 확정되어야 한다. 그 밖에 공직이나 임무를 맡도록 선출되었을 때 거부하는 것은 어느 누구에게도 허락되지 않는다.[38] 국가의 절대적으로 근본적인 모든 법이 영원하기 위해서는 마지막으로 다음과 같은 것이 정해져야 한다. 만약 누군가가 최고회의에서 어떤 근본적인 법에 의문을 제기한다면, 예컨대 군사령관의 재임 기간 연장이나 귀족의 수 축소, 그리고 이와 유사한 것을 제안함으로써 근본적인 법에 의문을 제기한다면, 그는 대역죄인이므로 사형에 처해져야 하고 그의 재산은 공매 처분되어야 한다. 또 그가 처벌받은 사실은 사람들이 이 일을 영원히 기억할 수 있도록 공개된 곳에 표시해 드러내야 한다. 국가의 다른 공동의 법을 견고히 하기 위해서는 먼저 검찰관 회의가, 다음으로 최고회의의 4분의 3이나 5분의 4가 동의하지 않는다면 어떤 법률도 폐지할 수 없고 어떤 새로운 법률도 만들 수 없도록 하는 것으로 충분하다.

§26. 그 밖에 최고회의를 소집할 권리와 이 회의에서 결정되어야 할 안건을 제시할 권리가 검찰관에게 있어야 한다.[39] 이들에게 또한 회의에

---

38 베네치아의 몇몇 행정관직은 그 수락을 거부했을 때 벌금형에 처해질 수 있었다 (Léopold Curti, *Mémoires*, vol. 1, 제7장, p. 138 참조).

39 베네치아에서 대평의회 회의는 총독인 '시뇨리아'(Signoria)와 그의 여섯 자문관, 그리고 3명의 최고원수(Capi Superiori)에 의해 정기적으로 소집되었으며, 이들은 회

primus locus in concilio concedatur, sed sine jure suffragii. Verum antequam sedeant, jurare debent per salutem supremi illius concilii perque libertatem publicam, se summo studio conaturos, ut jura patria inviolata serventur et communi bono consulatur; quo facto res proponendas ordine aperiant per ministrum, qui ipsis a secretis est.

§ 27. Ut autem in decernendo et in eligendis imperii ministris omnibus patriciis aequa sit potestas, et celeris expeditio in omnibus detur, omnino probandus est ordo, quem Veneti observant, qui scilicet ad nominandos imperii ministros aliquot e concilio sorte eligunt, et ab his ordine ministris eligendis nominatis unusquisque patricius sententiam suam, qua propositum ministrum eligendum probat vel reprobat, indicat calculis, ita ut postea ignoretur, quisnam hujus aut illius sententiae fuerit auctor. Quo fit non tantum, ut omnium patriciorum in decernendo auctoritas aequalis sit et ut negotia cito expediantur, sed etiam ut unusquisque absolutam libertatem, quod in conciliis apprime necessarium est, habeat suam sententiam absque ullo invidiae periculo proferendi.

서 첫 번째 자리가, 그러나 투표권 없이 주어져야 한다. 그들은 자리에 앉기 전에 조국의 법이 훼손되지 않도록 지키고 공공선을 돌보기 위해 최고의 열심으로써 노력할 것을 최고회의의 안녕과 공공의 자유를 걸고 맹세해야 한다. 그렇게 한 후에 회의에 제시되어야 할 안건을 그들의 비서진에 속하는 관료를 통해 차례대로 공개해야 한다.

§27. 의결할 때와 국가의 관료를 선발할 때, 모든 귀족이 동등한 권력을 행사하고 모든 것이 빠르게 처리되기 위해 베네치아인들이 지키는 절차를 전적으로 수용하는 것은 고려할 만하다. 그들은 국가의 관료를 임명하기 위해 [먼저] 회의 구성원 가운데에서 몇 사람을 추첨을 통해 선발하고,[40] [다음으로] 이들[추천위원]이 선출되어야 할 관료[후보]들을 차례대로 거명하면, [회의에 참석한] 귀족들이 한 사람씩 자기 의견을, 즉 추천된 사람을 선출되어야 할 관료로 인정하는지 인정하지 않는지를 투표용 조약돌을 이용해[41] 누가 이런 의견이나 저런 의견의 장본인이었는지를 투표 후에 아무도 알 수 없게 표시한다. 이렇게 하면 결정할 때 모든 귀족의 권위가 동등해지고 업무가 신속하게 처리된다. 그뿐만 아니라 각 사람이 미움받을 것을 두려워하지 않고 자기 의견을 제시할 절대적 자유를 누릴 수 있게 된다. 이 자유는 회의에서 무엇보다도 필요한 것이다.

의에서 맨 앞자리에 앉았다(Léopold Curti, *Mémoires*, vol. 1, 제1장, p. 9 참조). 그러나 시 검사(Avogadori)는 어느 회의든지 특별히 소집할 수 있었다(Léopold Curti, *Mémoires*, vol. 1, 제6장, p. 121 참조).

40 베네치아에서는 36명의 추천위원을 선출하고 이들을 9명씩 네 집단으로 나누었다. 9개의 관직이 채워져야 할 때, 각 집단의 각 구성원이 하나의 관직에 대해 1명의 후보자를 추천했다(Léopold Curti, *Mémoires*, vol. 1, 제1장, pp. 20~26; Johan de la Court, *Polityke Weegschaal*, vol. 2, 제4장 제2절, pp. 317ff. 참조).

41 흰 돌은 찬성, 검은 돌은 반대를 의미했다.

§ 28. In syndicorum etiam et reliquis conciliis idem ordo observandus est, ut scilicet suffragia calculis ferantur. Jus autem syndicorum concilium convocandi resque in eodem decernendas proponendi, penes eorundem praesidem esse oportet, qui cum aliis decem aut pluribus syndicis quotidie sedeat ad plebis de ministris querelas et secretas accusationes audiendum, et accusatores, si res postulat, asservandos, et concilium convocandum etiam ante constitutum tempus, quo congregari solet, si in mora periculum esse eorum aliquis judicaverit. At hic praeses et qui cum ipso quotidie congregantur a supremo concilio eligi, et quidem ex syndicorum numero debent, non quidem ad vitam, sed in sex menses, nec continuari nisi post tres aut quatuor annos: atque his, ut supra diximus, proscripta bona et pecuniarum mulctae vel eorum pars aliqua decernenda est. Reliqua, quae syndicos spectant, suis in locis dicemus.

§28. 검찰관 회의에서도, 그리고 다른 회의에서도 동일한 절차가 지켜져야 한다. 즉 조약돌을 이용해 표를 던져야 한다. 그러나 검찰관 회의를 소집할 권리와 그 회의에서 결정되어야 할 안건을 제시할 권리는 의장에게 있어야 마땅하다. 의장은 [평소에] 다른 10명의 혹은 그보다 많은 수의 검찰관들과 함께 매일 회의를 해야 한다. 관료들에 대한 평민의 불만과 비밀 고발을 듣기 위해,[42] 그리고 고발인들을 필요하다면 보호하기 위해,[43] 그리고 만약 일이 지체되면 위험이 있을 것이라고 그들 가운데 누군가가 판단했다면 전체 회의를 검찰관들이 모이곤 하는 정해진 때가 이르기 전에 소집하기 위해 매일 회의를 해야 한다. 의장과 함께 매일 모이는 이 사람들은 최고회의에 의해, 그리고 당연히 검찰관들 가운데에서 선출되어야 한다. 그러나 종신으로 선출되어서는 안 되고 6개월 임기로 선출되어야 한다. 그리고 3년이나 4년이 지난 후가 아니면 다시 선출되어서는 안 된다. 이들에게는, 위에서 이미 우리가 말했듯이, 공매 처분된 재산과 벌금 또는 벌금의 일정 부분이 주어져야 한다. 검찰관과 관련된 나머지 사항에 대해서는 적당한 자리에서 다시 이야기하겠다.

---

42 베네치아에서는 누구든지 성(聖)마가의 사자 입에 서명한 고소장을 집어넣어 어떤 시민을 10인 위원회 원수들(Capi di Dieci)에게 고소할 수 있었다고 한다(W. C. Hazlitt, *The Venetian Republic*, vol. 2, 제52장, p. 543). 지배에 참여하지 않는 평민의 권리가 이를 통해 잘 보호될 수 있었다.

43 이 문장의 뜻과 관련해서는 번역자들 사이에 이견이 있다. 고발인을 보호하기 위해 구금하는 것인지, 피고발인을 체포하여 구금하는 것인지가 쟁점이다. 워넘은 사람들이 비밀리에 고발하므로 고발인을 보호해야 할 이유가 없다면서, 겝하르트를 따라 피고발인을 체포하여 구금하는 것으로(accusatos asservandos) 해석하는 반면, 바르투샤트는 NS와 OP를 따라 고발인을 보호하기 위해 구금하는 것으로(accusatores asservandos) 해석한다. 비밀리에 고발하더라도 그에 대한 조사가 진행되면 고발된 관료는 얼마든지 누가 고발했는지 찾아내어 보복할 수 있으므로 고발인에 대한 보호 조치로서 필요한 경우에 구금하는 것으로 해석하는 것이 충분히 가능하다고 나는 생각한다. 이어지는 문장의 뜻도 그런 맥락에서 보면 고발인에게 위험이 있을 것을 우려하는 것으로 이해할 수 있다.

§ 29. Secundum concilium, quod supremo subordinandum est, senatum appellabimus; cujus officium sit publica negotia agere, ex. gr. imperii jura promulgare, urbium munimenta secundum jura ordinare, diplomata militiae dare, tributa subditis imponere, eaque collocare, externis legatis respondere, et quo legati mittendi sunt decernere. Sed ipsos legatos eligere supremi concilii officium sit. Nam id apprime observandum est, ne patricius ad aliquod imperii ministerium vocari possit, nisi ab ipso supremo concilio, ne ipsi patricii senatus gratiam aucupari studeant. Deinde illa omnia ad supremum concilium deferenda sunt, quae praesentem rerum statum aliqua ratione mutant, uti sunt belli et pacis decreta; quare senatus decreta de bello et pace, ut rata sint, supremi concilii auctoritate firmanda sunt: et hac de causa judicarem ad solum supremum concilium, non ad senatum, pertinere nova tributa imponere.

§ 30. Ad senatorum numerum determinandum haec consideranda veniunt: primo ut omnibus patriciis spes aeque magna sit ordinem senatorium recipiendi; deinde ut nihilominus iidem senatores,

§29. 최고회의에 종속되어야 할 두 번째 회의를 우리는 원로회의라고 부를 것이다.[44] 그 임무는 공적인 업무를 수행하는 것인데, 예컨대 국가의 법을 공포하는 것, 그 법에 따라 도시의 방어를 지시하는 것, 군대에 사령장을 주는 것, 신민에게 세금을 부과하고 그 세금을 쓰는 것, 외국의 사절(使節)을 응대하는 것, 그리고 어디로 사절을 보내야 할지를 결정하는 것이다. 그러나 그 사절을 선발하는 것은 최고회의의 임무이다.[45] 왜냐하면 귀족들이 원로회의의 호의를 얻기 위해 노력하지 않도록 하려면 귀족이 최고회의에 의해서가 아니면 어떤 국가 업무에도 불려갈 수 없어야 하기 때문이다. 다음으로 전쟁과 평화의 결정과 같이 일의 현재 상태를 어떤 식으로든 바꾸는 것은 모두 최고회의의 의결에 부쳐져야 한다. 그러므로 전쟁과 평화에 관한 원로회의의 결정이 유효하려면 최고회의의 권위에 의해 확인되어야 한다.[46] 그런 이유에서 나는 새로운 세금을 부과할 권한도 원로회의가 아니라 오직 최고회의에 속한다고 판단한다.[47]

§30. 원로의 수를 결정하는 데에는 다음과 같은 것들이 고려되어야 한다. 먼저 모든 귀족에게 원로의 지위를 맡을 똑같이 큰 희망이 있어야 한다. 다음으로 어떤 사람이 원로로 선출되어 일정 기간의 임기를 마

---

44 여기에서도 모델로서 기능하는 것은 분명히 들라쿠르가 묘사한 베네치아의 원로회의이다. 어쩌면 또한 네덜란드 주 연합의 의결 기구이자 집행 기구였던 국가의회일 것이다. 그러나 국가의회의 의원 수는 매우 적었다. 이에 대해서는 Carl Gebhardt (ed.), *Opera*, vol. 5, pp. 176ff. 참조.

45 이와 달리 베네치아의 원로회의는 대사(大使)를 지명할 권한을 보유했다(W. C. Hazlitt, *The Venetian Republic*, vol. 2, 제48장, pp. 438~39 참조).

46 베네치아 공화국의 원로회의는 전쟁과 평화를 선포할 권한을 가졌지만(Léopold Curti, *Mémoires*, vol. 1, 제1장, p. 13 참조), 스피노자는 원로회의에 그 권한을 부여하지 않는다.

47 베네치아 공화국의 원로회의는 최고회의의 승인 없이 새로운 세금을 부과할 수 없었다(Léopold Curti, *Mémoires*, vol. 1, 제1장, p. 14 참조).

quorum tempus in quod electi fuerant elapsum est, non magno post intervallo continuari possint, ut sic imperium a viris peritis et expertis semper regatur; et denique ut inter senatores plures reperiantur sapientia et virtute clari. Ad has autem omnes conditiones obtinendas nihil aliud excogitari potest, quam quod lege institutum sit, ut nullus, nisi qui ad annum aetatis quinquagesimum pervenit, in ordinem senatorium recipiatur, et ut quadringenti, hoc est, ut patriciorum una circiter duodecima pars in annum eligatur, quo elapso post biennium iidem continuari iterum possint. Hoc namque modo semper patriciorum una circiter duodecima pars brevibus tantummodo interpositis intervallis munus senatorium subibit; qui sane numerus una cum illo, quem syndici conficiunt, non multum superabitur a numero patriciorum, qui annum aetatis quinquagesimum attigerunt. Atque adeo omnibus patriciis magna semper erit spes senatorum aut syndicorum ordinem adipiscendi, et nihilominus iidem patricii, interpositis tantummodo, uti diximus, brevibus intervallis, senatorium ordinem semper tenebunt, et (per illa quae art. 2 hujus cap. diximus) nunquam in senatu deerunt viri praestantissimi, qui consilio et arte pollent. Et quia haec lex frangi non potest absque magna multorum patriciorum invidia, nulla alia cautione, ut valida semper sit, opus est, quam ut unusquisque patricius, qui eo quo diximus aetatis pervenit, syndicis ejus rei testimonium ostendat, qui ipsius nomen in catalogum eorum, qui senatoriis muneribus adipiscendis destinantur, reponent, et in supremo concilio legent, ut locum in hoc supremo concilio similibus dicatum, et qui senatorum loco proximus sit, cum reliquis ejusdem ordinis occupet.

쳤어도 국가가 언제나 경험 많은 노련한 사람들에 의해 다스려지기 위해서는 그가 길지 않은 휴직 기간 후에 다시 원로가 될 수 있어야 한다. 마지막으로 원로들 사이에 지혜와 덕성이 탁월한 사람이 많이 있어야 한다. 이 모든 조건을 충족할 방법으로서 만 50세를 넘지 않으면 어느 누구도 원로가 될 수 없도록 하는 것, 그리고 400명, 즉 전체 귀족의 약 12분의 1에 해당하는 수의 사람이 1년 임기로 선출되고[48] 그 기간이 지나고 2년 후에 같은 사람이 다시 선출될 수 있도록 법률로써 정하는 것 외에 다른 어떤 것도 생각해낼 수 없다. 이런 방식으로 원로를 선출하면 언제나 귀족의 12분의 1 정도가 자신의 임기 사이에 그저 짧은 휴직 기간만을 두고 원로의 직책을 계속 맡게 될 것이기 때문이다. [400명이라는] 이 수를 검찰관의 수와 합하면 그 수는 만 50세 이상인 귀족의 수보다 크게 적지 않을 것이다. 그러므로 모든 귀족이 원로나 검찰관의 지위에 오를 큰 희망을 언제나 가질 것이고, 거의 동일한 귀족들이 우리가 말한 바와 같이 짧은 휴직 기간을 제외하고는 언제나 원로의 지위를 보유할 것이다. 그리고 원로회의에 (이 장의 제2절에서 우리가 말한 것에 따라) 판단력과 기술을 갖춘 뛰어난 사람이 결코 부족하지 않을 것이다. 이 법률은 많은 수의 귀족이 큰 시기심을 가지지만 않으면 파기될 수 없으므로 이 법률이 언제나 유효하기 위해 다음과 같은 것 외에 다른 어떤 주의도 필요하지 않다. 즉 우리가 말한 나이에 도달한 모든 귀족이 그 사실의 증거를 검찰관에게 제출하면 검찰관은 그들의 이름을 원로의 직책을 얻을 수 있는 사람의 명단에 올리고 최고회의에서 낭독한다. 그리고 그들이 최고회의에서 원로들의 자리와 가까운 곳에 있는 그들에게 지정된 자리에 같은 지위를 가진 나머지 사람들과 함께 앉을 수 있도록 한다.

---

48 베네치아의 원로들은 1년 임기로 임명되었지만 즉시 재임명될 수 있었다(Léopold Curti, *Mémoires*, vol. 1, 제1장, p. 11; Johan de la Court, *Polityke Weegschaal*, vol. 2, 제4장 제5절, p. 331 참조).

§ 31. Senatorum emolumenta talia esse debent, ut iis major utilitas ex pace quam ex bello sit; atque adeo ex mercibus, quae ex imperio in alias regiones vel quae ex aliis regionibus in imperium portantur, una centesima aut quinquagesima pars ipsis decernatur. Nam dubitare non possumus, quin hac ratione pacem, quantum poterunt, tuebuntur et bellum nunquam protrahere studebunt. Nec ab hoc vectigali solvendo ipsi senatores, si eorum aliqui mercatores fuerint, immunes esse debent: nam talis immunitas non sine magna commercii jactura concedi potest, quod neminem ignorare credo. Porro contra statuendum lege est, ut senator, vel qui senatoris officio functus est, nullo militiae munere fungi possit, et praeterea ut nullum ducem vel praetorem, quos tempore belli tantummodo exercitui praebendos diximus art. 9 hujus capitis, renunciare liceat ex iis, quorum pater vel avus senator est vel senatoriam dignitatem intra biennium habuit. Nec dubitare possumus, quin patricii, qui extra senatum sunt, haec jura summa vi defendant; atque adeo fiet, ut senatoribus majus semper emolumentum ex pace quam ex bello sit, qui propterea bellum nunquam nisi summa imperii necessitate cogente suadebunt. At objici nobis potest, quod hac ratione, si scilicet syndicis et senatoribus adeo magna emolumenta decernenda sunt, imperium aristocraticum non minus onerosum subditis erit quam quodcunque monarchicum. Sed praeterquam quod regiae aulae majores sumptus requirunt, qui tamen ad pacem tutandam non praebentur, et quod pax nunquam nimis caro pretio emi possit, accedit primo, quod id omne, quod in monarchico imperio in unum

§31. 원로들에게는 전쟁보다 평화에서 더 큰 이익이 그들에게 돌아가는 방식으로 수입이 주어져야 한다.[49] 그러므로 국내에서 다른 지역으로, 또는 다른 지역에서 국내로 운반되는 상품들에서 100분의 1 또는 50분의 1이 원로들에게 주어져야 한다. 그러면 의심할 바 없이 원로들이 할 수 있는 한 평화를 지킬 것이며, 전쟁을 결코 오래 끌지 않으려고 노력할 것이다. 원로 자신이 상인이었다면 그 역시 이 세금의 납부 의무에서 면제되어서는 안 된다. 그런 면제가 큰 상업적 손실 없이는 인정될 수 없음을 어느 누구도 모르지 않으리라고 나는 믿는다. 더 나아가 다음과 같은 것이 법률로써 확정되어야 한다. 즉 현직 원로나 원로의 직무를 마친 사람은 군대의 어떤 직위도 맡을 수 없으며, 그 밖에 이 장의 제9절에서 장군이나 사령관이 전쟁 때에만 부대를 통솔한다고 말했는데, 아버지나 할아버지가 현재 원로이거나 자신이 지난 2년 사이에 원로의 신분을 가졌던 사람 중에서 장군이나 사령관을 임명하는 것도 허용될 수 없다. 원로회의 바깥에 있는 귀족이 이 법을 온 힘을 다해 지키리라는 것을 우리는 의심할 수 없다. 원로들에게는 언제나 전쟁보다 평화에서 더 큰 수입이 있을 것이며, 그러므로 원로들은 전쟁을 해야 할 국가적 필요가 없는 한 전쟁을 결코 권하지 않을 것이다. 그러나 누군가가 우리에게 이렇게 논박할 수 있다. "검찰관과 원로에게 그처럼 많은 수입이 주어져야 한다면, 귀족국가는 신민들에게 그 어떤 군주국가 못지않게 짐스러울 것이다." 그러나 왕의 궁정이 더 많은 비용을 요구한다는 것, 그러나 그 비용이 평화를 지키는 데에 쓰이지 않는다는 것, 그러면 평화가 매우 비싼 값으로도 결코 구매될 수 없다는 것을 차치하고서라도, 첫 번째로 덧붙일 것은 군주국가에서는 한 사람이나 소수의 사람에게 있는 모든 것이 귀족국가에서는 많은 사람에게 나누어 맡겨진다는 것이

49　네덜란드 국가의회의 구성원에게는 군사적 비축분의 공급에 관여하는 것이 금지되었는데, 그것은 그들이 전쟁에서 이익을 보지 못하도록 하기 위해서였다.

aut paucos, in hoc in plurimos confertur. Deinde reges eorumque ministri onera imperii cum subditis non ferunt, quod in hoc contra accidit; nam patricii, qui semper ex ditioribus eliguntur, maximam partem reipublicae conferunt. Denique imperii monarchici onera non tam ex regiis sumptibus quam ex ejusdem arcanis oriuntur. Onera enim imperii, quae pacis et libertatis tutandae causa civibus imponuntur, quamvis magna sint, sustinentur tamen et pacis utilitate feruntur. Quae gens unquam tot tamque gravia vectigalia pendere debuit ut Hollandica? Atque haec non tantum non exhausta, quin contra opibus adeo potens fuit, ut ejus fortunam omnes inviderent. Si itaque imperii monarchici onera pacis causa imponerentur, cives non premerent; sed, uti dixi, ex hujusmodi imperii arcanis fit, ut subditi oneri succumbant. Nempe quia regum virtus magis in bello quam in pace valet, et quod ii, qui soli regnare volunt, summopere conari debent, ut subditos inopes habeant, ut jam alia taceam, quae prudentissimus Belga V. H. olim notavit, quia ad meum institutum, quod solummodo est imperii cujuscunque optimum statum describere, non spectant.

§ 32. In senatu aliqui ex syndicis, a supremo concilio electis,

다. 다음으로 덧붙일 것은 왕과 그의 관료들이 국가의 짐을 [신민에게만 부담시키고] 신민들과 함께 나눠 지지 않는다는 것이다. 귀족국가에서는 오히려 그 반대이다. 왜냐하면 귀족은 언제나 부유한 사람들 가운데에서 선출되며, 그들이 공적인 일의 대부분을 함께 짊어지기 때문이다. 마지막으로 덧붙일 것은 군주국가의 비용이 왕실의 유지보다 왕의 비밀 활동에서 더 많이 발생한다는 것이다. 평화와 자유를 지키기 위해 부과되는 국가의 비용은 아무리 커도 시민들이 지지하고 그 비용은 평화가 가져다주는 유익에 의해 보전된다. 지금껏 과연 어느 종족이 홀란트인처럼 많고 무거운 세금을 내야 했을까?[50] 그러나 이들은 결코 그것 때문에 소진되지 않았고 오히려 이들의 행운을 다른 모든 사람이 부러워할 정도로 부유해졌다. 그러므로 군주국가의 비용이 평화를 위해 부과된다면 그것은 시민들을 짓누르지 않는다. 그러나 내가 이미 말한 것처럼 군주국가의 비밀 활동 탓에 신민들이 짐에 눌리는 일이 벌어진다. 왜냐하면 왕의 능력은 평시보다 전시에 더 가치가 있으며,[51] 홀로 다스리기를 원하는 사람은 신민들을 가난하게 만들려고 지극히 노력하기 때문이다.[52] 그러나 나의 계획은 오직 어떤 종류이건 간에 국가의 최선의 상태를 묘사하는 것이므로 다른 것들에 관해서는 더 말하지 않겠다. 그것들은 매우 사려 깊은 벨기에 사람 V. H.가 일찍이 지적한 바 있다.[53]

§32. 최고회의에 의해 선출된 검찰관 가운데 몇몇 사람은 원로회의에

---

50 Sir William Temple, *Observations*, 제4장, p. 102 참조.
51 『정치론』 제7장 제5절; 『신학정치론』 제18장 제5절 참조.
52 그런 행동이 군주의 이익에 부합하지 않지만 군주가 때때로 자신의 이익이 어디에 있는지를 보는 데에 실패한다는 홉스의 주장(『시민론』 제10장 제2절 참조)에 스피노자는 동의한다.
53 Johan de la Court, *Polityke Weegschaal*, vol. 1, 제1장 제10~34절, pp. 39~136 참조. 'V. H.'에 대해서는 이 책 제6장의 각주 7 참조.

sedere debent, sed sine suffragii jure; nempe ut observent, num jura, quae illud concilium spectant, recte serventur, et ut supremum concilium convocari curent, quando ex senatu ad ipsum supremum concilium aliquid deferendum est. Nam jus supremum hoc concilium convocandi resque in eo decernendas proponendi penes syndicos, ut jam diximus, est. Sed antequam de similibus suffragia colligantur, qui senatui tum praesidet rerum statum, et quaenam de re proposita ipsius senatus sit sententia, et quibus de causis, docebit; quo facto suffragia solito ordine colligenda erunt.

§ 33. Integer senatus non quotidie, sed, ut omnia magna concilia, statuto quodam tempore congregari debet. Sed quia interim imperii negotia exercenda sunt, opus est ergo, ut senatorum aliqua pars eligatur, quae dimisso senatu ejus vicem suppleat; cujus officium sit, ipsum senatum, quando eo opus est, convocare, ejusque decreta de republica exsequi, epistolas senatui supremoque concilio scriptas legere, et denique de rebus in senatu proponendis consulere. Sed ut haec omnia et universi hujus concilii ordo facilius concipiatur, rem totam accuratius describam.

§ 34. Senatores in annum, ut jam diximus, eligendi, in quatuor aut

투표권 없이 참석해야 한다.[54] 그것은 원로회의와 관련된 법들이 제대로 지켜지는지를 관찰하기 위해서이고, 어떤 안건이 원로회의에서 최고회의로 회부되어야 할 때 최고회의가 소집되도록 조치하기 위해서이다. 왜냐하면 최고회의를 소집할 권리와 이 회의에서 결정되어야 할 안건을 제출할 권리가 이미 우리가 말한 바와 같이 검찰관에게 있기 때문이다. 그러나 그런 안건에 대해 투표하기 전에 원로회의에서 그때 의장을 맡고 있는 사람이 안건의 상태와 제출된 안건에 대한 원로회의의 생각, 그리고 그 이유를 설명할 것이다. 이렇게 한 다음에 익숙한 절차에 따라 표결이 이루어져야 할 것이다.

§33. 전체 원로회의는 매일 모여서는 안 되고 모든 큰 회의가 그렇듯이 정해진 때에 모여야 한다.[55] 그러나 그사이에도 국가의 업무는 실행되어야 하므로 원로의 일부가 선출되어 그들이 원로회의가 폐회된 기간 동안 그 기능을 대신하도록 하는 것이 필요하다. 이들의 임무는 필요할 때 전체 원로회의를 소집하는 것, 공공의 재산에 관한 원로회의의 결정을 실행하는 것, 원로회의와 최고회의 앞으로 작성된 편지들을 읽는 것, 마지막으로 원로회의에 제출되어야 할 안건들을 심의하는 것이다.[56] 그러나 이 모든 것과 이 회의의 전체 구조를 더 쉽게 파악할 수 있도록 모든 것을 더 정확하게 묘사하겠다.

§34. 우리가 이미 말한 바와 같이, 원로들은 1년 임기로 선출되는데

---

54 베네치아에서 10인 위원회와 시 검사는 직무상(ex officio) 원로회의의 구성원이었다 (Léopold Curti, *Mémoires*, vol. 1, 제1장, p. 8 참조).

55 베네치아의 원로회의는 매주 두 번 열렸지만(Léopold Curti, *Mémoires*, vol. 1, 제1장, pp. 10~11 참조), 스피노자의 원로회의보다 규모가 더 작았다.

56 베네치아의 원로회의에서는 '콜레조'(Collegio)가 유사한 기능을 수행했다(Léopold Curti, *Mémoires*, vol. 1, 제2장, pp. 49~54 참조).

sex ordines dividendi sunt; quorum primus primis tribus vel duobus mensibus in senatu praesideat, quibus elapsis secundus ordo locum primi occupet, et sic porro servatis vicibus unusquisque ordo eoem temporis intervallo primum locum in senatu teneat, ita ut, qui primis mensibus primus, is secundis ultimus sit. Praeterea quot ordines, totidem praesides totidemque eorundem vicarii, qui ipsorum vicem, quando opus est, suppleant, eligendi sunt, hoc est, ex quocunque ordine duo eligendi sunt, quorum alter praeses, alter vicarius ejusdem ordinis sit; et qui primi ordinis praeses est, primis etiam mensibus senatui praesideat, vel, si absit, ejus vicarius ispius vicem gerat, et sic porro reliqui, servato ut supra ordine. Deinde ex primo ordine aliqui sorte vel suffragio eligendi sunt, qui cum praeside et vicario ejusdem ordinis senatus vicem, postquam dimissus est, suppleant, idque eodem temporis intervallo, quo idem eorum ordo primum locum in senatu tenet: quippe eo elapso ex secundo ordine totidem iterum sorte vel suffragio eligendi sunt, qui cum suo praeside et vicario primi ordinis locum occupent vicemque senatus suppleant, et sic porro reliqui. Nec opus est, ut horum electio, quos scilicet sorte vel suffragio singulis tribus vel duobus mensibus eligendos dixi, et quos imposterum consules appellabimus, a supremo concilio fiat.

네 분반이나 여섯 분반으로 나누어져야 한다.[57] 그들 가운데 첫 번째 분반은 처음 3개월이나 2개월 동안 원로회의에서 맨 앞에 앉는다. 이들이 그 자리를 벗어나면 두 번째 분반이 첫 번째 자리를 차지한다. 이렇게 계속 자리를 바꿈으로써 각각의 분반이 동일한 시간 간격을 두고 원로회의에서 첫 번째 자리를 차지한다. 그렇게 첫 번째 몇 달 동안 첫 번째 자리를 차지한 사람들이 두 번째 몇 달 동안은 마지막 자리를 차지한다. 그 밖에 분반 수만큼의 의장과 필요한 때에 의장을 대신할 그만큼 많은 수의 부의장이 선출되어야 한다. 즉 각각의 분반에서 두 명이 선출되어야 하는데, 그중 한 명은 그 분반의 의장이고 다른 한 명은 부의장이다. 첫 번째 분반의 의장이 첫 번째 몇 달 동안 원로회의를 주재한다. 만약 그가 없다면, 부의장이 대신 회의를 이끈다. 이렇게 계속 나머지 사람들이 위에서 언급한 것처럼 차례를 지켜가면서 의장으로서 원로회의를 주재한다. 다음으로 첫 번째 분반에서 추첨이나 투표를 통해 몇몇 사람이 선출되어야 한다. 그들은 그 분반의 의장, 부의장과 함께 원로회의가 폐회된 후에 자신들의 분반이 원로회의에서 첫 번째 자리를 차지하는 동안 원로회의를 대신한다. 당연히 그 기간이 지난 후에는 두 번째 분반에서 그 수만큼의 사람이 다시금 추첨이나 투표를 통해 선출되어야 한다. 그들이 자기의 의장, 부의장과 함께 첫 번째 분반의 자리를 차지하고 원로회의를 대신해야 한다. 이렇게 계속 나머지 사람들이 돌아가며 자기 분반의 의장, 부의장과 함께 폐회 기간 동안 원로회의를 대신한다.[58] 앞으로 우리가 집정관이라고 부를 사람들은 추첨이나 투표를 통해 3개월이나 2개월 임기의 단임으로 선출되어야 한다고 내가 말했는데, 이 사람들의 선출은 최고회의에 의해 이루어질 필요가 없다. 왜냐

---

57 이 분반에 대한 스피노자의 생각은 고대 아테네의 500인 평의회(boule)가 10개의 부족별 분반으로 나뉘어 각 분반에 속한 50명의 집행위원(prytaneis)에 의해 한 달씩 돌아가며 운영되었던 것에서 비롯된 듯하다.
58 번거롭게 묘사된 이 절차는 분명히 질투의 정서를 고려한 것이다.

Nam ratio, quam in art. 29 hujus cap. dedimus, locum hic non habet, et multo minus illa art. 17. Sufficiet igitur, si a senatu et syndicis, qui praesentes adsunt, eligantur.

§ 35. Horum autem numerum determinare non ita accurate possum. Attamen hoc certum est, plures esse debere, quam ut facile corrumpi possint. Nam tametsi de republica nihil soli decernant, possunt tamen senatum protrahere, vel, quod pessimum esset, ipsum deludere proponendo illa, quae nullius, et illa reticendo, quae majoris momenti essent: ut jam taceam, quod si nimis pauci essent, sola unius aut alterius absentia moram publicis negotiis adferre posset. Sed quoniam contra hi consules ideo creantur, quia magna concilia publicis negotiis quotidie vacare nequeunt, medium necessario hic quaerendum est, et defectus numeri temporis brevitate supplendus. Atque adeo, si modo triginta aut circiter in duos aut tres menses eligantur, plures erunt, quam ut hoc brevi tempore corrumpi possint; et hac de causa etiam monui, ut ii, qui in eorum locum succedunt, nullo modo eligendi sint nisi eo tempore, quo ipsi succedunt et alii discedunt.

§ 36. Horum praeterea officium esse diximus senatum, quando eorum aliqui, licet pauci sint, opus esse judicaverint, convocare,

하면 이 장의 제29절에서 우리가 제시한 이유가 여기에 해당하지 않고, 제17절에서 제시한 이유는 훨씬 더 해당하지 않기 때문이다. 그러므로 이 사람들은 원로회의와 그곳에 출석해 있는 검찰관들에 의해 선출되는 것으로 충분하다.

§35. 이들 집정관의 수를 결정하는 일은 그리 정확하게 할 수 없다. 그러나 그들이 쉽게 매수될 수 없을 정도로 많아야 한다는 것은 확실하다. 왜냐하면 집정관의 수가 너무 적으면 한두 사람의 불참만으로도 공적인 업무에 차질이 생길 수 있다는 것은 굳이 말하지 않더라도, 그들이 공적인 일에 대해 어떤 것도 단독으로 결정할 수 없을지 몰라도 원로회의를 질질 끌 수 있고, 최악의 경우에는 아무것도 아닌 것을 제안하고 더 중요한 것을 감춰 원로회의를 속일 수 있기 때문이다. 그러나 다른 한편으로 큰 회의들이 공적인 업무를 위해 매일 시간을 낼 수 없어서 이 집정관들이 이를 위해 선출되는 것이므로 반드시 여기에는 어떤 수단이 강구되어야 하며, 부족한 수가 짧은 임기로 보완되어야 한다. 그러므로 만약 30명이 2개월 내지 3개월의 임기로 선출된다면,[59] 그 수는 이 짧은 시간에 매수될 수 있는 수보다 많을 것이다. 이런 이유에서 나는 또한 그들의 자리를 계승하는 자들이 전임자가 떠나고 후임자가 그 자리를 계승하는 바로 그때가 아니면 결코 미리 선출되어서는 안 된다고 경고했다.

§36. 집정관의 직무는 아무리 적은 수이더라도 그들 가운데 몇몇이 필요하다고 판단했을 때 원로회의를 소집하는 것, 원로회의에서 결정

---

59 베네치아의 집행부 '콜레조'는 26명의 구성원으로 이루어졌는데, 이들 가운데 일부는 1년짜리 관직을 맡았고, 총독은 종신직 의장이었다(Léopold Curti, *Mémoires*, vol. 1, 제2장, p. 49 참조).

resque in eodem decernendas proponere, senatum dimittere, ejusque de negotiis publicis decreta exequi. Quo autem id fieri ordine debeat, ne res inutilibus quaestionibus diu protrahantur, paucis jam dicam. Nempe consules de re in senatu proponenda, et quid factu opus sit consulant, et si de eo omnibus una fuerit mens, tum convocato senatu et quaestione ordine exposita, quaenam eorum sit sententia, doceant, nec alterius sententia exspectata suffragia ordine colligant. Sed si consules plures quam unam sententiam foverint, tum in senatu illa de quaestione proposita sententia prior dicenda erit, quae a majori consulum numero defendebatur; et si eadem a majori senatus et consulum parte non fuerit probata, sed quod numerus dubitantium et negantium simul major fuerit, quod ex calculis, ut jam monuimus, constare debet, tum alteram sententiam, quae pauciora quam prior habuerit inter consules suffragia, doceant; et sic porro reliquas. Quod si nulla a majori totius senatus parte probata fuerit, senatus in sequentem diem aut in tempus breve dimittendus, ut consules interim videant, num alia media, quae magis possint placere, queant invenire. Quod si nulla alia invenerint, vel si, quae invenerint, senatus major pars non probaverit, tum senatoris cujusque sententia audienda est. In quam si etiam major senatus pars non iverit, tum de unaquaque sententia iterum suffragia

해야 할 안건을 제시하는 것, 원로회의를 해산하는 것, 그리고 공적인 업무에 관한 원로회의의 결정을 집행하는 것이라고 말했다. 이제 나는 안건의 처리가 쓸데없는 질문들로 인해 지체되지 않도록 하기 위해 어떤 절차를 따라야 하는지를 간단히 말할 것이다.[60] 집정관들은 원로회의에 제출해야 할 안건에 관해, 그리고 실행해야 할 일에 관해 심의해야 한다. 이에 관해 모든 집정관이 같은 생각을 가지게 되었다면 그때 원로회의를 소집하고, 안건을 차례대로 제시한 후에 집정관들의 판단이 어떠한지를 설명해야 한다. 그리고 다른 판단을 기다리지 않고 절차에 따라 바로 투표를 실시해야 한다. 그러나 만약 집정관들의 의견이 둘 이상으로 갈린다면, 그때에는 제시된 안건과 관련한 의견들 가운데 더 많은 수의 집정관이 옹호한 의견이 원로회의에서 먼저 언급되어야 할 것이다. 투표를 한 후 표석(票石)을 계산했을 때, 만약 이 의견이 원로회의와 집정관의 절대다수에 의해 승인되지 않았다면, 즉 기권한 사람과 반대한 사람의 수가 더 많았다면, 집정관 사이에서 첫 번째 의견 다음으로 많은 표를 얻은 다른 의견을 설명해야 한다. 그리고 이렇게 계속 나머지 의견들을 설명해야 한다. 만약 어떤 의견도 전체 원로회의의 절대다수에 의해 승인되지 않았다면, 원로회의는 다음 날로 연기되거나 더 많은 사람을 만족시킬 수 있는 다른 어떤 방법이 혹시 발견될 수 있는지를 그 사이에 집정관들이 생각해볼 수 있도록 잠시 해산되어야 한다. 만약 다른 어떤 방법도 발견되지 않았다면, 또는 만약 발견된 방법이 원로회의의 절대다수에 의해 승인되지 않았다면, 이제 원로들 각각의 의견을 들어봐야 한다.[61] 만약 어떤 의견에도 원로회의의 절대다수가 찬성하지 않

---

60 이 절차에 대한 생각은 들라쿠르에게 빚지고 있다.

61 여기까지의 절차는 들라쿠르가 묘사한 베네치아 원로회의의 의결 절차와 유사하다 (*Polityke Weegschaal*, vol. 2, 제4장 제5절, pp. 329~30 참조). 그러나 베네치아에서는 다양한 제안들에 대해 동시에 투표를 실시했고, 제안들 가운데 어느 것도 과반수 표를 얻지 못하면 가장 적은 표를 얻은 제안을 제외하고 남은 제안들을 대상으로 다

ferenda, et non tantum affirmantium, ut huc usque factum, sed dubitantium etiam et negantium calculi numerandi sunt. Et si plures reperientur affirmantes quam dubitantes aut negantes, ut tum sententia rata maneat, et contra irrita, si plures invenientur negantes quam dubitantes aut affirmantes. Sed si de omnibus sententiis major dubitantium quam negantium aut affirmantium fuerit numerus, ut tum syndicorum concilium senatui adjungatur, qui simul cum senatoribus suffragia ferant, calculis solummodo affirmantibus aut negantibus, omissis iis, qui animum ambiguum indicant. Circa res, quae ad supremum concilium a senatu deferuntur, idem ordo tenendus est. Haec de senatu.

§ 37. Ad forum quod attinet sive tribunal, non potest iisdem fundamentis niti quibus illud, quod sub monarcha est, ut illud in cap. VI art. 26 et seq. descripsimus. Nam (per art. 14 hujus cap.) cum fundamentis hujus imperii non convenit, ut ulla ratio stirpium sive familiarum habeatur. Deinde quia judices ex solis patriciis electi metu quidem succedentium patriciorum contineri possent, ne in eorum aliquem iniquam aliquam sententiam pronuncient, et forte ut neque eos secundum merita punire sustineant, sed contra in plebeios omnia auderent et locupletes quotidie in praedam raperent. Scio hac de causa Genuensium consilium a multis probari, quod scilicet

았다면, 그때에는 각각의 의견에 대해 반복해서 투표가 실시되어야 하며, 지금까지 한 것처럼 찬성한 사람의 투표용 조약돌만 계산하지 말고 기권한 사람과 반대한 사람의 투표용 조약돌도 계산해야 한다. 그래서 만약 기권한 사람이나 반대한 사람보다 찬성한 사람이 상대적으로 더 많다는 것이 발견되면 그때에는 이 의견이 유효로 여겨져야 하고, 반대로 기권한 사람이나 찬성한 사람보다 반대한 사람이 상대적으로 더 많다는 것이 발견되면 무효로 여겨져야 한다. 그러나 만약 모든 의견에 대해 반대하는 사람이나 찬성하는 사람의 수보다 기권하는 사람의 수가 상대적으로 더 많다면, 그때에는 검찰관 회의가 원로회의에 추가되어 검찰관들이 원로들과 함께 동시에 투표해야 한다. 이때에는 유보 의견을 표시하는 사람은 제외하고 오직 찬성하는 사람이나 반대하는 사람만 계산한다. 원로회의가 최고회의에 제출한 안건을 처리할 때에도 동일한 절차가 지켜져야 한다. 이상이 원로회의에 관한 것들이다.

§37. 법원, 곧 재판소에 관한 것은 군주의 지배 아래 있는 법원(이에 관해서는 우리가 제6장 제26절 이하에서 묘사했다)의 기초와 동일한 것 위에 세워질 수 없다. 왜냐하면 출신이나 씨족이 어떤 식으로든지 고려되는 것이 (이 장의 제14절에 따라) 이 국가의 기초와 어울리지 않기 때문이다. 그 밖에 재판관들은 오로지 귀족들 가운데에서 선출되므로 확실히 그들이 자신들의 뒤를 잇는 귀족들에 대한 두려움 때문에 귀족들 중 어느 누구에게도 불공정한 판결을 내리지 않도록 억제될 수 있다. 그러나 어쩌면 그렇기 때문에 또한 그들은 귀족들을 그 행실에 따라 처벌하지 않고 도리어 평민들에게만 온갖 나쁜 짓을 저지르면서 부자들을 매일 노획물 삼아 강탈할 수 있다. 제노바 사람들의 평의회가 그래서 재판관을

___

시 투표를 실시했다. 이 절차를 반복해도 어떤 제안에 대해 절대다수가 나오지 않으면 '콜레조'가 다시 심의를 했고, 이제 어느 원로나 새로운 제안을 제출할 수 있었다.

non ex patriciis, sed ex peregrinis judices eligant; sed hoc mihi rem abstracte consideranti absurde institutum videtur, ut peregrini et non patricii ad leges interpretandas vocentur. Nam quid aliud judices sunt nisi legum interpretes? Quare mihi persuadeo, Genuenses in hoc etiam negotio magis suae gentis ingenium quam ipsam hujus imperii naturam respexisse. Nobis igitur rem abstracte considerantibus media excogitanda sunt, quae cum hujus regiminis forma optime conveniunt.

§ 38. Sed ad judicum numerum quod attinet, nullum singularem hujus status ratio exigit; sed ut in imperio monarchico ita etiam in hoc apprime observari debet, ut plures sint, quam ut a viro privato corrumpi possint. Nam eorum officium solummodo est providere, ne quisquam privatus alteri injuriam faciat, atque adeo quaestiones inter privatos tam patricios quam plebeios dirimere, et poenas delinquentibus, etiam ex patriciis, syndicis et senatoribus, quatenus contra jura, quibus omnes tenentur, deliquerunt, sumere. Caeterum quaestiones, quae inter urbes, quae sub imperio sunt, moveri possunt, in supremo concilio dirimendae sunt.

§ 39. Temporis praeterea, in quod eligendi sunt, ratio est eadem in quocunque imperio, et etiam ut quotannis aliqua eorum pars

귀족 가운데에서 뽑지 않고 외국인 가운데에서 뽑는 것이 많은 사람들의 칭찬을 받는다는 것을 나는 알고 있다.[62] 그러나 멀리 떨어져서 관찰하는 나에게는 이것이, 즉 귀족 대신 외국인을 법을 해석할 사람으로 지명하는 것이 어리석은 제도처럼 보인다. 재판관이 법률의 해석자가 아니면 무엇인가? 그러므로 나는 제노바 사람들이 이 업무와 관련해서도 귀족국가의 본성 자체보다 자기 종족의 기질을 더 많이 염두에 두었다고 확신한다. 사안을 멀리 떨어져서 고찰하는 우리는 이 정부의 형태와 가장 잘 어울리는 방법을 고안해야 할 것이다.

§38. 그러나 재판관의 수에 관해서는 이 국가의 원리가 어떤 개별적인 것도 요구하지 않는다. 다만 군주국가에서처럼 이 국가에서도 우선해서 지켜져야 할 것은 재판관들이 사인(私人)에 의해 매수될 수 있는 수보다 많아야 한다는 것이다. 왜냐하면 재판관의 임무는 오직 그 어떤 사인이 다른 사람에게 불의를 행하지 못하도록 사전에 감시하는 것이며, 귀족이건 평민이건 간에 사인들 사이에서 벌어진 다툼을 끝내는 것이고, 설령 귀족, 검찰관, 원로이더라도 그가 모든 사람을 구속하는 법을 어기고 죄를 지었다면 그에게 형벌을 가하는 것이기 때문이다. 그러나 지배 아래 있는 도시들 사이에서 일어날 수 있는 문제들은 최고회의에서 해결해야 한다.

§39. [종신직이 아니어야 한다는] 재판관의 임기에 관한 원칙은 그 어떤 국가에서나 동일하다. 그리고 해마다 그들 가운데 일부가 떠나야

---

62 Johan de la Court, *Polityke Weegschaal*, vol. 2, 제5장 제8절, pp. 363~64 참조. 귀족들로만 구성되는 법원을 불편부당하게 만드는 데에 문제의 어려움이 있다. 이와 관련해 바르투샤트는 스피노자가 가정하는 것처럼 재판관의 수를 늘리는 것으로 충분할지, 마찬가지로 귀족인 검찰관들에 대한 가정된 경외심이 여기에서 어떤 기여를 할 수 있을지 의심스러워한다.

cedat, et denique, quamvis non opus sit, ut unusquisque ex diversa sit familia, necesse tamen est, ne duo sanguine propinqui simul in subselliis locum occupent. Quod in reliquis conciliis observandum est, praeterquam in supremo, in quo sufficit si modo in electionibus lege cautum sit, ne cuiquam propinquum nominare, nec de eo, si ab alio nominatus sit, suffragium ferre liceat, et praeterea ne ad imperii ministrum quemcunque nominandum duo propinqui sortem ex urna tollant. Hoc, inquam, sufficit in concilio, quod ex tam magno hominum numero componitur, et cui nulla singularia emolumenta decernuntur. Atque adeo imperio inde nihil erit detrimenti, ut absurdum sit, legem ferre, qua omnium patriciorum propinqui a supremo concilio secludantur, ut art. 14 hujus cap. diximus. Quod autem id absurdum sit, patet. Nam jus illud ab ipsis patriciis institui non posset, quin eo ipso omnes absolute suo jure eatenus cederent, ac proinde ejusdem juris vindices non ipsi patricii, sed plebs esset, quod iis directe repugnat, quae in art. 5 et 6 hujus cap. ostendimus. Lex autem illa imperii, qua statuitur, ut una eademque ratio inter numerum patriciorum et multitudinis servetur, id maxime respicit, ut patriciorum jus et potentia conservetur, ne scilicet pauciores sint, quam ut multitudinem possint regere.

§ 40. Caeterum judices a supremo concilio ex ipsis patriciis, hoc est (per art. 17 hujus cap.) ex ipsis legum conditoribus eligendi sunt, et sententiae, quas tulerunt tam de rebus civilibus quam criminalibus,

한다는 것도 동일하다. 마지막으로 각 사람이 다양한 씨족 출신일 필요는 없어도 혈친인 두 사람이 동시에 법원에서 자리를 차지하지는 않도록 하는 것이 필수적이다. 이 원칙은 다른 회의에서도 지켜져야 한다. 그러나 최고회의는 예외이다. 최고회의에서는 그저 선출할 때에만 법률을 통해 어떤 사람이 자기 친척을 추천하지 못하도록 하고, 만약 그 친척이 다른 사람에 의해 추천되었다면 그에 대해 투표하는 것을 그 사람에게 허락하지 않는 것으로, 그리고 국가의 관료를 임명할 때 서로 친척인 두 사람이 항아리에서 제비를 뽑지 않도록 하는 것으로 충분하다.[63] 그처럼 많은 수의 사람들로 구성되고 그들에게 어떤 특별한 이익도 주어지지 않는 회의에서는 이것으로 충분하다고 나는 생각한다. 여기에서 국가에 어떤 피해도 생겨나지 않을 것이고, 그러므로 이 장의 제14절에서 우리가 말한 것처럼 모든 귀족의 친척을 최고회의에서 배제하는 법률을 제정하는 것은 불합리할 것이다. 그것이 불합리하다는 것은 분명하다. 왜냐하면 그런 법을 제정하면 그 법에 의해 모든 귀족들이 자기의 권리를 전적으로 잃게 될 것이고 그러면 결국 그 법의 수호자가 귀족들 자신이 아니라 평민이 되는데, 이것은 이 장의 제5절과 제6절에서 우리가 보인 것들과 직접적으로 충돌하기 때문이다. 그러나 귀족의 수와 다중의 수 사이에 하나의 동일한 비율을 유지할 것을 규정하는 국가의 법률은 귀족의 권리와 힘이 보존되는 것을, 즉 귀족이 다중을 다스릴 수 있을 정도보다 적지 않도록 하는 것을 최대한 보장한다.

§40. 재판관들은 최고회의에 의해 귀족들 중에서, 즉 (이 장의 제17절에 의해) 법률을 만드는 사람들 중에서 선출되어야 한다. 그리고 민사나 형사에 대해 그들이 내린 판결은 그것이 절차를 지키고 당파적 열심과 무

---

63 유사한 규정들이 베네치아의 대평의회 선거에 적용되었다(Johan de la Court, *Polityke Weegschaal*, vol. 2, 제4장 제2절, pp. 319~20 참조).

ratae erunt, si servato ordine et absque partium studio prolatae fuerint; de qua re syndicis lege permissum erit cognoscere, judicare et statuere.

§ 41. Judicum emolumenta eadem esse debent, quae art. 29 cap. VI diximus, nempe ut ex unaquaque sententia, quam de rebus civilibus tulerint, ab eo, qui causa cecidit, pro ratione totius summae partem aliquotam accipiant. At circa sententias de rebus criminalibus haec sola hic differentia sit, ut bona ab ipsis proscripta et quaecunque summa, qua minora crimina mulctantur, ipsis solis designetur, ea tamen conditione, ut nunquam iis liceat quenquam tormentis cogere quippiam confiteri. Et hoc modo satis cautum erit, ne iniqui in plebeios sint et ne metus causa nimium patriciis faveant. Nam praeterquam quod hic metus sola avaritia, eaque specioso justitiae nomine adumbrata, temperetur, accedit, quod plures sint numero, et quod suffragia non palam sed calculis ferantur, ita ut si quis ob damnatam suam causam stomachetur, nihil tamen habeat, quod uni imputare possit. Porro ne iniquam, aut saltem ne absurdam aliquam sententiam pronuncient, et ne eorum quispiam dolo quicquam faciat, syndicorum reverentia prohibebit, praeterquam quod in tam magno judicum numero unus semper aut alter reperietur, quem iniqui formident. Ad plebeios denique quod attinet, satis iis etiam cavebitur, si ad syndicos iisdem appellare liceat, quibus, uti dixi, jure

관하게 내려졌을 때 유효할 것이다. 이 일에 관해 심리하고 판단하고 결정하는 일은 검찰관들에게 법률로써 허락될 것이다.[64]

§41. 재판관의 수입은 우리가 제6장 제29절에서 말한 것과 같은 방식, 즉 그들이 민사사건에 대해 내린 각각의 판결에서 비율에 따라 전체 소송액의 일정 부분을 소송에서 진 사람에게서 취하는 식이어야 한다. 형사사건에 대한 판단과 관련해서는 오직 다음과 같은 차이만 있어야 할 것이다. 즉 누구든지 간에 그를 고문하여 무엇인가를 인정하도록 강요하는 일이 절대 재판관에게 허락되지 않는다는 조건 아래 재판관에 의해 공매 처분된 재산과 가벼운 죄에 부과되는 일정한 벌금이 재판관에게 주어지는 것이다. 이 방법으로 재판관들이 평민들을 불공정하게 대하고 두려움 때문에 귀족들에게 지나친 호의를 베푸는 것을 충분히 막을 수 있다. 이 두려움이 정의라는 미명 아래 감추어져 있는 소유욕에 의해서만 통제될 수 있기도 하지만, 그들이 수적으로 많으며 또 표결이 공개적으로 이루어지지 않고 투표용 조약돌을 이용해 이루어지므로 어떤 사람이 자기가 패소한 소송에 화가 나더라도 한 사람에게 탓을 돌릴 만한 근거를 전혀 찾을 수 없을 것이기 때문이다. 그처럼 많은 수의 재판관 가운데 불의한 사람들이 두려워할 만한 사람이 반드시 있을 것이라는 사실을 빼더라도, 더 나아가 [재판의 공정성을 심사하는] 검찰관들에 대한 재판관들의 경외심이 불공정한 판결 또는 적어도 황당한 판결을 내리지 못하도록, 그리고 그들 가운데 어떤 사람이 간계를 부리지 못하도록 할 것이다. 마지막으로 평민들과 관련된 것은, 내가 이미 말했듯이, 재판관들의 판결을 심사하고 판단하고 결정하는 권한이 법에 의해 검찰관에게 주어지므로 만약 평민들이 검찰관에게 호소할 수 있다

---

64   베네치아에서 재판관들은 대평의회가 임명했으며, 그들의 판결은 시 검사들의 심사에 종속되었다(Léopold Curti, *Mémoires*, vol. 1, 제3장, p. 56 참조).

permissum sit de judicum rebus cognoscere, judicare et statuere. Nam
certum est, quod syndici multorum patriciorum odium vitare non
poterunt, et plebi contra gratissimi semper erunt, cujus applausum,
quantum ipsi etiam poterunt, captare studebunt. Quem in finem data
occasione non omittent sententias contra leges fori prolatas revocare,
et quemcunque judicem examinare, et poenas ex iniquis sumere;
nihil enim hoc magis multitudinis animos movet. Nec obstat, quod
similia exempla raro contingere possint, sed contra maxime prodest.
Nam praeterquam quod illa civitas prave constituta sit, ubi quotidie
exempla in delinquentes eduntur (ut cap. V art. 2 ostendimus), illa
profecto rarissima esse debent fama, quae maxime celebrantur.

§ 42. Qui in urbes vel provincias proconsules mittuntur, ex ordine
senatorio eligendi essent, quia senatorum officium est de urbium
munimentis, aerario, militia, etc. curam habere. Sed qui in regiones
aliquantulum remotas mitterentur, senatum frequentare non possent,
et hac de causa ii tantummodo ex ipso senatu vocandi sunt, qui
urbibus in patrio solo conditis destinantur; at quos ad magis remota
loca mittere volunt, ex iis eligendi sunt, quorum aetas a senatorio
gradu non abest. Sed neque hac ratione paci totius imperii satis cautum
fore existimo, si nimirum urbes circumvicinae jure suffragii omnino
prohibeantur, nisi adeo impotentes omnes sint, ut palam contemni
possint, quod sane concipi nequit. Atque adeo necesse est, ut urbes
circumvicinae jure civitatis donentur, et ex unaquaque viginti, triginta

면[65] 또한 충분히 보호될 것이다. 왜냐하면 검찰관들은 많은 귀족들의 증오를 피할 수 없겠지만 그 반대로 평민에게는 언제나 매우 환영받을 것이므로 평민의 박수를 또한 가능한 한 많이 받으려고 노력할 것이 분명하기 때문이다. 그러므로 검찰관들은 그런 일이 생겼을 때 법률에 반해 내려진 법원의 판결을 취소하고, 각각의 재판관을 조사하며, 불의를 행한 자를 처벌하기를 포기하지 않을 것이다. 어떤 일도 이보다 더 많이 다중의 마음을 움직이지는 않기 때문이다. 그런 사건들이 드물게만 일어날 수 있다는 것은 사실 단점이 아니라 장점이다. 왜냐하면 (제5장 제2절에서 우리가 설명한 것처럼) 매일 범죄 사건이 만들어지는 국가가 잘못 세워진 것임은 말할 필요도 없고 소문을 통해 아주 널리 퍼지는 사건은 확실히 매우 드물어야 하기 때문이다.

§42. 도시나 속주에 총독으로 파견되는 사람은 원로 계급에서 선출되어야 할 것이다. 왜냐하면 원로의 임무가 도시의 방어, 재정, 군대 등을 책임지는 것이기 때문이다. 그러나 조금 멀리 떨어진 지역에 파견되는 사람은 원로회의에 자주 방문할 수 없으므로 조국 땅에 세워진 도시에 파견되는 총독은 원로 가운데에서 선출되어야 하지만, 만약 멀리 떨어진 곳에 총독을 보내기를 원한다면 원로가 될 수 있는 나이에 도달한 귀족 가운데에서 총독을 선출해야 한다. 그러나 인접해 있는 도시들이 투표할 권리를 전적으로 박탈당한다면 그 도시들이, 물론 생각할 수 없는 일이지만, 공개적으로 무시해도 좋을 정도로 무력하지 않는 한 국가 전체의 평화가 충분히 안전하게 보장될 수 없을 것이라고 나는 생각한다. 그러므로 인접 도시들에 일정한 정치적 권리를 주고 각 도시에서 20명,

---

65 스피노자가 생각하는 검찰관은 그 역할이 평민의 권리 보호라는 점에서 고대 로마의 호민관(tribuni plebis)과 비슷하지만 그보다 더 큰 권력을 가진다(『정치론』 제10장 제3절 참조).

aut quadraginta (nam numerus pro magnitudine urbis major aut minor esse debet) cives electi in numerum patriciorum adscribantur; ex quibus tres, quatuor aut quinque quotannis eligi debent; qui ex senatu sint, et unus ad vitam syndicus. Atque hi, qui ex senatu sunt, proconsules in urbem, ex qua electi sunt, mittantur una cum syndico.

§ 43. Caeterum judices in unaquaque urbe constituendi ex patriciis ejusdem urbis eligendi sunt. Sed de his non necesse judico prolixius agere, quia ad singularis hujus imperii fundamenta non pertinent.

§ 44. Qui in quocunque concilio a secretis sunt, et alii ejusmodi ministri, quia suffragii jus non habent, eligendi sunt ex plebe. Sed quia hi diuturna negotiorum tractatione maximam rerum agendarum notitiam habent, fit saepe, ut eorum consilio plus, quam par est, deferatur, et ut status totius imperii ab eorum directione maxime pendeat; quae res Hollandis exitio fuit. Nam id sine magna multorum

30명 또는 40명의 (왜냐하면 그 수는 도시의 크기에 따라 더 많거나 더 적어야 하므로) 선출된 시민을 귀족의 명단에 추가로 기록하는 것이 필요하다. 그들 가운데 3명, 4명 또는 5명이 해마다 선출되어야 한다. 이들은 원로회의에 속하며, 그중 한 사람은 종신으로 검찰관이 된다. 원로회의에 속한 이들이 총독으로서 자기를 선출한 도시로 다른 한 사람의 검찰관과 함께 파견되어야 한다.

§43. 그 밖에 각 도시를 담당해야 할 재판관은 그 도시의 귀족 가운데에서 선출되어야 한다. 그러나 이들에 관해 더 길게 다루는 것은 이 국가의 고유한 기초와 무관하므로 불필요하다고 생각한다.

§44. 각종 회의의 비서와 그와 같은 유형의 관료들은 투표할 권리를 가지지 않으므로 평민 가운데에서 선발되어야 한다. 그러나 이들이 오랜 업무 처리 경험 덕에 회의가 다루어야 할 사안들에 관해 가장 많은 지식을 가지고 있어서 지나치게 많은 일들이 그들의 결정에 맡겨지고 결과적으로 국가 전체의 상태가 그들의 지휘에 너무 많이 의존하게 되는 일이 종종 벌어진다.[66] [1672년에] 홀란트가 몰락할 때의 상황이 그

---

66 스피노자는 우선적으로 올덴바르네펠트와 요한 더빗을 생각하고 있을 것이다. 이들을 평민으로 분류한 것이 조금 이상해 보일지 모르지만, 그들이 옛 귀족에 속하지 않는 것은 분명하다(John L. Motley, *The United Netherlands*, vol. 2, 제12장, p. 119 참조). 그리고 귀족정의 부르주아 구성원들은 적어도 이론적으로는 분명 귀족들의 하인이었다. 두 사람은 모두 자신의 정치 경력을 도시의 법률비서로 시작했다. 그들은 영국의 마을 서기(clerk)처럼 자신이 속한 시의회의 법적 조언자였다. 그러나 그 회의에서 투표할 권리는 가지지 않았다. 그리고 그들이 홀란트 주의 최고 법률비서 지위를 차지했을 때에도 그들은 여전히 이론적으로 그저 홀란트 주의 하인이었고, 지위상 의원들보다 열등했다(Sir William Temple, *Observations*, 제2장, p. 64 참조). 법률비서는 평범한 사람들에게 열려 있는 순수 행정 관직이었다. 그들이 가진 전문성에 근거해 그들은 매우 큰 영향력을 행사할 수 있었다. 더빗은 그런 영향력 있는 법률비서였다. 그는 법률비서로서, 즉 네덜란드 국가의회가 주는 연금을 받는 관료로서

optimorum invidia fieri nequit. Et sane dubitare non possumus, quin senatus, cujus prudentia non a senatorum, sed ab administrorum consilio derivatur, maxime ab inertibus frequentetur; et hujus imperii conditio non multo melior erit quam imperii monarchici, quod pauci regis consiliarii regunt, de quo vide cap. VI art. 5, 6 et 7. Verumenimvero imperium prout recte vel prave institutum fuerit, eo minus aut magis erit huic malo obnoxium. Nam imperii libertas, quae non satis firma habet fundamenta, nunquam sine periculo defenditur; quod patricii ne subeant, ministros gloriae cupidos ex plebe eligunt, qui postea vertentibus rebus veluti hostiae caeduntur ad placandam eorum iram, qui libertati insidiantur. At ubi libertatis fundamenta satis firma sunt, ibi patricii ipsi ejusdem tutandae gloriam sibi expetunt, studentque, ut rerum agendarum prudentia ab eorum tantummodo consilio derivetur. Quae duo in jaciendis hujus imperii fundamentis apprime observavimus, nempe ut plebs tam a consiliis quam a suffragiis ferendis arceretur (vid. art. 3 et 4 hujus cap.), atque adeo ut suprema imperii potestas penes omnes patricios, auctoritas autem penes syndicos et senatum, et jus denique senatum convocandi resque ad communem salutem pertinentes proponendi penes consules ex ipso senatu electos esset. Quod si praeterea statuatur, ut qui a secretis in senatu vel in aliis conciliis est, in quatuor

러했다. 평민 행정관들에게 의존하는 일은 결국 많은 귀족들의 큰 질투를 유발하기 때문이다. 그리고 원로회의의 현명함이 원로들의 판단에서 비롯하지 않고 행정관들의 조언에서 비롯한다면, 의심할 바 없이 그런 원로회의는 지극히 무기력한 사람들이 모이는 곳일 것이고 이런 국가의 상태는 왕의 소수 자문관들이 다스리는 군주국가의 상태보다 (이에 대해서는 제6장 제5~7절을 보라) 결코 더 낫지 않을 것이다. 그러나 실제로는 국가가 올바르게 수립되었는지 잘못 수립되었는지에 따라 이 해악에 그만큼 더 적게 취약하거나 더 많이 취약할 것이다. 왜냐하면 국가의 자유가 충분히 확고한 기초를 가지고 있지 않으면 결코 위험 없이 방어되지 않기 때문이다. 그 위험을 감수하지 않으려는 귀족들은 영광을 추구하는 관료들을 평민 가운데에서 선발하고, 이들을 나중에 사태가 뒤집어졌을 때 자유에 맞서 음모를 꾸민 평민들의 분노를 진정하기 위한 희생 제물로서 살해되도록 한다.[67] 그러나 자유의 기초가 충분히 확고한 곳에서는 귀족들이 자유를 지키는 영광을 스스로 추구하고 처리해야 할 일들에 관한 현명함이 오직 귀족들의 판단에서 나오도록 힘쓴다. 이 국가를 위한 기초를 확립할 때 우리는 다음 두 가지를 우선 준수했다. 즉 평민은 회의에서도 배제되지만 투표에서도 배제된다는 것(이 장의 제3절과 제4절을 보라), 그리고 국가의 최고권력은 모든 귀족의 수중에, 그러나 권위는 검찰관들과 원로회의의 수중에, 마지막으로 원로회의를 소집하고 공동의 안녕에 관계된 안건을 제출할 권리는 원로회의에서 선출된 집정관들의 수중에 있다는 것이다. 그 밖에 만약 원로회의나 다른 회의의 비서를 4년이나 최대 5년의 임기로 선발하고 그에

의결권 없이 실질적으로 국가를 다스렸다. 그에 대한 스피노자의 높은 평가와 전체 국가 구조 속의 일부로서의 이 직위에 대한 평가는 구별되어야 할 것이다. 이에 대해서는 Carl Gebhardt (ed.), *Opera*, vol. 5, pp. 182ff. 참조.

67 올덴바르네펠트는 1619년에 총독 마우리츠에 의해 처형되었고, 더빗은 1672년에 오라녜 가문을 지지하는 군중들에 의해 헤이그에서 살해되었다.

aut quinque ad summum annos eligatur, atque ei secundus, qui a secretis in idem tempus designatus sit, adjungatur, qui interim laboris partem ferat, vel si in senatu non unus sed plures a secretis sint, quorum alius his, alius aliis negotiis detinetur, nunquam fiet, ut administrorum potentia alicujus sit momenti.

§ 45. Aerarii tribuni ex plebe etiam eligendi sunt, qui ejus rationem non tantum senatui, sed etiam syndicis reddere teneantur.

§ 46. Ad religionem quae spectant, satis prolixe ostendimus in Tract. Theologico-Politico. Quaedam tamen tum omisimus, de quibus ibi non erat agendi locus; nempe quod omnes patricii ejusdem religionis, simplicissimae scilicet et maxime catholicae, qualem in eodem tractatu descripsimus, esse debeant. Nam apprime cavendum est, ne ipsi patricii in sectas dividantur, et ne alii his, alii aliis plus faveant, et deinde ne superstitione capti libertatem subditis dicendi ea, quae sentiunt adimere studeant. Deinde quamvis unicuique libertas dicendi ea, quae sentit, danda est, magni tamen conventus prohibendi sunt: atque adeo iis, qui alii religioni addicti sunt, concedendum quidem est, tot quot velint templa aedificare, sed parva, et certae cujusdam mensurae et in locis aliquantulum ab invicem dissitis. At templa, quae patriae religioni dicantur, multum

게 같은 임기로 선발되는 두 번째 비서를 붙여 이 두 번째 비서에게 중간에 업무의 일부를 나눠 맡긴다면, 또는 원로회의에 한 사람이 아닌 여러 사람의 비서를 두고 이들 가운데 어떤 사람에게는 이 업무를, 다른 사람에게는 저 업무를 맡긴다면, 행정관들의 힘이 그 어떤 중요성을 가지는 일이 결코 일어나지 않을 것이다.

§45. 재무관도 평민 가운데에서 선발되어야 한다. 이들은 재무 상황을 원로회의에만 아니라 검찰관들에게도 설명해야 한다.

§46. 종교에 관한 것은 『신학정치론』에서 충분히 길게 설명했다. 그렇지만 몇 가지는 그 책에서 다룰 내용이 아니어서 생략했는데, 그것은 첫째로 모든 귀족이 같은 종교, 즉 지극히 단순하고 가장 보편적인 종교에 속해야 한다는 것이다. 그런 종교가 어떤 것인지는 그 책에서 묘사했다.[68] 왜냐하면 먼저 귀족들이 종파들로 나누어지지 않도록, 그리고 어떤 이들은 이 종파를 다른 이들은 다른 종파를 더 선호하지 않도록, 다음으로 미신에 사로잡힌 사람들이 신민들에게서 자기 생각을 말할 자유를 박탈하기 위해 애쓰지 못하도록 조치가 취해져야 하기 때문이다. 둘째로 각 사람에게 자기 생각을 말할 자유는 주어져야 하지만, 큰 회합은 금지되어야 한다는 것이다. 그러므로 다른 종교를 믿는 사람들에게 원하는 만큼 많은 성전을 짓는 것이 허락되어야 하지만 그것은 일정한 규모의 작은 성전이어야 하며, 서로 어느 정도 떨어진 장소에 세워져야 한다.[69] 그러나 조국의 종교와 관련해서는 다음과 같은 것이 매우 중

---

68 스피노자의 국가종교 또는 시민종교에 대한 생각은 『신학정치론』 제14장 제10절 참조.
69 종교적 관용은 베네치아에서도 실천되었고(W. C. Hazlitt, *The Venetian Republic*, vol. 2, 제45장, p. 397 참조), 네덜란드에서도 실천되었다(Sir William Temple, *Observations*, 제5장, pp. 122ff. 참조).

refert, ut magna et sumptuosa sint, et ut praecipuo ipsius cultui solis patriciis vel senatoribus manus admovere liceat, atque adeo ut solis patriciis liceat baptizare, matrimonium consecrare, manus imponere, et absolute ut templorum veluti sacerdotes patriaeque religionis vindices et interpretes agnoscantur. Ad concionandum autem, et ecclesiae aerario ejusque quotidianis negotiis administrandis aliqui ex plebe ab ipso senatu eligendi sunt, qui senatus quasi vicarii sint, cui propterea rationem omnium reddere teneantur.

§ 47. Atque haec illa sunt, quae hujus imperii fundamenta spectant; quibus pauca alia, minus quidem principalia, sed magni tamen momenti, addam; nempe ut patricii veste quadam seu habitu singulari, quo dignoscantur, incedant, et ut singulari quodam titulo salutentur, et unusquisque ex plebe iis loco cedat; et si aliquis patricius bona sua aliquo infortunio, quod vitari nequit, amiserit, idque liquido docere poterit, ut in integrum ex publicis bonis restituatur. Sed si contra constet eundem largitate, fastu, ludo, scortis, etc. eadem consumpsisse, vel quod absolute plus debet quam est

요하다. 이 종교를 위한 성전은 크고 호화로워야 한다. 그리고 이 종교의 중요한 의례를 집전하는 일은 오직 귀족이나 원로에게만 허락되어야 한다.[70] 그러므로 오직 귀족에게만 세례를 베풀고, 결혼을 축성하고, 안수(按手)하는 것이 허락되어야 한다. 그리고 전적으로 귀족만이 성전의 사제로서, 그리고 조국의 종교의 옹호자와 해석자로서 인정되어야 한다. 그러나 설교를 위해서는, 그리고 교회의 재무와 일상 업무의 처리를 위해서는 원로회의가 평민 가운데에서 사람들을 선발할 수 있다. 이들은 원로회의의 대리인과 마찬가지이므로 원로회의에 모든 일의 이유를 설명할 의무를 가진다.

§47. 이상이 이 귀족국가의 기초와 관련된 것들이다. 이것들에 비해 비록 덜 중요하지만 그래도 큰 의미가 있는 다른 몇 가지를 덧붙이고자 한다. 귀족들은 자신들을 다른 사람들과 구별해주는 어떤 의상이나 고유의 모습을 하고 다녀야 한다. 귀족들 각각은 일정한 칭호로써 인사를 받아야 한다. 평민들은 누구나 귀족에게 자리를 양보해야 한다. 만약 어떤 귀족이 피할 수 없는 불운으로 인해 자기 재산을 잃었다면, 그러나 그가 그 일을 투명하게 설명할 수 있다면, 그의 재산은 공적 재산을 통해 온전하게 회복되어야 한다.[71] 그러나 만약 그 반대로 그가 낭비와 사치, 오락과 매춘 따위로 인해 재산을 탕진했다는 사실이 드러난다면, 또는 그가 갚을 수 있는 것보다 절대적으로 더 많은 빚을 진다면, 이로써

---

70 종파주의를 막기 위해 스피노자는 귀족들을 외적인 예배의 기능소로서 결합하고 있다. 이로써 국가종교(네덜란드의 경우 개혁교회)는 지배를 안정화하는 기능을 한다. 스피노자가 『신학정치론』에서 설명한 "지극히 단순하고 가장 단일한 종교"(religio simplicissima et maxime catholica)가 종파주의를 방지하는 기능을 하는 것이다.

71 스피노자는 베네치아의 귀족들 사이에 존재했던, 그래서 가난한 귀족을 부유한 귀족에게 종속시킨 부의 극심한 불평등을 피하려고 한다(Léopold Curti, *Mémoires*, vol. 1, 제10장, pp. 183~84 참조). 경제적인 이유에서 귀족이 다른 동료 귀족에게 종속되는 것을 이 국가는 피해야 한다.

solvendo, ut dignitate cedat, et omni honore officioque indignus habeatur. Qui enim seipsum resque suas privatas regere nequit, multo minus publicis consulere poterit.

§ 48. Quos lex jurare cogit, a perjurio multo magis cavebunt, si per salutem patriae et libertatem, perque supremum concilium, quam si per Deum jurare jubeantur. Nam qui per Deum jurat privatum bonum interponit, cujus ille aestimator est: at qui jurejurando libertatem patriaeque salutem interponit, is per commune omnium bonum, cujus ille aestimator non est, jurat, et, si pejerat, eo ipso se patriae hostem declarat.

§ 49. Academiae, quae sumptibus reipublicae fundantur, non tam ad ingenia colenda quam ad eadem coercenda instituuntur. Sed in

그는 귀족의 신분을 잃고 모든 명예직과 관직에 부적합한 사람으로 여겨질 것이다. 왜냐하면 자기 자신과 자기의 사적인 일들을 제대로 다스리지 못하는 사람이 공적인 일을 더 잘 돌볼 수는 없기 때문이다.

§48. 법률에 의해 맹세하도록 요구되는 사람은 신을 걸고 맹세하도록 규정될 때보다 조국의 안녕과 자유, 그리고 최고회의를 걸고 맹세하도록 규정될 때 훨씬 더 거짓 맹세를 하지 않으려고 주의할 것이다. 왜냐하면 신을 걸고 맹세할 때 그 가치를 측정하는 자는 맹세하는 사람 자신이며,[72] 그러므로 그는 사적인 재산을 걸고 맹세하는 셈이지만, 조국의 자유와 안녕을 걸고 맹세할 때 그 가치를 측정하는 사람은 맹세하는 사람 자신이 아니며, 그는 모든 사람의 공동의 재산을 걸고 맹세하는 것이므로,[73] 그가 만약 거짓 맹세를 하면 이로써 그는 자신이 조국의 적임을 선언하게 되기 때문이다.

§49. 공화국의 비용으로 세워지는 대학은 사람들의 타고난 재능을 가꾸기보다 그 재능을 제약하기 위해 설립된다.[74] 그러나 자유로운 공화

---

72 그리고 그는 어쩌면 맹세의 대상이 되는 신을 믿지 않을지도 모른다(토머스 홉스, 『시민론』 제2장 제21절 참조).

73 조국을 걸고 맹세하는 것이 신을 걸고 맹세하는 것보다 더 무겁다는 주장이 전제하는 것은 조국이 모두에게 공통적이라는 것이다. 이론적으로는 신 역시 모든 인간에게 공통적이다. 왜냐하면 모든 인간이 함께 신의 양태이기 때문이다. 그러나 신은 인간들의 자기 인식 속에서 아직 공통적이지 않다. 그러므로 조국도 국민들 개개인의 인식 속에서 공통적이어야 조국의 안녕을 걸고 하는 맹세가 구속력을 가질 수 있다.

74 스피노자는 자유로운 정신을 교육하는 장소로서의 대학이 국가의 감독에서 전적으로 벗어나야 하며, 국법에 대한 이론도 예외가 아니라고 생각한다. 그러나 홉스는 국법에 대한 통제되지 않은 생각의 자유가 국가에 해가 될 수 있으며, 그러므로 의견의 자유로운 형성이 국가에 의해 통제되어야 할 뿐만 아니라 그 통제가 대학에서 시작되어야 한다고 생각한다("incipiendum est ab academiis", 『시민론』 제8장 제9절 참조). 스피노자는 무조건적인 가르침의 자유가 보장되지 않는 상황에서 하이델베르크 대학의 청빙을 거절했다(『편지』 48 참조).

libera republica tum scientiae et artes optime excolentur, si unicuique veniam petenti concedatur publice docere, idque suis sumptibus suaeque famae periculo. Sed haec et similia ad alium locum reservo. Nam hic de iis solummodo agere constitueram, quae ad solum imperium aristocraticum pertinent.

국에서 허가를 청하는 누구에게나 공개적으로 가르치는 것이 허용되고 그것이 자기의 비용으로 자기 명성을 걸고 이루어진다면, 그때 과학과 기술이 가장 잘 발전할 것이다.[75] 그러나 여기에서는 오직 귀족국가와 관련된 것만을 다루기로 결심했으므로 교육과 관련된 것은 나중에 다른 곳에서 다루겠다.

75 『신학정치론』 제20장 제10절 참조.

CAPUT IX

§ 1. Huc usque hoc imperium consideravimus, quatenus ab una sola urbe, quae totius imperii caput est, nomen habet. Tempus jam est, ut de eo agamus, quod plures urbes tenent, quodque ego praecedenti praeferendum existimo. Sed ut utriusque differentiam et praestantiam noscamus, singula praecedentis imperii fundamenta perlustrabimus, et quae ab hoc aliena sunt rejiciemus, et alia, quibus niti debeat, eorum loco jaciemus.

§ 2. Urbes itaque, quae civitatis jure gaudent, ita conditae et munitae esse debent, ut unaquaeque sola sine reliquis subsistere quidem non possit, sed contra etiam ut a reliquis deficere nequeat

제9장

여러 도시로 이루어진 귀족국가의 기초

§1. 지금까지 우리는 국가 전체의 머리가 되는 하나의 도시에서 그 이름을 얻는 귀족국가에 대해 고찰했다. 이제는 다수의 도시가 주권을 보유하는 국가를 다룰 때이다.[1] 이 국가를 나는 앞 장에서 다룬 것보다 선호해야 할 것으로 평가한다. 그러나 각각의 차이와 장점을 알기 위해 먼저 앞서 다룬 국가에 고유한 기초를 검토할 것이다. 그리고 나서 이 장에서 다룰 국가에 적합하지 않은 것들을 제거할 것이다. 그리고 이 국가가 의지해야 하는 다른 기초들을 그 제거된 것들의 자리에 집어넣을 것이다.

§2. 정치적 권리를 누리는 도시들은 적어도 어느 도시도 다른 도시들 없이 홀로 존속할 수 없도록, 그러나 그 반대로 국가 전체에 큰 해를 끼치지 않고서는 다른 도시들로부터 떨어져 나갈 수 없도록 건설되고 구

---

1 하나의 도시가 지배하는 귀족국가가 이탈리아 북부의 공화국들을 모델로 삼고 있다면, 여러 도시가 지배하는 귀족국가는 동등한 권리를 가진 18개의 도시들로 구성된 홀란트 주를 모델로 삼고 있다(『정치론』 제8장 제3절, 제9장 제14절 참조). 그것은 7개의 주, 즉 홀란트, 위트레흐트, 헬데를란트, 제일란트, 오버레이설, 프리즐란트, 흐로닝언으로 이루어진 네덜란드 주 연합과 구별된다.

absque magno totius imperii detrimento; hoc enim modo semper unitae manebunt. At quae ita constitutae sunt, ut nec se conservare, nec reliquis formidini esse queant, eae sane non sui, sed reliquarum juris absolute sunt.

§ 3. Quae autem art. 9 et 10 praec. cap. ostendimus ex communi imperii aristocratici natura deducuntur, ut et ratio numeri patriciorum ad numerum multitudinis, et qualis eorum aetas et conditio esse debeat, qui patricii sunt creandi; ita ut nulla circa haec oriri possit differentia, sive imperium una sive plures urbes teneant. At supremi concilii alia hic debet esse ratio. Nam si quae imperii urbs supremo huic concilio congregando destinaretur, illa revera ipsius imperii caput esset; atque adeo vel vices servandae essent, vel talis locus huic concilio esset designandus, qui civitatis jus non habeat quique ad omnes aeque pertineat. Sed tam hoc quam illud, ut dictu facile, ita factu difficile est, ut scilicet tot hominum millia extra urbes saepe ire, vel ut jam hoc, jam alio in loco convenire debeant.

§ 4. Verum ut recte, quid in hac re fieri oporteat, et qua ratione hujus imperii concilia instituenda sint, ex ipsius natura et conditione

축되어야 한다. 왜냐하면 이렇게 해야 언제나 도시들이 서로 결합해 있을 것이기 때문이다. 그러나 자기를 스스로 보존할 수도 없고 다른 도시들에 두려움을 줄 수도 없는 도시는 자기 권리 아래 있지 않고 다른 도시들의 권리 아래 전적으로 놓여 있다.

§3. 앞 장의 제9절과 제10절에서 우리가 설명한 것들은 귀족국가의 공통의 본성, 즉 다중의 수에 대한 귀족의 수의 비율과 귀족으로 선출될 수 있는 사람의 나이와 조건에서 도출된다. 그러므로 이것들에 대해서는 주권을 하나의 도시가 보유하건 여러 도시가 보유하건 간에 어떤 차이도 있을 수 없다. 그러나 최고회의의 원칙은 여기에서 달라야 한다. 왜냐하면 만약 국가의 어느 도시가 이 최고회의의 개최 장소로 결정된다면, 저 도시가 실제로는 이 국가의 수도일 것이기 때문이다. 그러므로 [최고회의 개최 장소를] 교체하는 원칙이 지켜지거나, 아니면 정치공동체의 권리를 가지지 않고 모든 도시들과 똑같이 관련되는 곳이 이 회의를 위한 장소로 지정되어야 할 것이다.[2] 그러나 이것도 저것도 모두 말하기는 쉽지만 실행하기는 어렵다. 수천 명의 사람들이 [중립적인 장소로 가기 위해] 자주 도시 밖으로 나가야 하거나, 아니면 때로는 이곳에서 때로는 저곳에서 [도시를 바꿔가며] 모여야 하기 때문이다.[3]

§4. 이 일과 관련해 무엇이 마땅히 이루어져야 하고 이 국가의 회의들이 어떤 원칙에 따라 세워져야 하는지를 우리가 올바르게 그 본성과

---

2 원래 홀란트 주의회는 국가의회와 다른 때에 다른 장소에서 열렸는데, 1593년경에 정치적 권리가 없는 헤이그가 두 회의의 장소가 되었다(J. J. de la Bassecour Caan, *Schets van den Regeringsvorm van Nederland*, pp. 119, 142 참조).
3 네딜란드에서는 이 어려움을 대표 체계를 통해 극복했다. 각 주는 대표자들을 국가의회에 보냈고, 각 도시는 대표자들을 주의회에 보냈다(Sir William Temple, *Observations*, 제2장, pp. 67~69 참조).

concludere possimus, haec consideranda sunt. Nempe quod unaquaeque urbs tanto plus juris quam vir privatus habeat, quanto viro privato potentior est (per art. 4 cap. II); et consequenter unaquaeque hujus imperii urbs (vide art. 2 hujus cap.) tantum juris intra moenia seu suae jurisdictionis limites habeat, quantum potest. Deinde quod omnes urbes non ut confoederatae, sed ut unum imperium constituentes invicem sociatae et unitae sint, sed ita ut unaquaeque urbs tanto plus juris in imperium quam reliquae obtineat, quanto reliquis est potentior; nam qui inter inaequales aequalitatem quaerit, absurdum quid quaerit. Cives quidem aequales merito aestimantur, quia uniuscujusque potentia cum potentia totius imperii comparata nullius est considerationis. At urbis cujuscunque potentia magnam partem potentiae ipsius imperii constituit, et eo majorem, quo ipsa urbs major est; ac proinde omnes urbes aequales haberi nequeunt, sed ut uniuscujusque potentia, ita etiam ejusdem jus ex ipsius magnitudine aestimari debet. Vincula vero, quibus adstringi debent, ut unum imperium componant, apprime sunt (per art. 1 cap. IV) senatus et forum. Quomodo autem eae omnes his vinculis ita copulandae sunt, ut earum tamen unaquaeque sui juris, quantum fieri potest, maneat, breviter hic ostendam.

조건에서 도출할 수 있기 위해서는 다음과 같은 것들을 고찰해야 한다. (제2장 제4절에 따라) 각 도시는 사인(私人)보다 더 강한 만큼 사인보다 더 많은 권리를 가진다. 그러므로 이 국가를 구성하는 각 도시는 (이 장의 제2절을 보라) 도시의 성벽 안에서 또는 자기의 사법권의 한계 안에서 할 수 있는 만큼 권리를 가진다. 다음으로 모든 도시들은 동맹국으로서가 아니라 하나의 국가를 구성하는 부분으로서 서로 결합해 하나로 묶여 있다.[4] 그러나 각 도시는 다른 도시들보다 더 강한 만큼 다른 도시들이 보유하는 것보다 더 많은 권리를 국가 안에서 보유한다. 불평등한 것들 사이에서 평등을 추구하는 자는 부조리한 것을 추구하는 것이다. 물론 시민들은 정당하게 평등한 자들로 평가된다. 왜냐하면 국가 전체의 힘과 비교된 각 사람의 힘은 아무런 고려 대상이 되지 않기 때문이다. 그러나 각 도시의 힘은 국가 자체가 가진 힘의 큰 부분을 구성하고 그 도시가 더 클수록 그만큼 더 큰 부분을 구성한다. 그러므로 모든 도시가 평등하게 여겨질 수는 없다. 각 도시의 힘은, 그러므로 또한 각 도시의 권리는 바로 그 도시의 크기에 따라 평가되어야 한다.[5] 도시들을 하나의 국가로 구성하도록 묶는 끈은 일차적으로 (제4장 제1절에 따라) 원로회의와 법원이다.[6] 어떻게 이 모든 도시들이 각자 할 수 있는 한 자기 권리 아래 있으면서 이 끈을 통해 하나로 연결될 수 있는지를 여기에서 짧게 설명할 것이다.

---

4 자연적 상태를 넘어서지만 국가 간의 관계에는 전용될 수 없는, 다중이 결합하는 형태의 한 가지 모델이 여기에서 제시된다.

5 그러나 실제로 네덜란드에서는 각 도시가 홀란트 주의회에서 대표되고 각 주가 국가의회에서 대표되었는데, 도시와 주가 평등하게 각각 1표씩을 행사했다. 그래서 퓌르메런트(Purmerend) 같은 작은 도시가 암스테르담과, 그리고 오버레이설(Overijssel) 같은 작은 주가 홀란트와 '똑같은 목소리'를 가졌다(Sir William Temple, *Observations*, 제2장, p. 63 참조).

6 네덜란드에는 주마다 법원이 있었지만, 국가 전체 차원의 최고법원은 없었다.

§ 5. Nempe uniuscujusque urbis patricios, qui pro magnitudine urbis (per art. 3 hujus cap.) plures aut pauciores esse debent, summum in suam urbem jus habere concipio, eosque in concilio, quod illius urbis supremum est, summam habere potestatem urbem muniendi, ejusque moenia dilatandi, vectigalia imponendi, leges condendi et abrogandi, et omnia absolute agendi, quae ad suae urbis conservationem et incrementum necessaria esse judicant. Ad communia autem imperii negotia tractanda senatus creandus est iis omnino conditionibus, quas in praeced. cap. diximus, ita ut inter hunc senatum et illum nulla alia sit differentia, quam quod hic authoritatem etiam habeat dirimendi quaestiones, quae inter urbes oriri possunt. Nam hoc in hoc imperio, cujus nulla urbs caput est, non potest, ut in illo, a supremo concilio fieri (vide art. 38 praec. cap.).

§5. 나는 이렇게 생각한다. 각 도시의 귀족의 수는 (이 장의 제3절에 따라) 도시의 크기에 따라 더 많거나 더 적어야 하지만, 그 도시의 귀족들은 자기 도시에서 최고의 권리를 가지며 그 도시의 최고회의에서 최고의 권력을 가진다. 즉 성벽을 쌓아 도시를 방어하고, 그 성벽을 확장하고,[7] 세금을 부과하고, 법률을 제정하거나 폐지하고, 자기 도시의 보존과 성장을 위해 필수적이라고 판단하는 모든 것을 전적으로 행할 최고의 권력을 가진다.[8] 그러나 국가에 공통되는 업무들이 처리되기 위해서는 원로회의가 우리가 앞 장에서 말한 바로 그 조건들 아래 만들어져야 한다. 이 원로회의와 저 원로회의 사이에 차이가 있다면 그것은 이 원로회의가 도시들 사이에서 발생할 수 있는 분쟁을 종식시킬 권위를 또한 가진다는 것이다.[9] 왜냐하면 어떤 도시도 수도가 아닌 이 국가에서는 이 일이 저 국가에서처럼(앞 장의 제38절을 보라) 최고회의에 의해 이루어질 수 없기 때문이다.

---

7 네덜란드의 법학자 코르넬리우스 판빈케르슈크(Cornelius van Bynkershoek, 1673~1743)는 각 도시가 주권자의 승인 없이 성벽을 새로 쌓거나 보수할 권리를 가지는지를 로마법과 네덜란드의 여러 역사적 사례들을 통해 검토하였는데, 그에 의하면 성벽의 건설과 확장은 개인이 소유한 토지를 수용하지 않고서는 이루어질 수 없고, 도시의 기존 경계를 확장하는 일은 분명히 주권자와 관련된 일일 뿐만 아니라 주권자가 주는 교부금 없이 쉽게 진행될 수 없으므로 주권자의 승인이 없으면 정당하게 이루어질 수 없다. Cornelius van Bynkershoek, *Quaestiones Juris Publici*, vol. 2, 제14장을 보라.

8 홀란트의 도시들이 가졌던 권력에 대해서는 Sir William Temple, *Observations*, 제2장, pp. 56ff.를 보라.

9 1588년, 네덜란드 국가 자문회의에 주들 사이에서 일어나는 분쟁을 중재할 권한이 주어졌다. 이 기능을 수행하기에는 국가 자문회의가 국가의회보다 더 적합했던 것이다. 왜냐하면 국가의회에 가는 대표자들에게는 그들 각각이 속한 주의 이익을 대변해야 할 의무가 있었던 반면에, 국가 자문회의의 구성원들은 공화국 전체의 이익 증진을 위한 서약을 했기 때문이다(J. J. de la Bassecour Caan, *Schets van den Regeringsvorm van Nederland*, p. 170 참조).

§ 6. Caeterum in hoc imperio supremum concilium convocandum non est, nisi opus sit ipsum imperium reformare, vel in arduo aliquo negotio, ad quod peragendum senatores se impares esse credent; atque adeo raro admodum fiet, ut omnes patricii in concilium vocentur. Nam praecipuum supremi concilii officium esse diximus (art. 17 praec. cap.) leges condere et abrogare, et deinde imperii ministros eligere. At leges sive communia totius imperii jura, simulatque instituta sunt, immutari non debent. Quod si tamen tempus et occasio ferat, ut novum aliquod jus instituendum sit aut jam statutum mutandum, potest prius de eodem quaestio in senatu haberi; et postquam senatus in eo convenerit, tum deinde legati ad urbes ab ipso senatu mittantur, qui uniuscujusque urbis patricios senatus sententiam doceant; et si denique major urbium pars in sententiam senatus iverit, ut tum ipsa rata maneat, alias irrita. Atque hic idem ordo in eligendis ducibus exercitus, et legatis in alia regna mittendis, ut et circa decreta de bello inferendo et pacis conditionibus acceptandis teneri potest. Sed in reliquis imperii ministris eligendis, quia (ut in art. 4 hujus cap. ostendimus) unaquaeque urbs, quantum fieri potest, sui juris manere debet, et in imperio tanto plus juris obtinere, quanto reliquis est potentior, hic ordo necessario servandus est. Nempe senatores a patriciis uniuscujusque urbis

§6. 이 국가에서 최고회의는[10] 이 국가를 재구성하는 일이 필요하지 않은 한, 또는 어떤 어려운 업무를 처리하기에 원로들이 스스로 부족하다고 믿지 않는 한 소집되어서는 안 된다. 그러면 모든 귀족들이 회의에 소집되는 일이 매우 드물게 일어날 것이다. 왜냐하면 최고회의의 최우선 과제는 (앞 장의 제17절에서) 우리가 말했듯이 법률을 제정하고 폐지하는 것이며, 다음으로 국가의 관료들을 선발하는 것이기 때문이다. 확실히 국가 전체에 공통된 법률이나 법은 한번 정해지면 변경되어서는 안 된다. 그렇지만 만약 때와 상황이 어떤 새로운 법의 제정이나 이미 제정된 법의 변경을 요구한다면, 먼저 그에 대한 검토를 원로회의에서 할 수 있다. 그러고 나서 원로회의가 이 문제에 관해 합의하면, 그때 원로회의는 도시들로 사절들을 보내야 한다. 이 사절들이 각 도시의 귀족들에게 원로회의의 의견을 설명해야 한다. 마지막으로 만약 다수의 도시가 원로회의의 의견에 동의한다면, 그때 이 의견은 유효가 되고 그렇지 않은 경우에는 무효가 된다. 이와 동일한 절차가 군대의 사령관과 다른 나라에 보낼 사절을 선발할 때, 그리고 전쟁에 관한 결정을 내릴 때와 평화의 조건을 수용할 때에도 준수될 수 있다.[11] 그러나 그 밖의 다른 국가 관료를 선발할 때에는 (이 장의 제4절에서 우리가 설명한 것처럼) 각 도시가 할 수 있는 한 자기 권리 아래 머물러야 하므로, 그리고 국가 안에서 각 도시가 다른 도시보다 더 강할수록 그만큼 더 많은 권리를 보유해야 하므로, 다음과 같은 절차가 준수되어야 한다. 원로들은 각 도

---

10 여기에서 스피노자가 생각하는 최고회의의 모델은 네덜란드의 전체 국가의회일지 모른다. 평시 국가의회가 전체 국가의회를 대표했다(Sir William Temple, *Observations*, 제2장, pp. 67~69 참조). 스피노자의 구상 속에서는 평시 국가의회의 기능을 원로회의가 수행한다.

11 네덜란드에서 그와 같은 사안에 대한 결정이 유효하기 위해서는 사전에 국가의회가 주의회들의 동의를 얻어야 했고, 주의회는 시의회들의 동의를 얻어야 했다. 그리고 동의는 대개 만장일치여야 했다(Sir William Temple, *Observations*, 제2장, pp. 70~72 참조).

eligendi sunt; videlicet unius urbis patricii in suo concilio certum senatorum numerum ex suis civibus collegis eligent, qui ad numerum patriciorum ejusdem urbis se habeat (vide art. 30 praeced. cap.) ut 1 ad 12; et quos primi, secundi, tertii, etc. ordinis esse volunt, designabunt. Et sic reliquarum urbium patricii pro magnitudine sui numeri plures paucioresve senatores eligent, et in tot ordines distribuent, in quot senatum dividendum esse diximus (vid. art. 34 praeced. cap.): quo fiet, ut in unoquoque senatorum ordine pro magnitudine cujuscunque urbis plures paucioresve ejusdem senatores reperiantur. At ordinum praesides eorumque vicarii, quorum numerus minor est urbium numero, a senatu ex consulibus electis sorte eligendi sunt. In judicibus praeterea supremis imperii eligendis idem ordo retinendus est, scilicet ut uniuscujusque urbis patricii ex suis collegis pro magnitudine sui numeri plures aut pauciores judices eligant. Atque adeo fiet, ut unaquaeque urbs in eligendis ministris sui juris, quantum fieri potest, sit, et ut unaquaeque quo potentior est, eo etiam plus juris tam in senatu quam in foro obtineat, posito scilicet, quod senatus et fori ordo in decernendis imperii rebus et quaestionibus dirimendis talis omnino sit, qualem art. 33 et 34 praec. cap. descripsimus.

시의 귀족들에 의해 선발되어야 한다. 각 도시의 귀족들은 자신들의 회의에서 일정한 수의 원로를 자신들의 동료 가운데에서 선출한다. 원로들은 그 도시의 귀족의 수에 대해 1대 12의 관계를 가져야 한다(앞 장의 제30절을 보라). 그리고 귀족들은 누가 첫 번째, 두 번째, 세 번째 분반에 속할지를 결정한다. 이런 식으로 나머지 도시의 귀족들도 자기들의 수에 따라 더 많거나 더 적은 수의 원로를 선출한다.[12] 그리고 그들을 각각의 분반에 분배한다. 원로회의가 분반으로 나누어져야 한다는 것은 이미 말했다(앞 장의 제34절을 보라). 이렇게 하면 도시들이 각각의 분반 안에 도시의 크기에 따라 더 많거나 더 적은 수의 원로들을 가지게 될 것이다. 각 분반의 의장과 부의장은 그 수가 도시의 수보다 적으므로 선출된 집정관들 중에서 원로회의에 의해 추첨으로 선발되어야 한다. 그 밖에 국가의 최고 재판관을 선발할 때에도 동일한 절차가 지켜져야 한다. 즉 각 도시의 귀족들이 자기의 동료 가운데에서 귀족의 수에 따라 더 많거나 더 적은 수의 재판관을 선출해야 한다.[13] 이렇게 각 도시는 관료의 선발에서 할 수 있는 한 자기 권리 아래 있게 될 것이고, 원로회의에서도 법원에서도 더 강한 만큼 더 많은 권리를 가지게 될 것이다. 물론 국가의 일을 결정할 때와 분쟁을 중지시킬 때, 원로회의와 법원의 의결이 전적으로 앞 장의 제33절과 제34절에서 우리가 묘사한 것과 같은 절차를 따른다는 전제 아래 그렇다.

---

12 홀란트는 국가 자문회의에 3명의 대의원을 보냈고, 헬데를란트, 제일란트, 프리즐란트는 각각 2명의 대의원을, 위트레흐트, 오버레이설, 흐로닝언은 각각 1명의 대의원을 보냈다. 각각의 대의원들이 1표씩을 행사했으므로 홀란트의 주도적 지위는 어느 정도 이 회의에서 인정되었다(J. J. de la Bassecour Caan, *Schets van den Regeringsvorm van Nederland*, p. 166 참조).

13 네덜란트에는 국가 차원의 최고법원이 없었다. 그러나 홀란트와 제일란트는 공동의 법원을 가졌는데, 이 법원은 12명의 재판관(홀란트 출신 9명과 제일란트 출신 3명)으로 구성되었다(Sir William Temple, *Observations*, 제2장, p. 67 참조).

§ 7. Cohortium deinde duces et militiae tribuni e patriciis etiam eligendi sunt. Nam quia aequum est, ut unaquaeque urbs pro ratione suae magnitudinis certum militum numerum ad communem totius imperii securitatem conducere teneatur, aequum etiam est, ut e patriciis uniuscujusque urbis pro numero legionum, quas alere tenentur, tot tribunos, duces, signiferos, etc. eligere liceat, quot ad illam militiae partem, quam imperio suppeditant, ordinandam requiruntur.

§ 8. Vectigalia nulla etiam a senatu subditis imponenda; sed ad sumptus, qui ad negotia publica peragenda ex senatus decreto requiruntur, non subditi, sed urbes ipsae ab ipso senatu ad censum vocandae sunt, ita ut unaquaeque urbs pro ratione suae magnitudinis sumptuum partem majorem vel minorem ferre debeat; quam quidem partem ejusdem urbis patricii a suis urbanis ea, qua velint, via exigent, eos scilicet vel ad censum trahendo vel, quod multo aequius est, iisdem vectigalia imponendo.

§ 9. Porro quamvis omnes hujus imperii urbes maritimae non sint, nec senatores ex solis urbibus maritimis vocentur, possunt tamen iisdem eadem emolumenta decerni, quae art. 31 praec. cap. diximus; quem in finem pro imperii constitutione media excogitari poterunt,

§7. 다음으로 대대의 지휘관과 군대의 사령관도 귀족 가운데에서 선발되어야 한다. 왜냐하면 각 도시가 국가 전체의 공동의 안전을 위해 그 크기에 비례해 일정 수의 병사를 모집하는 것이 공정하므로, 각 도시가 자기들이 부양해야 할 군단의 수에 따라 국가에 자기들이 제공하는 군대의 일부를 지휘하기 위해 요구되는 만큼의 사령관과 지휘관, 기수 등을 귀족 가운데서 선출하도록 허용하는 것이 또한 공정하기 때문이다.[14]

§8. 세금은 원로회의에 의해서라도 결코 직접 신민들에게 부과되어서는 안 된다. 다만 원로회의의 결정에 따라 공적인 업무를 처리하기 위해 비용이 요구될 때에는 원로회의가 재산 조사를 위해 신민들이 아니라 도시들 자체를 소집해야 한다. 그리고 각 도시는 그 크기에 따라 비용의 더 많거나 더 적은 부분을 감당해야 한다. 물론 그 할당된 부분을 각 도시의 귀족들은 자기 도시의 주민들에게서 자신들이 원하는 방식으로,[15] 즉 재산 조사의 결과에 따라 징수하는 방식이나 아니면 훨씬 더 공평하게 주민들에게 간접세를 부과하는 방식으로 수취할 수 있다.[16]

§9. 더 나아가 이 국가의 모든 도시가 해안에 있지 않을지라도, 그래서 원로들이 오직 해안에 있는 도시들에서만 지명되지 않을지라도, 원로들에게는 우리가 앞 장의 제31절에서 말한 것과 같은 수입이 주어질 수 있다. 이 목적을 위해 국가의 구조에 맞고 도시들을 서로 더 가깝게

---

14 1651년에 주의회들은 자기들이 비용을 분담해야 할 부대에 대한 모든 군사적 명령권의 처분을 당연하게 여겼다(Sir William Temple, *Observations*, 제2장, p. 82 참조).

15 Sir William Temple, *Observations*, 제2장, pp. 73~74 참조.

16 바르투샤트에 의하면, 스피노자는 여기에서 부자들의 탈세를 막아야 한다는 들라쿠르의 생각을 받아들이고 있다. 이를 위해 주민들의 수입을 일일이 조사하거나 아니면 '훨씬 더 공평하게' 소비에 세금을 매겨야 한다는 것이다.

quibus urbes invicem arctius copulentur. Caeterum reliqua ad senatum et forum, et absolute ad universum imperium spectantia, quae in praec. cap. tradidi, huic etiam imperio applicanda sunt. Atque adeo videmus, quod in imperio, quod plures urbes tenent, non necesse sit supremo concilio convocando certum tempus aut locum designare. At senatui et foro locus dicandus est in pago vel in urbe, quae suffragii jus non habet. Sed ad illa, quae ad singulas urbes spectant, revertor.

§ 10. Ordo supremi concilii unius urbis in eligendis urbis et imperii ministris et in rebus decernendis idem ille, quem art. 27 et 36 praec. cap. tradidi, esse debet. Nam eadem hic quam illic est ratio. Deinde syndicorum concilium huic subordinandum est, quod ad urbis concilium se habeat ut illud syndicorum praeced. cap. ad concilium totius imperii, et cujus officium intra limites jurisdictionis urbis idem etiam sit iisdemque emolumentis gaudeat. Quod si urbs et consequenter patriciorum numerus adeo exiguus fuerit, ut non nisi unum aut duos syndicos creare possit, qui duo concilium facere nequeunt, tum syndicis in cognitionibus pro re nata judices a supremo urbis concilio designandi sunt, vel quaestio ad supremum syndicorum concilium deferenda. Nam ex unaquaque urbe aliqui etiam ex syndicis in locum, ubi senatus residet, mittendi sunt, qui prospiciant, ut jura universi imperii inviolata serventur, quique in senatu absque jure suffragii sedeant.

연결해줄 어떤 수단들을 고안할 수 있을 것이다. 그 밖에 내가 앞 장에서 말한 원로회의와 법정, 그리고 전적으로 국가 일반에 관련된 다른 것들은 이 국가에도 적용될 수 있다. 그러므로 복수의 도시가 주권을 보유하는 국가에서는 최고회의를 소집할 때와 장소를 정해둘 필요가 없다. 그러나 원로회의와 법원을 위해서는 시골의 어느 장소나 투표할 권리가 없는 도시 안의 어느 장소가 지정되어야 한다. 이제 개별 도시와 관련된 사항으로 돌아가겠다.

§10. 각 도시의 최고회의는 도시와 국가의 관료들을 선발할 때, 그리고 어떤 사안을 결정할 때 내가 앞 장의 제27절과 제36절에서 제시한 것과 같은 절차를 지켜야 한다. 왜냐하면 [여러 도시들로 이루어진] 이 국가에서나 [하나의 도시로 이루어진] 저 국가에서나 원리는 똑같기 때문이다. 더 나아가 검찰관들의 회의가 이 최고회의에 복속되어야 한다. 검찰관 회의가 각 도시의 최고회의에 대해 가지는 관계는 앞 장에서 묘사한 저 검찰관 회의가 국가 전체의 최고회의에 대해 가지는 관계와 같다. 각 도시의 최고회의의 임무는 그 도시의 사법권의 한계 안에서 또한 저 최고회의의 임무와 같아야 하며, 최고회의의 구성원은 같은 수입을 향유해야 한다. 만약 도시가 작아서 귀족의 수가 겨우 한두 사람의 검찰관을 둘 수 있을 정도밖에 되지 않는다면, 그 두 사람이 회의를 구성할 수는 없으므로 그때에는 사안이 생길 때마다 심리를 할 수 있도록 이들에게 도시의 최고회의가 재판관들을 임명해주거나, 아니면 사건을 최고 검찰관 회의로 넘겨야 한다. 왜냐하면 각 도시가 검찰관 가운데 몇 사람을 또한 원로회의가 자리잡은 곳으로 보내야 하기 때문이다. 이 검찰관들은 국가 전체의 법이 침해되지 않고 지켜지도록 예방해야 하며 원로회의에 투표권 없이 참석해야 한다.

§ 11. Urbium consules a patriciis etiam ejusdem urbis eligendi sunt, qui veluti senatum illius urbis constituant. Horum autem numerum determinare non possum, nec etiam necesse esse existimo, quandoquidem ejusdem urbis negotia, quae magni ponderis sunt, a supremo ejusdem concilio, et quae ad universum imperium spectant, a magno senatu peraguntur. Caeterum si pauci fuerint, necesse erit, ut in suo concilio palam suffragia ferant, non autem calculis ut in magnis conciliis. In parvis enim conciliis, ubi suffragia clam indicantur, qui aliquanto callidior est, facile cujusque suffragii auctorem noscere et minus attentiores multis modis eludere potest.

§ 12. In unaquaque praeterea urbe judices a supremo ejusdem concilio constituendi sunt, a quorum tamen sententia supremum imperii judicium appellare liceat, praeterquam reo palam convicto et confitenti debitori. Sed haec ulterius persequi non est opus.

§ 13. Superest igitur, ut de urbibus, quae sui juris non sunt, loquamur. Hae si in ipsa imperii provincia vel regione conditae et earum incolae ejusdem nationis et linguae sint, debent necessario, sicuti pagi, veluti urbium vicinarum partes censeri, ita ut earum unaquaeque sub regimine hujus aut illius urbis, quae sui juris est, esse debeat. Cujus rei ratio est, quod patricii non a supremo hujus

§11. 도시의 집정관들은 그 도시의 귀족에 의해 선출되어야 한다.[17] 동시에 그들은 도시의 원로회의를 구성한다. 그러나 그들의 수를 결정하는 일은 내가 할 수 없고 그것이 필요하다고 생각하지도 않는다. 왜냐하면 각 도시의 매우 중요한 업무는 그 도시의 최고회의가 처리하고 국가 전체와 관련된 업무는 대(大)원로회의가 처리하기 때문이다. 그 밖에 만약 집정관의 수가 적다면, 집정관 회의에서 공개적으로 투표를 해도 되며, 굳이 큰 회의에서처럼 돌을 가지고 투표하지 않아도 될 것이다. 왜냐하면 작은 회의에서는 투표가 몰래 이루어지더라도, 어느 정도 남보다 영리한 사람이라면 쉽게 누가 무슨 표를 던졌는지를 알아챌 수 있고 덜 조심스러운 사람들을 다양한 방식으로 속일 수 있기 때문이다.

§12. 각 도시에서 재판관은 그 도시의 최고회의에 의해 임명되어야 한다. 그렇지만 그들의 판결과 관련해서는 피고인이 유죄임이 만인 앞에서 증명된 경우나 빚진 사람이 그 사실을 인정한 경우를 제외하고, 국가 최고재판소의 판단을 청하는 것이 허용되어야 한다.[18] 이것을 더 자세히 설명할 필요는 없을 것이다.

§13. 이제 남은 것은 자기 권리 아래 있지 않은 도시들에 대해 이야기하는 것이다. 만약 이 도시들이 국가의 속주나 지방에 세워져 있고 그 도시의 주민들이 같은 민족이고 같은 언어를 사용한다면, 이 도시들은 시골이 그렇게 여겨지듯이 인접한 도시의 일부처럼 여겨져야 한다. 그럼으로써 이 도시들 각각은 자기 권리 아래 있는 이 도시나 저 도시의 통치 아래 있어야 한다. 그 이유는 다음과 같다. 귀족들은 이 국가의 최

17　이들은 네덜란드 도시의 시장(Burgomaster)과 같다.
18　네덜란드에서는 시 법원이 내린 판결에 대해 주 법원에 호소하는 것이 형사의 경우에 허용되지 않았다(Sir William Temple, *Observations*, 제2장, pp. 56, 60 참조).

imperii, sed a supremo uniuscujusque urbis concilio eligantur, qui in unaquaque urbe pro numero incolarum intra limites jurisdictionis ejusdem urbis plures paucioresve sunt (per art. 5 hujus cap.). Atque adeo necesse est, ut multitudo urbis, quae sui juris non est, ad censum multitudinis alterius, quae sui juris sit, referatur et ab ejus directione pendeat. At urbes jure belli captae, et quae imperio accesserunt, veluti imperii sociae habendae, et beneficio victae obligandae; vel coloniae, quae jure civitatis gaudeant, eo mittendae, et gens alio ducenda; vel urbs omnino delenda est.

§ 14. Atque haec sunt, quae ad hujus imperii fundamenta spectant. Quod autem ejus conditio melior sit quam illius, quod nomen ab una urbe sola habet, hinc concludo: quod scilicet uniuscujusque urbis patricii, more humanae cupidinis, suum jus tam in urbe quam in senatu retinere et, si fieri potest, augere studebunt, atque adeo, quantum poterunt, conabuntur multitudinem ad se trahere et consequenter imperium beneficiis magis quam metu agitare suumque numerum augere; quippe quo plures numero fuerint, eo plures (per art. 6 hujus cap.) ex suo concilio senatores eligent et consequenter (per art. eundem) plus juris in imperio obtinebunt.

고회의가 아니라 각 도시의 최고회의에 의해 선출된다. 각 도시의 귀족들은 (이 장의 제5절에 따라) 그 도시의 사법권의 한계 안에 있는 주민들의 수에 따라 더 많거나 더 적다. 그러므로 자기 권리 아래 있지 않은 도시의 다중은 자기 권리 아래 있는 다른 도시의 다중에 대한 인구조사에 귀속되고 그 다중의 지휘에 의존하는 것이 불가피하다. 그러나 전쟁의 권리를 통해 획득된 도시들과 국가에 의해 강제로 병합된 도시들은 정복된 후에 호의에 의해 결합된 국가의 동맹처럼 여겨져야 한다. 또는 정치적 권리를 향유하는 정착민이 그곳으로 보내어져야 하고 그곳의 원주민들은 다른 곳으로 옮겨져야 한다. 또는 도시가 완전히 파괴되어야 한다.[19]

§14. 이상이 이 국가의 기초와 관련된 사항이다. 이제부터 나는 이 국가의 상태가 하나의 도시에서 이름을 취하는 국가의 상태보다 더 낫다는 것을 논증하겠다. 각 도시의 귀족은 인간 욕망의 방식을 따라 자기 권리를 도시에서도 원로회의에서도 보유하려고, 그리고 할 수 있는 한 증대하려고 열심을 다할 것이다. 그러므로 그들은 또한 할 수 있는 한 다중을 자기 도시로 끌어들이려고 노력할 것이며, 그러므로 공포보다는 선행을 통해 다중을 지배하여[20] 그 도시의 인구를 늘리려고 노력할 것이다. 왜냐하면 수적으로 더 많은 사람이 있을수록 그만큼 더 많은 귀족들이 (이 장의 제6절에 따라) 자신들의 회의에서 원로를 선출할 것이고, 그러므로 (같은 절에 따라) 더 많은 권리를 귀족들이 국가 안에서 보유할

---

19 니콜로 마키아벨리, 『군주론』 제3장과 제5장; 『로마사 논고』 제2권 제23장 참조. 겝하르트는 "완전히 파괴되어야 한다"(omnino delenda est)라는 말이 원주민 학살을 의미하지 않도록 하기 위해 그 앞에 유고집(OP)에 없는 '도시'(urbs)라는 단어를 삽입했고, 워넘은 앞 문장에 나오는 '도시들'(urbes)과 연결하여 서술어를 복수형으로 수정했다. 도시의 파괴와 주민의 강제 이주를 언급하고 있는 제6장 제35절의 내용을 고려하면 이곳에서 스피노자가 굳이 '주민 학살'을 이야기할 이유는 없어 보인다.

20 그러므로 신민은 더 큰 자유를 향유한다(『정치론』 제8장 제3절 참조).

Nec obstat, quod dum unaquaeque urbs sibi consulit reliquisque invidet, saepius inter se discordent et tempus disputando consumant. Nam si, dum Romani deliberant, perit Sagunthus, dum contra pauci ex solo suo affectu omnia decernunt, perit libertas communeque bonum. Sunt namque humana ingenia hebetiora, quam ut omnia statim penetrare possint; sed consulendo, audiendo et disputando acuuntur, et dum omnia tentant media, ea, quae volunt, tandem inveniunt, quae omnes probant et de quibus nemo antea cogitasset. [Daar af wy in Hollant veel voorbeelden gezien hebben.] Quod si quis regerat hoc Hollandorum imperium non diu absque comite vel vicario, qui vicem comitis suppleret, stetisse, hoc sibi responsum habeat, quod Hollandi ad obtinendam libertatem satis sibi putaverunt comitem deserere, et imperii corpus capite obtruncare, nec de eodem reformando cogitarunt, sed omnia ejus membra, uti antea constituta fuerant, reliquerunt, ita ut Hollandia comitatus sine comite, veluti

것이기 때문이다. 각 도시가 자기 이익을 추구하고 다른 도시들을 시기함으로써, 도시들이 더 빈번하게 불화에 빠지게 되고 논쟁으로써 시간을 허비하게 된다는 주장도 이 국가의 상태가 더 낫다는 판단을 막지는 못한다. 왜냐하면 "로마인들이 심사숙고하는 동안 사군툼이 몰락한다"면,[21] 그 반대로 소수의 사람이 오직 자기의 정서를 따라 모든 것을 결정하는 동안 자유와 공동의 선이 사라지기 때문이다. 인간의 정신적 능력은 모든 것을 즉시 꿰뚫어볼 수 있을 정도로 예리하지는 않지만, 사안의 조사와 의견의 청취, 타인과의 논쟁을 통해 예리해지며, 또한 온갖 수단을 시험해봄으로써 마침내 원하는 것, 즉 모든 사람이 인정하고 그에 관해 이전에 어느 누구도 생각하지 못했던 것을 발견한다. (이에 관한 많은 모범 사례들을 우리는 홀란트에서 보았다.)[22] 만약 누군가가 홀란트인들의 국가가 백작이나 백작의 자리를 대신하는 총독 없이 오래 존속하지 못했음을 들어 반박한다면, 그에게 나는 이렇게 대답하겠다.[23] 홀란트인들은 백작을 버리고 국가의 몸에서 머리를 자르는 것으로 자유를 보유하기에 충분하다고 믿었다. 그들은 국가의 몸을 재구성할 생각을 하지 않았고, 그 몸의 모든 지체(肢體)들을 전에 만들어져 있던 대로 내버려두

---

21   "Dum Romani deliberant, perit Sagunthus." 이 격언은 티투스 리비우스, 『로마사』 제21권 제7장 제1절에 근거한다. 들라쿠르는 한 명의 왕은 신속한 결정을 내릴 수 있지만 하나의 회의체는 대립하는 의견을 두고 토론하느라 종종 시간과 기회를 허비할 수밖에 없다고 지적하며, 이 격언을 여러 차례 인용한다(예컨대 *Polityke Weegschaal*, pp. 38, 271 참조).

22   Sir William Temple, *Observations*, 제2장, pp. 65~66 참조. 괄호 안의 구절은 라틴어 유고집(OP)에 빠져 있다. 안정적인 국가가 확고한 경제적 토대를 가져야 한다는 사실과 관련해서만이 아니라 그런 국가가 공개적인 논의에 근거해야 한다는 것과 관련해서도 홀란트는 스피노자에게 좋은 사례가 되고 있다.

23   네덜란드의 마지막 백작인 스페인의 펠리페 2세가 물러난 뒤, 1581년에 네덜란드인들은 국가의 주권을 다시 외국의 권력자에게 맡기려고, 즉 지금까지의 상태를 단순히 연장하려고 했었다. 그래서 공화국의 헌법과 그런 정치 체계 안에서 다스려야 할 사람들의 상태에 대해서는 생각하지 못했다.

corpus sine capite, ipsumque imperium sine nomine manserit. Atque adeo minime mirum, quod subditi plerique ignoraverint, penes quos summa esset imperii potestas. Et quamvis hoc non esset, ii tamen, qui imperium revera tenebant, longe pauciores erant, quam ut multitudinem regere et potentes adversarios opprimere possent. Unde factum, ut hi saepe impune iis insidiari et tandem evertere potuerint. Subita itaque ejusdem reipublicae eversio non ex eo orta est, quod tempus in deliberationibus inutiliter consumeretur, sed ex deformi ejusdem imperii statu et paucitate regentium.

§ 15. Est praeterea hoc aristocraticum imperium, quod plures urbes tenent, alteri praeferendum, quia non opus est, ut in praecedenti, cavere, ne universum supremum ejus concilium subito impetu opprimatur, quandoquidem (per art. 9 hujus cap.) eidem convocando nullum tempus nec locus designatur. Sunt praeterea potentes cives in hoc imperio minus timendi. Nam ubi plures urbes libertate gaudent, non sufficit ei, qui viam ad imperium affectat, urbem unam occupare, ut imperium in reliquas obtineat. Est denique in hoc imperio libertas pluribus communis. Nam ubi una sola urbs regnat, eatenus reliquarum bono consulitur, quatenus regnanti huic urbi expedit.

었다. 그래서 홀란트는 마치 머리 없는 몸처럼 백작 없는 백작령이 되었고 이름 없는 국가가 되었다. 그러므로 국가의 최고권력이 누구의 수중에 있었는지를 신민의 대다수가 몰랐던 것이 전혀 놀랍지 않다. 그렇지 않았더라도 국가를 실제로 장악한 사람들의 수가 다중을 다스리고 강력한 반대자들을 억압할 수 있을 정도보다 한참 적었다. 그래서 이 반대자들이 종종 처벌받지도 않으면서 국가를 장악한 자들에 대해 음모를 꾸미고 끝내 국가를 전복할 수 있었던 것이다. 그러므로 이 공화국의 갑작스러운 붕괴는 심사숙고하기 위해 시간을 무익하게 허비한 탓이 아니라 이 국가의 형태 없는 상태와 다스리는 자의 적은 수 탓이다.[24]

§15. 그 밖에 여러 도시들이 주권을 보유하는 이 귀족국가가 다른 국가보다 선호되어야 할 이유는 이것이다. 이 국가의 전체 최고회의는 (이 장의 제9절에 따라) 소집 시간과 장소를 고정하지 않기 때문에 갑작스러운 공격에 의해 진압되지 않도록 주의하는 것이 앞서 묘사한 귀족국가의 경우처럼 필요하지 않다.[25] 그 밖에 이 국가에서는 유능한 시민들이 그리 두려움의 대상이 되지 않는다. 왜냐하면 여러 도시들이 자유를 향유하는 곳에서는 지배하기를 열망하는 사람이 어떤 도시를 점령해도 그것이 다른 도시들에 대한 지배권을 차지하기에 충분하지 않기 때문이다. 마지막으로 이 국가에서는 자유가 더 많은 도시들에 공동으로 있다. 왜냐하면 오직 하나의 도시가 다스리는 곳에서는 그 도시가 자기에게 이로운 한에서만 다른 도시의 이익을 돌보기 때문이다.

---

24 들라쿠르는 특히 홀란트에서의 통치자와 평민들 사이의 수적 불비례 탓에 국가가 불안정해졌음을 지적하며 혁명적 사태를 예견했다(*Polityke Weegschaal*, vol. 2, 제2장 제6절, p. 291 참조).

25 들라쿠르는 공화국의 회의가 열리는 곳을 적이 장악하면 그 적이 공화국을 자기 권력 아래 두게 된다는 것을 지적했다(*Polityke Weegschaal*, vol. 2, 제1장 제3절, p. 267 참조).

CAPUT X

§ 1. Imperii utriusque aristocratici fundamentis explicatis et ostensis, superest, ut inquiramus, an aliqua causa culpabili possint dissolvi aut in aliam formam mutari. Primaria causa, unde hujusmodi imperia dissolvuntur illa est, quam acutissimus Florentinus Disc. 1 lib. 3 in Tit. Livium observat, videlicet quod *imperio, sicuti humano corpori, quotidie aggregatur aliquid, quod quandoque indiget curatione.* Atque adeo necesse esse, ait, ut aliquando aliquid accidat, quo imperium ad suum principium, quo stabiliri incepit, redigatur. Quod si intra debitum tempus non acciderit, vitia eo usque crescent, ut tolli nequeant nisi cum ipso imperio. Atque hoc, inquit, vel casu contingere potest, vel consilio, et prudentia legum aut viri eximiae virtutis. Nec dubitare possumus, quin haec res maximi sit ponderis,

제10장

귀족국가의 안정을 보장해주는 것

§1. 지금까지 우리는 두 가지 유형의 귀족국가의 기초를 설명하고 제시하였다. 이제 남은 일은 어떤 비난받을 만한 원인에 의해 이 기초가 해체되거나 국가가 다른 형태로 바뀔 수 있는지를 조사하는 것이다. 이런 종류의 국가를 해체되도록 하는 첫째가는 원인은 이것이다. 그것을 지극히 예리한 피렌체인은 티투스 리비우스가 쓴 로마사에 대한 논고의 제3권 제1장에서 다음과 같이 관찰하며 말한다. "인간의 몸에 [불순한 것들이] 쌓이듯이, 국가에도 언젠가 한번은 치료해야 할 필요가 있는 그 어떤 것이 매일 쌓인다."[1] 그러므로 국가가 견고해지기 시작한 그 초기로 국가를 되돌리는 어떤 일이 언제고 이루어질 필요가 있다고 그는 말한다. 만약 제때에 그 일이 이루어지지 않으면, 악습이 국가 자체가 함께 제거되지 않고서는 제거될 수 없을 정도로 커질 것이다. 그 일은 우연히 이루어질 수도 있지만 계획에 의해, 즉 법률을 통한 대비나 탁월한 덕을 지닌 한 사람의 지혜를 통해 이루어질 수도 있다. 계획에 의해 이 일이 이루어지도록 하는 것이 매우 큰 의미를 가진다는 사실을

---

1 니콜로 마키아벨리, 『로마사 논고』 제3권 제1장. 또한 아리스토텔레스, 『정치학』, 1307b 1-6 참조.

et quod, ubi huic incommodo provisum non sit, non poterit imperium sua virtute, sed sola fortuna permanere; et contra, ubi huic malo remedium idoneum adhibitum fuerit, non poterit ipsum suo vitio, sed solummodo inevitabili aliquo fato cadere, ut mox clarius docebimus. Primum quod huic malo remedium occurrebat, hoc fuit, ut scilicet singulis lustris supremus aliquis dictator in mensem unum aut duos crearetur, cui jus esset de senatorum et cujuscunque ministri factis cognoscendi, judicandi et statuendi, et consequenter imperium ad suum principium restituendi. Sed qui imperii incommoda vitare studet, remedia adhibere debet, quae cum imperii natura conveniant, et quae ex ipsius fundamentis deduci queant; alias in Scyllam incidet cupiens vitare Charybdin. Est quidem hoc verum, quod omnes, tam qui regunt, quam qui reguntur, metu supplicii aut damni contineri debeant, ne impune vel cum lucro peccare liceat; sed contra certum etiam est, quod si hic metus bonis et malis hominibus communis fuerit, versetur necessario imperium in summo periculo. Cum igitur dictatoria potestas absoluta sit, non potest non esse omnibus formidabilis, praesertim si statuto

우리는 의심할 수 없다. 이 불순한 것들에 대한 예방 조치가 없는 곳에서는 국가가 자기 덕에 근거해 지속될 수 없고 오직 행운에 근거해서만 지속될 수 있을 것이다. 그 반대로 이 해악에 대한 적합한 치료법이 사용된 곳에서는 국가가 자기 잘못에 의해서는 무너질 수 없을 것이다. 더 분명하게 우리가 곧 설명할 것처럼 오직 불가피한 어떤 운명에 의해서만 무너질 수 있을 것이다. 이 해악에 대해 사용된 첫 번째 치료법은 5년 마다 한 번씩 최고 독재관을 1개월이나 2개월 임기로 임명하는 것이었다.[2] 그에게는 원로들과 모든 관료들이 행한 것을 조사하고 평가하고 판단하고, 그럼으로써 국가를 그 처음의 상태로 회복할 권리가 있었다. 그러나 국가의 불순한 것들이 쌓이는 것을 막으려고 애쓰는 사람이라면 국가의 본성에 맞고 국가의 기초에서 도출될 수 있는 치료법을 사용해야 한다. 그렇게 하지 않으면 카리브디스를 피하려고 하다가 스킬라에 빠지게 될 것이다.[3] 물론 다스리는 사람이나 다스림을 받는 사람이나 모두 죄를 범하고도 처벌받지 않거나 오히려 이익을 얻지 못하도록 처벌이나 손해에 대한 공포로써 억제되어야 한다는 것은 참이지만, 그 반대로 또한 확실한 것은 만약 선한 사람이나 악한 사람이나 모두 이 공포 아래 있어야 한다면, 그런 국가는 필연적으로 지극히 큰 위험에 처하게 될 것이라는 사실이다.[4] 그러므로 독재관의 권력이 절대적이라면 그것은 모든 사람에게 두려워할 만한 것이 아닐 수 없다. 특히 요구되는 바

---

2 이 언급에 대한 역사적 출처는 아직 확인되지 않았다.

3 "Incidit in Scyllam cupiens vitare Charybdim." 카리브디스(Charybdis)를 피하려고 하다가 스킬라(Scylla)에 부딪혔다, 즉 위험을 피하려다가 더 큰 위험에 빠지게 되었다는 뜻의 속담이다. 스킬라는 시칠리아 섬과 이탈리아 본토 사이에 있는 여자 모습을 한 대단히 위험한 암초이고, 카리브디스는 그곳에 있는 위험한 소용돌이 조수(潮水)이다. 거기에서 두 괴물이 지나가는 뱃사람들을 잡아먹었다고 한다.

4 사람들에게서 두려움을 불러일으키는 것이 국가의 기초와 조화될 수 없음이 여기에서 다시 한 번 분명해진다. 선량한 시민은 범죄자를 처벌하고 범죄를 예방하기 위해 국가가 제정하는 법을 두려워할 필요가 없어야 한다.

tempore, ut requiritur, dictator crearetur, quia tum unusquisque gloriae cupidus eum honorem summo studio ambiret; et certum est, quod in pace non tam virtus quam opulentia spectatur, ita ut quo quisque superbior, eo facilius honores adipiscatur. Et forte hac de causa Romani nullo constituto tempore, sed fortuita quadam necessitate coacti dictatorem facere consueverant. At nihilominus rumor dictatoris, ut Ciceronis verba referam, bonis injucundus fuit. Et sane, quandoquidem haec dictatoria potestas regia absolute est, potest non absque magno reipublicae periculo imperium aliquando in monarchicum mutari, tametsi in tempus quantumvis breve id fiat. Adde quod, si ad creandum dictatorem nullum certum tempus designatum sit, ratio tum nulla temporis intercedentis ab uno ad alium, quam maxime servandam esse diximus, haberetur; et quod res etiam vaga admodum esset, ut facile negligeretur. Nisi itaque haec dictatoria potestas aeterna sit et stabilis, quae servata imperii forma in unum deferri nequit, erit ergo ipsa, et consequenter reipublicae salus conservatio, admodum incerta.

와 같이, 독재관이 정해진 때에 임명된다면 더욱 그렇다. 왜냐하면 그럴 때 영광을 추구하는 사람이면 누구나 이 명예로운 직책을 얻고자 최고의 열심을 다해 노력할 것이기 때문이다. 그리고 확실히 평화로운 때에는 덕(德)보다 부(富)가 더 높게 평가되므로 오만한 사람일수록 더 쉽게 명예로운 직책을 차지하게 될 것이다. 어쩌면 이런 이유에서 로마인들은 정해진 때에 독재관을 세우지 않고 어떤 우연적인 필요가 강제할 때에 독재관을 세우곤 했는지도 모른다. 그러나 그렇더라도 누군가가 독재관이 되려고 한다는 소문은,[5] 키케로(Cicero)의 말을 인용하자면, 선한 사람들에게 불쾌한 것이었다. 그리고 사실 이 독재관의 권력은 전적으로 왕의 권력이기 때문에 아무리 짧은 기간이더라도 국가가 한 번씩 군주국가로 변하면 공화국에 큰 해를 끼치게 된다.[6] 덧붙여 만약 독재관을 임명하는 데에 어떤 확실한 때를 지정하지 않는다면, 한 사람의 독재관과 다른 한 사람의 독재관 사이에 있어야 할, 무엇보다도 지켜져야 한다고 우리가 말한 시간의 규칙도 지켜지지 않을 것이다. 또한 모든 일이 전적으로 불확정적이어서 쉽게 소홀히 취급될 수 있다. 이 독재적 권력이 영구적이지도 않고 안정적이지도 않으며 국가의 형태를 유지한 채로 한 사람에게 양도될 수도 없다면, 독재적 권력 자체도 그리고 결과적으로 공화국의 안녕과 보존도 지극히 불확실할 것이다.

---

5 스피노자의 유고집(OP)에는 '홍분'(tumor)으로 되어 있고, 바르투샤트는 이를 따라 번역하고 있지만, 키케로의 텍스트는 "rumor dictatoris injucundus bonis"로 되어 있다 (『동생 퀸투스에게 보낸 편지』 제3권 제8장 제4절 참조). 위넘은 스피노자가 키케로를 잘못 인용했을 수도 있지만, 그보다는 유고의 편집자가 'r'을 't'로 잘못 봤을 가능성이 더 크고, 맥락상 '소문'(rumor)이 더 적합하다고 판단한다.

6 로마의 독재관은 위급한 상황을 다루기 위해 6개월이나 그보다 짧은 임기로 임명되었다. 마키아벨리는 이 제도가 로마에 매우 유익했다고 생각한다(『로마사 논고』 제1권 제34장 참조). 그러나 여기에서 스피노자는 이 제도가 나중에 자유에 대한 위협이 되었다고 지적하는 들라쿠르를 따르고 있다(*Polityke Weegschaal*, 제2권 제6장 제2절, p. 377 참조).

§ 2. At contra dubitare nequaquam possumus (per art. 3 cap. VI), quod si possit servata imperii forma dictatoris gladius perpetuus, et malis tantummodo formidini esse, nunquam eo usque vitia invalescere poterunt, ut tolli aut emendari nequeant. Ut igitur has omnes conditiones obtineamus, syndicorum concilium concilio supremo subordinandum diximus, ut scilicet dictatorius ille gladius perpetuus esset non penes personam aliquam naturalem, sed civilem, cujus membra plura sint, quam ut imperium inter se possint dividere (per art. 1 et 2 cap. VIII) vel in scelere aliquo convenire. Ad quod accedit, quod a reliquis imperii muneribus subeundis prohibeantur, quod militiae stipendia non solvant et quod denique ejus aetatis sint, ut praesentia ac tuta quam nova et periculosa malint. Quare imperio nullum ab iis periculum, et consequenter non bonis sed malis tantummodo formidini esse queunt, et revera erunt. Nam ut ad scelera peragenda debiliores, ita ad malitiam coercendam potentiores sunt. Nam praeterquam quod principiis obstare possunt (quia concilium aeternum est), sunt praeterea numero satis magno, ut sine invidiae timore potentem unum aut alterum accusare et damnare audeant, praesertim quia suffragia calculis feruntur et sententia nomine totius concilii pronunciatur.

§ 3. At Romae plebis tribuni perpetui etiam erant, verum impares,

§2. 그러나 그 반대로 만약 국가의 형태를 유지한 채로 독재관의 칼이 영원할 수 있고 그것이 나쁜 사람들에게만 두려운 것일 수 있다면, 악습이 제거되거나 교정될 수 없을 정도까지 성하게 될 수 없다는 것을 (제6장 제3절에 따라) 우리는 결코 의심할 수 없다. 그러므로 이 모든 조건을 갖추기 위해서는 [먼저] 검찰관들의 회의가 최고회의에 복속되어야 한다고 우리는 말했다. 그러면 물론 독재관의 저 칼은 영구적이지만, 그 칼은 [한 사람의] 어떤 자연적 인격의 수중에 있지 않고 그 구성원이 (제8장 제1절과 제2절에 따라) 국가를 자기들끼리 나누어 가지거나 어떤 나쁜 일을 도모하는 데에서 일치할 수 없을 정도로 많은 정치적 인격[7]의 손에 있을 수 있다. 이에 덧붙여 우리는 검찰관들이 국가의 다른 관직을 맡는 것이 금지되어야 한다는 것, 그들이 군대에 봉급을 지불하지 않아야 한다는 것, 마지막으로 그들이 새롭고 위험한 것보다 기존의 것과 안전한 것을 선호할 나이여야 한다는 것을 말했다. 그러면 이들은 국가에 어떤 위험 요소도 되지 않을 수 있고, 선한 자들이 아니라 악한 자들에게만 두려움의 대상이 될 수 있다. 그리고 정말로 그럴 것이다. 왜냐하면 그들이 스스로 범죄를 감행하는 데에 무력할수록 타인의 범의(犯意)를 억제하는 데에는 더 강력하기 때문이다. (회의체가 영구적이어서) 그들이 범죄의 발단을 막을 수 있다는 것 외에도 그들은 수적으로 충분히 커서, 특히 투표가 조약돌을 이용해 이루어지고 판결이 전체 회의의 이름으로 공표되므로 [개인적으로] 미움을 받을 것에 대한 두려움 없이 이러저러한 실력자를 고소하고 처벌하는 일을 감행할 수 있다.

§3. 로마에 평민 호민관들이 또한 지속적으로 있었지만,[8] 그들의 힘

---

7 마키아벨리도 독재적 권력(dictatoria potestas)이 영구적 회의체에 부여될 수 있다는 사실을 알고 있었다. 그는 『로마사 논고』 제1권 제34장에서 베네치아 공화국의 '10인 위원회'를 언급한다.

8 호민관은 평민들을 귀족들로부터 지키기 위해 임명되었다(니콜로 마키아벨리, 『로

ut Scipionis alicujus potentiam premerent; et praeterea id quod salutare esse judicabant, ad ipsum senatum deferre debebant, a quo etiam saepe eludebantur, efficiendo scilicet, ut plebs ei magis faveret, quem ipsi senatores minus timebant. Ad quod accedit, quod tribunorum contra patricios auctoritas plebis favore defenderetur, et quotiescunque ipsi plebem vocabant seditionem potius movere quam concilium convocare viderentur. Quae sane incommoda in imperio quod in praeced. duob. capp. descripsimus locum non habent.

§ 4. Verumenimvero haec syndicorum auctoritas hoc solummodo praestare poterit, ut imperii forma servetur; atque adeo prohibere, ne leges infringantur et ne cuiquam cum lucro peccare liceat; sed nequaquam efficere poterit, ne vitia, quae lege prohiberi nequeunt, gliscant, ut sunt illa, in quae homines otio abundantes incidunt, et ex quibus imperii ruina non raro sequitur. Homines enim in pace deposito metu paulatim ex ferocibus et barbaris civiles seu humani, et

은 스키피오(Scipio) 한 사람의 힘을 억누르기에도 부족했다.[9] 그 밖에 호민관들은 자신들이 국가에 유익하다고 판단한 조치를 원로회의에 대해 취해야 할 의무를 가졌지만, 원로회의는 예컨대 자기들이 덜 두려워하는 호민관을 평민들로 하여금 더 많이 선호하도록 만들어 또한 호민관들의 조치를 빈번하게 비켜나갔다.[10] 이에 덧붙여 귀족들에게 맞서는 호민관들의 권위는 평민의 호감에 의존했고, 호민관들이 평민을 소집할 때마다 그것은 회의를 소집하는 것이 아니라 소요를 일으키는 것처럼 보였다. 이런 문제들이 앞선 두 장에서 우리가 묘사한 국가에서는 발생하지 않는다.[11]

§4. 분명히 검찰관들의 이 권한은 오로지 국가의 형태를 보존하는 일에서만 뛰어날 수 있을 것이다. 그러므로 그것은 법률을 어기지 못하도록, 그리고 어느 누구도 죄를 짓고도 이익을 얻지 못하도록 막을 수는 있을 것이다. 그러나 여가 시간이 넘치는 사람들이 빠지는 악덕과 국가의 몰락을 드물지 않게 야기하는 악덕이 그렇듯이, 법률로써 막을 수 없는 악덕이 점점 커지지 않도록 만들 수는 없을 것이다. 말하자면 평화 속에서 사람들은 공포에서 벗어나게 되므로 점차 야생적이고 야만적인 상태에서 문명적 또는 인간적인 상태가 되고, 인간적인 상태에서 결국

___

마사 논고』 제1권 제3장 참조). 이 기능을 호민관은 스피노자의 검찰관과 공유하지만(『정치론』 제8장 제28절과 제41절 참조), 스피노자에게 호민관은 적합한 모델로 여겨질 수 없다. 이 점을 분명히 하는 것이 필요하다. 왜냐하면 마키아벨리는 호민관 제도를 로마 공화국을 그 초기의 원칙으로 되돌린 것들 가운데 하나로 언급했기 때문이다(『로마사 논고』 제3권 제1장 참조).

9   여기에서 스피노자는 들라쿠르를 따르고 있다(*Polityke Weegschaal*, vol. 2, 제6장 제2절, p. 377 참조). 스키피오 아프리카누스는 기원전 189년과 기원전 185년에 일어난 호민관들의 공격에 맞서 형과 자신을 성공적으로 방어했다.

10   니콜로 마키아벨리, 『로마사 논고』 제3권 제11장 참조.

11   로마의 호민관은 민회에 의해 소집되고 임명되었다. 당연히 스피노자의 귀족국가에는 그런 회의가 있을 수 없다(『정치론』 제8장 제4~5절 참조).

ex humanis molles et inertes fiunt, nec alius alium virtute, sed fastu et luxu excellere studet; unde patrios mores fastidire, alienos induere, hoc est, servire incipiunt.

§ 5. Ad haec mala vitandum multi conati sunt leges sumptuarias condere, sed frustra. Nam omnia jura, quae absque ulla alterius injuria violari possunt, ludibrio habentur, et tantum abest, ut hominum cupiditates et libidinem frenent, quin contra easdem intendant: nam nitimur in vetitum semper cupimusque negata. Nec unquam hominibus otiosis ingenium deest ad eludenda jura, quae instituuntur de rebus, quae absolute prohiberi nequeunt, ut sunt convivia, ludi, ornatus et alia hujusmodi, quorum tantummodo excessus malus, et ex uniuscujusque fortuna aestimandus est, ita ut lege nulla universali determinari queat.

§ 6. Concludo itaque communia illa pacis vitia, de quibus hic loquimur, nunquam directe, sed indirecte prohibenda esse, talia scilicet imperii fundamenta jaciendo, quibus fiat, ut plerique, non quidem sapienter vivere studeant (nam hoc impossibile est), sed ut

연약하고 게으른 상태가 된다. 그래서 한 사람이 다른 한 사람을 덕으로써 능가하려고 노력하지 않고 오만과 사치로써 능가하려고 노력하게 된다. 그러므로 사람들은 조상들의 관습을 경멸하고 외국인들의 관습을 받아들이기 시작한다. 즉 예속되기 시작한다.[12]

§5. 이 나쁜 일들을 피하기 위해 많은 사람들이 낭비와 관련된 법률을 제정하려고 노력했지만 헛수고였다.[13] 왜냐하면 다른 사람에게 어떤 피해도 끼치지 않고 위반할 수 있는 법은 조롱감이 되며, 그러므로 인간의 욕구와 욕망을 제어하는 데에 별 도움이 안 되고 오히려 그것들을 증대하기 때문이다. 우리는 언제나 금지된 것을 얻으려고 노력하며 거부당한 것들을 욕구한다.[14] 한가한 사람들에게는 연회, 경기, 장식, 그 밖의 비슷한 것들처럼 완전히 금지될 수 없는 것들에 대해 제정되는 법을 무시하기 위한 재능이 결코 부족하지 않다. 그것들을 과도하게 추구하는 것만이 나쁘며, 그 과도함 여부는 각 사람의 재산에 근거해 평가해야 하므로 일반적 법률로써 결정할 수 없다.

§6. 그러므로 나의 결론은 여기에서 우리가 말하는 일반적으로 평화로운 때에 등장하는 저 악덕들이 결코 직접적으로 금지될 수 없고 그저 간접적으로만, 즉 국가에 올바른 기초를 놓음으로써만 금지될 수 있다는 것이다. 그런 기초를 통해 대부분의 사람들이, 물론 그 대부분의 사람들이 더 현명하게 살려고 노력하지는 않겠지만(그것은 불가능하기 때문

---

12 마키아벨리는 『로마사 논고』 제1권 제6장에서 평화가 가진, 힘을 빼앗는 효과를 인지하고 있다. 또한 프랜시스 베이컨, 『수필집』 29번 참조. 여기에서 스피노자가 지적하는 것은 헤이그에 프랑스 궁정 문화가 퍼지면서 네덜란드 고유의 관습이 약해진 일이다. 스피노자의 보수적이고 소박한 문화관이 드러나는 구절이라고 할 수 있다.

13 『신학정치론』 제20장 제10절 참조. 당시 암스테르담에서는 사치에 대한 규제를 고안했다(Sir William Temple, *Observations*, 제6장, p. 150 참조).

14 오비디우스, 『아모레스』 제3권 제4장 제17절 참조.

iis ducantur affectibus, ex quibus reipublicae major sit utilitas. Atque adeo huic rei maxime studendum, ut divites, si non parci, avari tamen sint. Nam non dubium est, quin, si hic avaritiae affectus, qui universalis est et constans, gloriae cupidine foveatur, plerique rei suae sine ignominia augendae summum ponant studium, quo honores adipiscantur et summum dedecus vitent.

§ 7. Si itaque ad fundamenta utriusque imperii aristocratici, quae praeced. duobus capp. explicui, attendamus, hoc ipsum ex iisdem sequi videbimus. Numerus enim regentium in utroque adeo magnus est, ut divitum maximae parti aditus ad regimen pateat et ad imperii honores adipiscendos. Quod si praeterea (uti diximus art. 47 cap. VIII) statuatur, ut patricii, qui plus debent, quam sunt solvendo, ordine patricio deturbentur, et qui bona sua infortunio perdiderunt, ut in integrum restituantur, non dubium est, quin omnes, quantum poterunt, conabuntur bona sua conservare. Peregrinos praeterea habitus nunquam concupiscent nec patrios fastident, si lege constituatur, ut patricii, et qui honores ambiunt, singulari veste dignoscantur: de quo vide art. 25 et 47 cap. VIII. Et praeter haec alia in quocunque imperio cum natura loci et gentis ingenio consentanea excogitari possunt, et in eo apprime vigilari, ut subditi magis sponte, quam lege coacti suum officium faciant.

이다), 공화국에 더 큰 유익이 되는 정서들에 의해 이끌리게 될 것이다. 그러므로 부자들이 검소할 수는 없더라도 탐욕스러울 수는 있다는 사실에 최대한 관심을 기울여야 한다. 왜냐하면 보편적이고 지속적인 이 탐욕의 정서가[15] 명예에 대한 욕망과 결합된다면, 의심할 바 없이 대부분의 사람들이 부끄러운 일을 행하지 않으면서 자기 재산의 증식을 위해 온갖 노력을 다해 이로써 명예로운 관직에 도달하고 큰 수치도 피할 것이기 때문이다.

§7. 그러므로 우리가 앞의 두 장에서 내가 설명한 두 유형의 귀족국가의 기초에 주목한다면, 바로 이 결론이 그와 동일한 기초에서 도출되는 것을 보게 될 것이다. 두 유형의 국가에서 모두 다스리는 자의 수는 정부로의 접근과 사람들이 얻고자 하는 명예로운 국가 공직으로의 접근이 부유한 자들의 대부분에게 열려 있을 만큼 많다. 그리고 만약 (제8장 제47절에서 우리가 말한 것처럼) 변제할 수 있는 것보다 더 많이 빚을 진 귀족에게서 그 지위를 박탈한다면, 그리고 불운에 의해 재산을 잃은 귀족만을 온전히 회복시킨다면, 의심할 바 없이 모든 사람들이 할 수 있는 한 자기 재산을 지키기 위해 노력할 것이다. 또한 만약 귀족들과 명예로운 관직을 얻기 위해 애쓰는 사람들이 고유의 복장을 통해 구별되도록 법률로써 규정한다면(이에 대해서는 제8장 제25절과 제47절을 보라), 그들이 외국인들의 관습을 결코 갈망하지 않을 것이고 조상들의 관습을 배척하지도 않을 것이다. 그리고 이외의 다른 것들이 각각의 국가에서 현지의 자연과 종족의 천성에 맞게 고안될 수 있다. 그러나 이때 특히 주의해야 할 것은 신민들이 법률에 의해 강제되기보다 자발적으로 자기 의무를 이행하도록 하는 것이다.[16]

---

15 '탐욕'(avaritia)은 '부(富)에 대한 무절제한 욕망'(immoderata divitiarum cupiditas) 이다(『윤리학』 제3부 정서의 정의 47).

§ 8. Nam imperium, quod nihil aliud prospicit, quam ut homines metu ducantur, magis sine vitiis erit quam cum virtute. Sed homines ita ducendi sunt, ut non duci, sed ex suo ingenio et libero suo decreto vivere sibi videantur; atque adeo ut solo libertatis amore et rei augendae studio speque imperii honores adipiscendi retineantur. Caeterum imagines, triumphi, et alia virtutis incitamenta magis servitutis quam libertatis sunt signa. Servis enim, non liberis virtutis praemia decernuntur. Fateor quidem homines his stimulis maxime incitari; sed ut haec in initio viris magnis, ita postea crescente invidia ignavis et opum magnitudine tumidis decernuntur, magna omnium bonorum indignatione. Deinde qui parentum triumphos et imagines ostentant, injuriam sibi fieri credunt, ni reliquis praeferantur. Denique, ut alia taceam, hoc certum est, quod aequalitas, qua semel exuta communis libertas necessario perit, conservari nullo modo possit, simulatque alicui viro virtute claro singulares honores jure

§8. 왜냐하면 사람을 공포를 이용해 이끄는 것 외에 다른 어떤 수단도 마련하지 않는 국가는 덕이 있는 것이 아니라 그저 악덕이 없는 것이기 때문이다. 사람은 자기가 다른 누군가에 의해 인도되는 것이 아니라 자기의 천성과 자유로운 결정에 따라 산다고 스스로 여기도록 인도되어야 한다.[17] 그러므로 사람은 오직 자유에 대한 사랑과 재산의 증식을 향한 열심, 그리고 국가의 명예로운 관직을 얻을 희망에 의해서만 억제되도록 인도되어야 한다. 그 밖에 형상들과 개선 행진, 그리고 덕을 고취하기 위해 만드는 다른 것들은[18] 자유의 징표가 아니라 오히려 예속의 징표이다. 왜냐하면 덕에 대한 보상은 자유인에게 주어지지 않고 노예에게만 주어지기 때문이다. 물론 사람들이 이런 것들에 자극을 받아 상당히 많이 고무된다는 사실을 나는 인정한다. 그러나 이런 보상이 처음에는 위대한 사람들에게 주어지지만, 나중에는 질투심이 커져서 한 일도 없이 그저 재산만 많아서 교만한 사람들에게도 주어지고, 이것이 모든 선한 사람들의 분노를 유발하게 된다. 다음으로 조상의 승전과 형상을 전시하는 사람들은 그들이 다른 사람보다 앞세워지지 않으면 부당한 일이 자신에게 가해졌다고 믿는다. 마지막으로 다른 것은 몰라도 이것만은 분명하다. 평등이 한번 쇠퇴하면[19] 공동의 자유도 필연적으로 함께 사라진다. 덕이 뛰어난 어떤 사람에게 공적인 법으로 특별한 명예를

---

16 『신학정치론』 제5장 제9절; 『정치론』 제5장 제4~6절 참조.

17 공포를 이용하는 것이 인간의 수동성을 함축한다면, 공포를 제거하는 것은 인간의 능동성을 함축한다. 공포의 제거는 여기에서 외양(外樣)이라는 수단의 도움을 받는다. 영리한 정치인은 이 수단을 이용하는 데에 익숙하다. 이 수단은 인간들로 하여금 자기 스스로 결정하여 행동한다고 믿게 하므로 피상적인 형상들보다 훨씬 더 효과적이다. 스피노자의 정치적 반(反)플라톤주의는 이 점에서 플라톤이 맞서 싸운 소피스트적 요소들을 포함하고 있다.

18 마키아벨리는 이런 수단들을 인정하는 것처럼 보인다(『로마사 논고』 제3권 제28장 참조). 프랜시스 베이컨은 확실히 그렇다(『수필집』 29번 참조).

19 타키투스, 『연대기』 제3권 제26절 참조("postquam exui aequalitas": 들라쿠르는 *Polityke Weegschaal*, vol. 3, 제1장 제3절, p. 437에서 이 구절을 인용하고 있다).

publico decernuntur.

§ 9. His positis, videamus jam, an hujusmodi imperia culpabili aliqua causa possint destrui. Verum si quod imperium aeternum esse potest, illud necessario erit, cujus semel recte instituta jura inviolata manent. Anima enim imperii jura sunt. His igitur servatis servatur necessario imperium. At jura invicta esse nequeunt, nisi et ratione et communi hominum affectu defendantur; alias, si scilicet solo rationis auxilio nituntur, invalidae sane sunt facileque vincuntur. Cum itaque utriusque imperii aristocratici jura fundamentalia cum ratione et communi hominum affectu convenire ostenderimus, possumus ergo affirmare, si quae ulla imperia, haec necessario aeterna fore, vel nulla culpabili causa, sed fato tantummodo aliquo inevitabili posse destrui.

수여하는 순간, 평등은 어떤 방법으로도 보존할 수 없게 된다.[20]

§9. 이것을 전제하고서 이제 이 유형의 국가들이 어떤 비난받을 만한 원인에 의해 파괴될 수 있는지를 살펴보자. 그런데 만약 영원한 국가가 있을 수 있다면, 그것은 필연적으로 한번 올바르게 제정된 법이 침해되지 않고 유지되는 국가일 것이다. 왜냐하면 국가의 영혼은 법이기 때문이다.[21] 그러므로 법이 보존되면 필연적으로 국가도 보존된다. 그러나 법은 이성에 의해서도, 그리고 인간의 공통의 정서에 의해서도 지지되지 않으면 무적일 수 없다. 그렇지 않으면, 즉 법이 오직 이성의 도움에만 의지하면 그 법은 실로 무력하고 쉽게 정복된다.[22] 두 종류의 귀족국가의 근본적인 법이 이성과 인간 공통의 정서 모두에 부합한다는 것을 우리가 보였으므로, 만약 어떤 국가가 저런 국가라면 이 국가는 필연적으로 영원하고 그 어떤 비난받을 만한 원인에 의해서도 파괴될 수 없으며 오직 피할 수 없는 운명에 의해서만 파괴될 수 있다고 확실히 우리는 주장할 수 있다.[23]

---

20 여기에서 공동의 자유의 조건으로 등장하는 평등은 국가가 만드는 것이 아니다. 흔히 국가가 하는 일은 보상을 통해 오히려 불평등을 조장한다.

21 아리스토텔레스, 『정치학』 1295a 40 참조.

22 『정치론』 제7장 제2절, 제8장 제19절 참조.

23 여기에서 '피할 수 없는 운명'이 무엇을 의미하는지는 불분명하다. 어쨌거나 그것은 국가의 내적 기초와 대비되는 외적인 사건이다. 자연적 재앙일 수도 있고 어쩌면 막강한 다른 나라에 의한 정복일 수도 있다. 그러나 묘사된 것과 같은 귀족국가가 내부의 원인에 의해 붕괴될 수 없다고 확실하게 주장하는 것은 지나쳐 보인다. 늦어도 민주국가를 다루는 제11장 제2절에서 분명하게 드러나듯이, 당연히 귀족들도 인간 공통의 정서에 예속되어 있으므로, 그런 귀족들의 정서를 본문에서 묘사된 것과 같은 정치적 장치 속에 안정적으로 통합시킬 수 있다는 생각은 어디까지나 이론적 구성일 뿐이다. 이론적 구성은 개인들이 실제로 자신들을 인도하게끔 하는 자기 이해에 충분히 관여하지 못한다.

§ 10. At objici nobis adhucpotest, quod, quamvis imperii jura in praeced. ostensa ratione et communi hominum affectu defendantur, possint nihilominus aliquando vinci. Nam nullus affectus est, qui aliquando a fortiori et contrario affectu non vincatur. Timorem namque mortis a cupidine rei alienae saepe vinci videmus. Qui hostem metu territi fugiunt, nullo alterius rei metu detineri possunt, sed sese in flumina praecipitant, vel in ignem ruunt, ut hostium ferrum fugiant. Quantumvis igitur civitas recte ordinata et jura optime instituta sint, in maximis tamen imperii angustiis, quando omnes, ut fit, terrore quodam panico capiuntur, tum omnes id solum, quod praesens metus suadet, nulla futuri neque legum habita ratione, probant; omnium ora in virum victoriis clarum vertuntur, eundemque legibus solvunt, atque ipsi imperium (pessimo exemplo) continuant, totamque rempublicam ipsius fidei committunt, quae res sane Romani imperii exitii fuit causa. Sed ut huic objectioni respondeam, dico primo, quod in recte constituta republica similis terror non oritur nisi ex justa causa; atque adeo is terror, et confusio ex eo orta, nulli causae, quae prudentia humana vitari poterat, adscribi potest. Deinde notandum, quod in republica, qualem in praeced. descripsimus, fieri non potest (per art. 9 et 25 cap. VIII), ut unus aut alter virtutis fama ita excellat, ut omnium ora in se vertat.

§10. 앞에서 제시한 국가의 법이 이성과 인간 공통의 정서에 의해 동시에 지지되더라도 언젠가는 무너질 수 있다는 반론이 그래도 여전히 우리에게 제기될 수 있다. 왜냐하면 언젠가 더 강한 정서에 의해, 그리고 반대되는 정서에 의해 굽혀지지 않는 정서는 없기 때문이다. 예컨대 죽음에 대한 두려움이 다른 사람의 재산에 대한 욕망에 의해 종종 굽혀지는 것을 우리는 본다. 또한 적에 대한 공포에 사로잡혀서 달아나는 사람은 다른 어떤 것에 대한 공포에 의해서도 제지될 수 없어서 적의 검을 피하기 위해 스스로 물에 뛰어들고 불로 내달린다. 그러므로 아무리 정치공동체가 올바르게 조직되어 있고 법이 최선으로 제정되어 있을지라도 국가의 커다란 곤경 속에서 모든 사람이 흔히 그렇듯이 어떤 돌연한 공포에 사로잡힐 때,[24] 모든 사람은 미래도 법률도 생각하지 않고 오직 눈앞의 공포가 권하는 것만을 받아들인다. 이때 모든 사람의 얼굴이 승리로 빛나는 한 사람을 향하고 그를 법률의 구속에서 풀어준다.[25] 그리고 그에게 (이것이 최악의 경우인데) 명령권을 부여하고[26] 공화국 전체를 그의 신의에 맡긴다. 이것이 바로 로마 제국이 몰락한 원인이었다. 그러나 이 반론에 나는 다음과 같이 답하겠다. 첫째로, 올바르게 세워진 공화국에서는 그와 같은 갑작스러운 공포가 충분한 이유 없이는 생겨나지 않는다. 그러므로 이 갑작스러운 공포와 그것에서 비롯하는 혼란은 인간이 예견해서 피할 수 있는 원인에 결코 해당하지 않는다. 다음으로 주목해야 할 것은, 앞에서 우리가 묘사한 공화국에서는 (제8장 제9절과 제25절에 따라) 어떤 한 사람이나 다른 한 사람의 덕에 관한 명성이 모든 사람의 얼굴이 그를 향할 정도로 높아지는 일이 일어날 수 없다는 것

---

24 더빗 형제에 대한 살해와 그 뒤에 이어진 공포를 의미한다.

25 1672년의 사태 뒤에 빌럼 3세는 총독직을 영구적으로 폐지하기로 결의한 1667년의 영구 칙령(Perpetual Edict)에도 불구하고 총독으로 임명되었다.

26 마키아벨리는 군사적 명령권의 연장이 로마가 자기의 자유를 잃어버린 원인이 되었다고 주장한다(『로마사 논고』 제3권 제24장 참조).

Sed necesse est, ut plures habeat aemulos, quibus plures alii faveant. Quamvis itaque ex terrore confusio aliqua in republica oriatur, leges tamen fraudare atque aliquem contra jus ad imperium militare renunciare nemo poterit, quin statim contentio alios petentium oriatur; quae ut dirimatur, necesse tandem erit ad semel statuta et ab omnibus probata jura recurrere atque res imperii secundum leges latas ordinare. Possum igitur absolute affirmare, cum imperium, quod una sola urbs, tum praecipue illud, quod plures urbes tenent, aeternum esse, sive nulla interna causa posse dissolvi aut in aliam formam mutari.

이다. 오히려 다른 많은 사람들이 그보다 더 선호하는 다수의 경쟁자가 그에게 있는 것이 필연적이다. 그러므로 갑작스러운 공포로 인해 그 어떤 혼란이 공화국에 발생하더라도 어느 누구도 법률을 기만하면서 누군가를 법에 반해 군대의 사령관으로 임명할 수 없을 것이다. 행여 그렇게 하면 즉시 다른 사람을 사령관으로 요구하는 사람들과의 대결이 벌어지게 될 것이다. 이 대결을 중단하려면 한번 제정되어 모든 사람에 의해 승인된 법에 호소하고 국가의 일을 유효한 법률에 따라 다스리는 것이 결국 필요할 것이다. 그러므로 우리는 단 하나의 도시가 주권을 보유하는 국가가, 그러나 특히 복수의 도시가 주권을 보유하는 국가가 영원하다고, 즉 어떤 내적인 원인에 의해서도 해체되거나 다른 형태로 바뀔 수 없다고 전적으로 확실히 주장할 수 있다.

CAPUT XI

§ 1. Transeo tandem ad tertium et omnino absolutum imperium, quod democraticum appellamus. Hujus ab aristocratico differentiam in hoc potissimum consistere diximus, quod in eo a sola supremi concilii voluntate et libera electione pendeat, ut hic aut ille patricius creetur, ita ut nemo jus suffragii et munera imperii subeundi haereditarium habeat, nemoque id jus sibi poscere jure possit, ut in hoc, de quo jam agimus, imperio fit. Nam omnes, qui ex parentibus civibus, vel qui in patrio illo solo nati, vel qui de republica bene meriti sunt, vel ob alias causas ob quas lex alicui jus civis dare jubet, ii, inquam, omnes jus suffragii in supremo concilio muneraque imperii subeunda jure sibi poscunt; nec denegare iis licet nisi ob crimen aut infamiam.

제11장
민주국가

§1. 마지막으로 나는 우리가 민주국가라고 부르는 세 번째 유형의 완전히 절대적인 국가로 넘어간다.[1] 이미 말했듯이, 이 국가가 귀족국가와 다른 점은 다른 무엇보다도 바로 여기에 있다.[2] 즉 귀족국가에서는 이 사람이나 저 사람이 귀족으로 선출되어야 하는지 여부가 오직 최고회의의 의지와 자유로운 선출에만 의존한다. 그러므로 어느 누구도 투표할 권리와 국가의 관직을 맡을 권리를 상속적 권리로서 가지지 않는다. 그리고 어느 누구도 그 권리가 법을 통해 자기에게 있다고 주장할 수 없다. 그러나 지금 우리가 다루는 이 국가에서는 그럴 수 있다. 왜냐하면 시민인 부모에게서 태어났거나 조국 땅에서 태어난 사람, 또는 공화국에 큰 공을 세운 사람, 또는 다른 이유에서 법이 그 사람에게 시민의 권리를 주라고 명령한 사람은 모두 최고회의에서 투표할 권리와 국가의 관직을 맡을 권리를 정당하게 요구하고 범죄나 불명예 때문이 아니면 이들의 권리를 부정하는 것이 허용되지 않기 때문이다.

---

1 『정치론』 제8장 제3절 참조.
2 『정치론』 제8장 제1절 참조.

§ 2. Si igitur jure institutum sit, ut seniores tantummodo, qui ad certum aetatis annum pervenerunt, vel ut soli primogeniti simulatque per aetatem licet, vel qui certam pecuniae summam reipublicae contribuunt, jus suffragii in supremo concilio et imperii negotia tractandi habeant, quamvis hac ratione fieri posset, ut supremum concilium ex paucioribus civibus componeretur quam illud imperii aristocratici, de quo supra egimus, erunt nihilominus hujusmodi imperia democratica appellanda, quoniam eorum cives, qui ad regendam rempublicam destinantur, non a supremo concilio, ut optimi, eliguntur, sed lege ad id destinantur. Et quamvis hac ratione hujusmodi imperia, ubi scilicet non qui optimi, sed qui forte fortuna divites vel qui primi nati sunt ad regimen destinantur, imperio aristocratico cedere videantur, tamen, si praxin seu communem hominum conditionem spectemus, res eodem redibit. Nam patriciis ii semper optimi videbuntur, qui divites, vel ipsis sanguine proximi, vel amicitia conjuncti sunt. Et sane, si cum patriciis ita comparatum esset, ut liberi ab omni affectu et solo studio publicae salutis ducti collegas patricios eligerent, nullum esset imperium cum aristocratico comparandum. Sed rem contra omnino sese habere satis superque ipsa experientia docuit, praesertim in oligarchiis, ubi patriciorum voluntas ob defectum aemulantium maxime lege soluta est. Ibi enim studio optimos a concilio arcent patricii, et eos sibi socios in concilio

§2. 그러므로 만약 일정한 나이에 이른 어른들만, 또는 그 나이에 이른 오직 첫째로 태어난 사람만, 또는 일정한 액수의 돈을 공화국에 기부하는 사람만 최고회의에서 투표할 권리와 국가의 업무를 맡을 권리를 가지도록 법으로 정해져 있다면, 설령 이 최고회의가 앞에서 우리가 다룬 귀족국가의 최고회의보다 더 적은 수의 시민으로 구성되는 일이 일어날 수 있더라도 이런 종류의 국가는 민주국가라고 불려야 할 것이다.[3] 왜냐하면 공화국을 다스리도록 결정되는 이 국가의 시민들은 최선자들이 선발되듯이 최고회의에 의해 선발되는 것이 아니라 법률에 따라 그렇게 하도록 결정되기 때문이다.[4] 그리고 그런 이유에서 이 유형의 국가들이, 당연히 이곳에서는 최선자가 아니라 행운에 의해 우연히 부유하거나 첫째로 태어난 사람이 통치하도록 정해지므로, 귀족국가에 뒤지는 것처럼 보일지 몰라도, 만약 우리가 실제 또는 인간 공통의 조건을 고찰한다면 결국 같은 결과에 이르게 된다는 것을 알게 될 것이다. 왜냐하면 귀족들에게는 부유한 사람이나 혈연적으로 그들과 가까운 사람, 또는 우정으로 연결된 사람이 언제나 최선자처럼 보일 것이기 때문이다. 그리고 정말로 귀족들이 온갖 정서의 구속에서 자유롭고 오로지 공적인 안녕에 대한 열심에 의해서만 인도되면서 동료 귀족을 선발하도록 귀족국가가 구성되어 있다면, 어떤 국가도 귀족국가와 비교될 수 없을 것이다. 그러나 사실은 완전히 정반대라는 것을 충분한 정도 이상으로 경험이 가르쳐주었다. 특히 과두정체에서 귀족들의 의지는 경쟁하는 사람이 부족한 탓에 법률의 구속에서 가장 많이 풀려나 있다. 말하자면 그곳에서는 귀족들이 열심을 다해 최선자들을 회의로부터 떼어놓고

---

3 『정치론』 제8장 제12절과 제14절 참조.
4 이것은 최고회의의 의지에 앞서는 법률이다. 그것이 (첫째로 태어날 것, 일정한 나이 이상일 것, 일정 금액을 기부할 것 등을 요구한다는 점에서) 그 자체로는 자의적일지라도 일단 그런 법률이 제정되고 난 후에는 정치적 기구의 동의 여부에 의존하지 않고 그 조건을 갖춘 사람에게 자동적으로 권리를 부여한다. 이것이 민주정의 핵심이다.

quaerunt, qui ab eorum ore pendent, ita ut in simili imperio multo infelicius res ejus sese habeant, propterea quod patriciorum electio ab absoluta quorundam libera sive omni lege soluta voluntate pendeat. Sed ad inceptum redeo.

§ 3. Ex dictis in praeced. art. patet, nos posse imperii democratici diversa genera concipere. Sed meum institutum non est de unoquoque, sed de eo solummodo agere, in quo omnes absolute, qui solis legibus patriis tenentur, et praeterea sui juris sunt, honesteque vivunt, jus suffragii in supremo concilio habent muneraque imperii subeundi. Dico expresse, *qui solis legibus patriis tenentur,* ut peregrinos secludam, qui sub alterius imperio esse censentur. Addidi praeterea, quod *praeterquam quod legibus imperii teneantur, in reliquis sui juris sint,* ut mulieres et servos secluderem, qui in potestate virorum et dominorum, ac etiam liberos et pupillos, quamdiu sub potestate parentum et tutorum sunt. Dixi denique, *honesteque vivunt,* ut ii apprime secluderentur, qui ob crimen aut aliquod turpe vitae genus infames sunt.

§ 4. Sed forsan rogabit aliquis, num foeminae ex natura an ex instituto sub potestate virorum sint. Nam si ex solo insituto id factum

자신들의 입에 의존하는 사람들을 최고회의의 자기 동료로 찾는다. 그리하여 그런 국가에서는 귀족의 선출이 몇몇 사람의 절대적으로 자유로운 의지 또는 모든 법률의 구속에서 풀려난 의지에 달려 있기 때문에 상황이 훨씬 더 나쁘다. 그러나 처음의 주제로 다시 돌아가자.

§3. 앞 절에서 말한 것에서 우리들이 민주국가의 여러 종류를 생각해 볼 수 있음을 분명히 알 수 있다.[5] 그러나 나의 목적은 민주국가의 여러 종류를 다루는 것이 아니라 그저 조국의 법률에 의해서만 구속되는 사람, 자기 권리 아래 있는 사람, 정직하게 사는 사람, 이 모든 사람이 절대적으로 최고회의에서 투표할 권리와 국가의 관직을 맡을 권리를 가지는 국가를 다루는 것이다. 다른 지배 아래 있다고 여겨지는 외국인들을 배제하기 위해 나는 '조국의 법률에 의해서만 구속되는 사람'이라고 분명히 말한다. 그 밖에 나는 남편과 주인의 권력 아래 있는 여자와 노예를 배제하기 위해, 그리고 자식과 부모 없는 미성년자들을 그들이 부모와 후견인의 권력 아래 있는 동안 배제하기 위해 '조국의 법률에 의해서만 구속되는 사람' 외에 또한 '자기 권리 아래 있는 사람'을 추가했다. 마지막으로 나는 범죄나 그 어떤 추잡한 삶의 방식 탓에 평판이 나쁜 사람이 특히 배제되도록 '정직하게 사는 사람'이라고 말했다.

§4. 그런데 여자들이 남자들의 권력 아래 있는 것이 자연에 의한 것인지 제도에 의한 것인지를 어쩌면 누군가가 물을지도 모르겠다.[6] 왜냐하

---

5 스피노자는 민주국가의 최선의 형태를 고찰하려고 한다. 그러므로 여기에서 정치적 성년 여부를 결정하는 법률에는 오직 합리적으로 입증될 수 있는 제약만이 포함되어야 한다. 그러나 여성의 배제가 과연 그런 것인지는 오늘날의 시점에서 볼 때 매우 의문스럽다.

6 Lipsius, *Monita et Exempla Politica*, vol. 2, 제2장; Johan de la Court, *Polityke Weegschaal*, vol. 1, 제1장 제16절 참조. 들라쿠르는 이것을 타키투스, 『연대기』 제3권 제33절에서 인용하고 있다.

est, nulla ergo ratio nos coegit foeminas a regimine secludere. Sed si ipsam experientiam consulamus, id ex earum imbecillitate oriri videbimus. Nam nullibi factum est, ut viri et foeminae simul regnarent, sed ubicunque terrarum viri et foeminae reperiuntur, ibi viros regnare et foeminas regi videmus, et hac ratione utrumque sexum concorditer vivere. Sed contra Amazonae, quas olim regnasse fama proditum est, viros in patrio solo morari non patiebantur, sed foeminas tantummodo alebant, mares autem, quos pepererant, necabant. Quod si ex natura foeminae viris aequales essent, et animi fortitudine et ingenio, in quo maxime humana potentia et consequenter jus consistit, aeque pollerent, sane inter tot tamque diversas nationes quaedam reperirentur, ubi uterque sexus pariter regeret, et aliae, ubi a foeminis viri regerentur atque ita educarentur, ut ingenio minus possent. Quod cum nullibi factum sit, affirmare omnino licet, foeminas ex natura non aequale cum viris habere jus, sed eas viris necessario cedere, atque adeo fieri non posse, ut uterque sexus pariter regat, et multo minus ut viri a foeminis regantur. Quod si praeterea humanos affectus consideremus, quod scilicet viri plerumque ex solo libidinis affectu foeminas ament, et earum ingenium et sapientiam tanti aestiment, quantum ipsae pulchritudine

면 오직 제도에 의해 이런 질서가 만들어졌다면 우리로 하여금 여자들을 정부에서 배제하도록 강제할 어떤 합리적 근거도 없을 것이기 때문이다. 그러나 실제 경험을 참고한다면 우리는 그런 질서가 여자들의 연약함에서 비롯한다는 것을 알게 될 것이다.[7] 왜냐하면 어느 곳에서도 남자들과 여자들이 동시에 다스리는 일은 일어나지 않았기 때문이다. 그러나 남자와 여자가 발견되는 곳이면 어느 곳에서나 남자가 다스리고 여자가 다스림을 받는 것을, 그리고 이런 원칙에 따라 양성이 조화롭게 사는 것을 우리는 본다. 아마조나의 여자들은 그 반대로 한때 남자들을 다스렸다고 전설처럼 전해져왔지만, 그들은 남자들이 조국 땅에 머무르는 것을 허용하지 않았고 오직 여자들만 키웠으며 사내아이들은 낳은 후에 죽였다고 한다. 만약 본성에 따라 여자들이 남자들과 동등하다면, 그리고 영혼의 힘과 성향 면에서 남녀가 동등하다면, 바로 거기에 인간의 힘, 그러므로 또한 인간의 권리가 달려 있으므로 정말로 이토록 많고 다양한 민족들 사이에 양성이 함께 다스리는 곳이 몇몇은 발견될 것이다. 그리고 남자들이 여자들에 의해 다스림을 받고 재능을 더 발휘하지 못하도록 길러지는 곳도 발견될 것이다. 그러나 어느 곳에서도 그런 일은 일어나지 않았으므로 여자들은 자연에 의해 남자들과 동등한 권리를 가지지 않고 남자들에게 필연적으로 귀속되며, 그러므로 양성이 함께 다스리는 일은 일어날 수 없고 남자가 여자의 다스림을 받는 일은 훨씬 더 일어날 수 없다고 주장하는 것이 전적으로 허용된다. 그 밖에 만약 우리가 인간적인 정서들을 고려한다면, 즉 남자들이 대부분 오직 욕망이라는 정서를 따라 여자들을 사랑한다는 것과 여자들의 재능과 지혜를 바로 그 여자들이 아름다움 면에서 뛰어난 만큼만 제대로 평

---

7 스피노자는 다른 많은 곳에서처럼 여기에서도 틀라쿠르를 따른다. 틀라쿠르도 마찬가지로 민주정에 대한 설명을 시작하자마자 여성의 지위를 언급한다(*Polityke Weegschaal*, vol. 3, 제1장 제1절, pp. 433ff. 참조).

pollent, et praeterea quod viri aegerrime ferant, ut foeminae, quas amant, aliis aliquo modo faveant, et id genus alia, levi negotio videbimus, non posse absque magno pacis detrimento fieri, ut viri et foeminae pariter regant. Sed de his satis.

Reliqua desiderantur.

가한다는 것, 그 밖에도 남자들이 자신이 사랑하는 여자가 다른 남자에게 그 어떤 방식으로든지 호의를 베푸는 것을 매우 고통스러워서 견디지 못한다는 것, 그리고 이런 비슷한 다른 것들을 고려한다면, 평화를 크게 해치지 않고서는 남자와 여자가 함께 다스리는 일이 이루어질 수 없다는 것을 큰 수고 없이도 알 수 있을 것이다. 이에 대해서는 이것으로 충분하다.

　　[남아 있는 원고는 아쉽게도 여기에서 끝난다.]

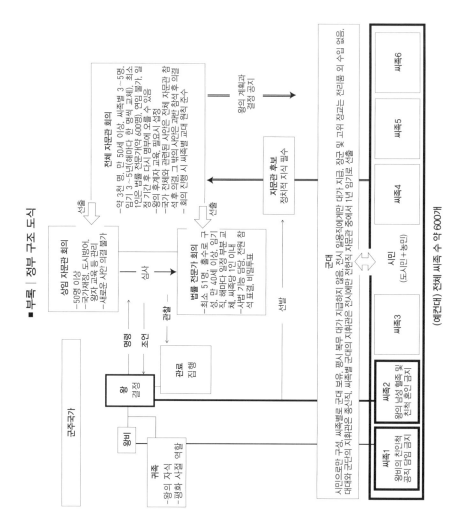

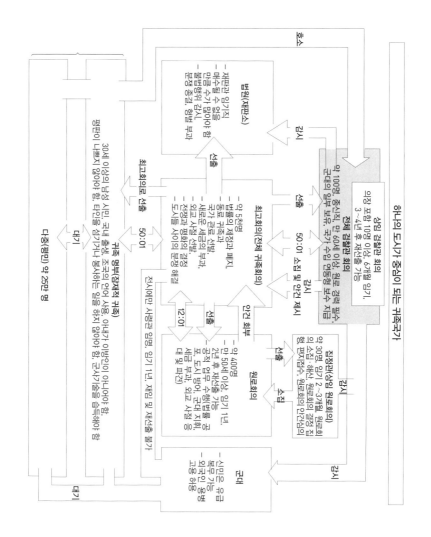

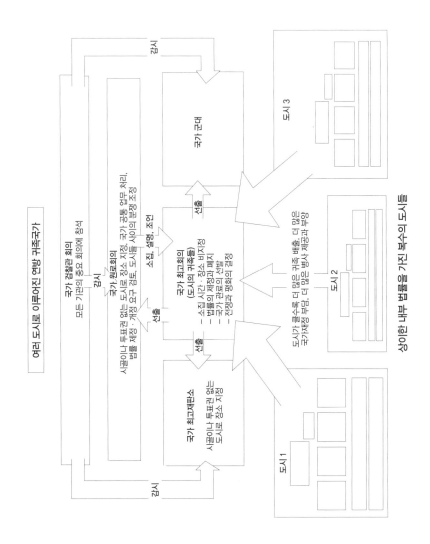

여러 도시로 이루어진 연방 귀족국가

상이한 내부 법률을 가진 복수의 도시들

376

■ 베네딕투스 데 스피노자 연보

1632년	11월 24일, 암스테르담에서 미카엘 데스피노자(Michael d'Espinoza)와 한나 데보라(Hanna Deborah) 사이에서 태어남.
1633년	갈릴레오 갈릴레이에 대한 종교재판이 열림.
1637년	르네 데카르트가 『방법서설』을 출간함.
1638년	어머니 한나 데보라가 세상을 떠남. 암스테르담에 포르투갈계 유대 공동체가 성립함.
1641년	데카르트가 『제일철학에 관한 성찰』을 라틴어본으로 출간함.
1642년	토머스 홉스가 『시민론』을 라틴어본으로 출간함.
1644년	데카르트가 『철학의 원리』를 출간함.
1646년	고트프리트 빌헬름 라이프니츠가 태어남.
1647년	홉스의 『시민론』이 네덜란드어 번역본으로 출간됨.
1649년	데카르트가 『정념론』을 출간함.
1648년	베스트팔렌 조약의 체결로 30년전쟁과 네덜란드 독립전쟁(80년 전쟁)이 종식됨.
1650년	데카르트가 세상을 떠남. 오라녜 가문의 빌럼 2세에 의한 쿠데타가 실패함(더불어 빌럼 2세가 세상을 떠남).
1651년	홉스가 『리바이어던』을 영어본으로 출간함.
1652~54년	제1차 네덜란드-영국 전쟁이 발발함.
1653년	요한 더빗이 홀란트 주의 대표 법률비서로 선출됨(~72년까지).
1654년	아버지 미카엘이 세상을 떠남.
1656년	암스테르담의 유대 공동체로부터 추방됨(헤렘). 프란시스퀴스 판덴엔덴의 학교에서 라틴어와 고전을 배움.
1660~61년	레인스뷔르흐로 이사함. 『윤리학』 집필을 이미 시작했으리라 추측됨.

1661년	여름에 헨리 올덴부르크가 스피노자를 방문함. 8월부터 올덴부르크와 편지 교환을 시작함.
1662년	영국에서 왕립과학협회가 결성됨.
1663년	보어뷔르흐로 이사함. 「형이상학적 사유」를 부록으로 실은 『데카르트의 철학의 원리』를 출간함.
1665~67년	제2차 네덜란드-영국 전쟁이 발발함.
1668년	홉스의 『리바이어던』이 라틴어 번역본으로 출간됨.
1669년	헤이그로 이사함.
1670년	『신학정치론』을 익명으로 출간함.
1672년	네덜란드 재앙의 해로서 프랑스가 네덜란드 공화국에 침입함. 더빗 형제는 실각 후 피살됨. 오라녜 가문의 빌럼[3세]이 네덜란드 총독에 취임함.
1672~74년	제3차 네덜란드-영국 전쟁이 발발함.
1674년	홀란트 주와 네덜란드 연합 주에서 『신학정치론』이 금서로 지정됨.
1675년	『윤리학』 출판을 시도하다가 포기함.
1676년	라이프니츠가 헤이그로 스피노자를 방문함.
1676~77년	『정치론』을 집필함.
1677년	2월 21일, 스피노자가 세상을 떠남. 로마 가톨릭(바르베리니 추기경)이 스피노자의 『윤리학』 출간을 저지하기 위한 조사를 시작함. 스피노자 유고집의 라틴어 판과 네덜란드어 판이 출간됨.
1678년	네덜란드에서 스피노자 저작의 출판과 인쇄, 유포가 금지됨.
1687년	아이작 뉴턴이 『자연 철학의 수학적 원리』(흔히 '프린키피아'로 불림)를 출간함.
1688년	영국에서 명예혁명이 일어남.
1689년	존 로크가 『통치론』을 출간함.
1697년	피에르 벨이 그의 저서인 『역사적·비평적 사전』에서 스피노자를 '놀라울 만치 유덕한 체계적인 무신론자'라고 평가함.

■ 참고 문헌

1. 스피노자의 저작

Spinoza, *Opera Posthuma*, Amsterdam 1677. (OP)

Spinoza, *De Nagelate Schriften*, Amsterdam 1677. (NS)

Spinoza, *Opera*, J. van Vloten & J. P. N. Land (ed.), Den Haag 1914.

Spinoza, *Opera*, Carl Gebhardt (ed.), 5 vols, Heidelberg 1925~87. (G)

Spinoza, *Œuvres Complètes*, Roland Caillois, Madeleine Francès, Robert Misrahi (편역), Paris 1954.

Spinoza, *The Political Works*, A. G. Wernham (편역), Oxford 1958. (W)

Spinoza, *Politischer Traktat/Tractatus Politicus*, Wolfgang Bartuschat (편역), Hamburg 1994. (B)

2. 본문과 주석에서 언급되는 저작들

베이컨, 프랜시스, 『수필집』, 김길중 옮김, 문예출판사 2007.

비코, 잠바티스타, 『새로운 학문』, 조한욱 옮김, 아카넷 2019.

루소, 장-자크, 『사회계약론』, 김영욱 옮김, 후마니타스 2018.

마키아벨리, 니콜로, 『군주론』, 곽차섭 옮김, 도서출판 길 2015.

마키아벨리, 니콜로, 『로마사 논고』, 강정인·김경희 옮김, 한길사 2019.

아리스토텔레스, 『정치학』, 김재홍 옮김, 도서출판 길 2017.

쿠르티우스 루푸스, 퀸투스, 『알렉산드로스 대왕 전기』, 윤진 옮김, 충북대학교출판부 2010.

타키투스, 『역사』, 김경현·차전환 옮김, 한길사 2011.

타키투스, 『연대기』, 박광순 옮김, 범우사 2005.

투퀴디데스, 『펠로폰네소스 전쟁사』, 천병희 옮김, 도서출판 숲 2011.

호메로스, 『오뒷세이아』, 천병희 옮김, 도서출판 숲 2015.

홉스, 토머스, 『시민론』, 이준호 옮김, 서광사 2013.

Cicero, *Epistulae ad Quintum fratrem*(키케로, 『동생 퀸투스에게 보낸 편지』)

Livius Titus, *Ab urbe condita*(리비우스, 『로마사』)

Ovidius, *Amores*(오비디우스, 『아모레스』)

Sallustius, *Bellum Catilinarium*(살루스티우스, 『카틸리나 전쟁』)

Pseudo-Sallustius, *Ad Caesarem Senem de Re Publica Oratio*(위[僞]살루스티우스, 『카이사르에게 행한 국가에 대한 연설』)

Tacitus, *De vita Julii Agricolae*(타키투스, 『아그리콜라 전기』)

Publius Terentius Afer, *Eunuchus*(테렌티우스, 『환관』)

Publius Terentius Afer, *Phormio*(테렌티우스, 『포르미오』)

Publius Terentius Afer, *Adelphoe*(테렌티우스, 『아델포이』)

Vergilius, *Eclogae*(베르길리우스, 『목가』)

Bassecour, Caan J. J. de la, *Schets van den Regeringsvorm van Nederland van 1515 tot heden*, 'S Gravenhage 1866.

Bynkershoek, Cornelius van, *Quaestiones Juris Publici*, Leiden 1737.

Curti, Léopold, *Mémoires historiques et politiques sur la République de Venise*, 2 vols., Paris 1795.

de la Court, Johan, *Consideratien van Staat ofte Polityke Weegschaal*, Amsterdam 1661.

Gentili, Alberico, *De legionibus libri III*, London 1585.

Hazlitt, W. C., *The Venetian Republic*, London 1900.

Lipsius, Justus, *Monita et Exempla Politica*, Amsterdam 1605.

Motley, John L., *History of the United Netherlands*, 4 vols., New York 1860~67.

Pérez, Antonio, *Relaçiones*, Paris 1598.

Temple, Sir William, *Observations upon the United Provinces of the Netherlands*, Cambridge 1932.

■ 찾아보기

최고회의(supremum concilium) 123,
249, 257, 267, 269, 273, 275, 277,
279, 281, 283, 287, 289, 291, 297,
299, 301, 315, 321, 325, 327, 333,
335, 337, 341, 349, 365, 367, 369
충성(심)(fides) 57, 77, 115, 117, 147,
199, 205, 207, 231, 235, 361

| ㅌ |

탐욕 → 욕심
투표(suffragium) 169, 171, 173, 189,
193, 197, 199, 209, 213, 231, 247,
255, 267, 277, 289, 291, 295, 297,
301, 303, 305, 307, 309, 333, 335,
349, 365, 367, 369

| ㅍ |

판단(할) 능력(judicandi facultas) 75, 97,
103
평등(aequalitas) 167, 209, 251, 257, 267,
323, 357, 359
평화(pax) 45, 83, 99, 107, 109, 113, 115,
117, 121, 123, 135, 137, 149, 153,
157, 167, 177, 187, 189, 191, 195,
197, 205, 211, 215, 227, 251, 281,
285, 287, 305, 327, 347, 351, 353, 373
폭동 → 분란
표결 → 투표
필연성(necessitas) 71, 77, 85, 117, 147

| ㅎ |

화의(和議) → 평화
화합(concordia) 107, 135, 147, 149, 195
회의(concilium) 83, 129, 159, 161, 163,
165, 167, 169, 171, 173, 175, 189,
191, 193, 195, 197, 199, 203, 231,
245, 247, 249, 255, 257, 263, 265,
267, 269, 271, 273, 275, 277, 279,
281, 289, 293, 297, 301, 307, 309,
321, 327, 333, 335, 337, 349, 351, 367
희망(spes) 75, 97, 113, 139, 145, 193,
197, 201, 253, 281, 283, 357
힘(potentia) 61, 63, 65, 71, 75, 79, 83,
93, 101, 103, 105, 111, 121, 125, 129,
151, 199, 207, 209, 219, 221, 225,
233, 237, 241, 245, 249, 251, 257,
267, 301, 311, 323, 351, 371